2025年度版

京都市の
保健体育科

過 去 問

協同教育研究会 編

協同出版

本書には，京都市の教員採用試験の過去問題を収録しています。各問題ごとに，以下のように5段階表記で，難易度，頻出度を示しています。

難 易 度

非常に難しい	☆☆☆☆☆
やや難しい	☆☆☆☆
普通の難易度	☆☆☆
やや易しい	☆☆
非常に易しい	☆

頻 出 度

◎	ほとんど出題されない
◎◎	あまり出題されない
◎◎◎	普通の頻出度
◎◎◎◎	よく出題される
◎◎◎◎◎	非常によく出題される

※本書の過去問題における資料，法令文等の取り扱いについて

本書の過去問題で使用されている資料や法令文の表記や基準は，出題された当時の内容に準拠しているため，解答・解説も当時のものを使用しています。ご了承ください。

はじめに～「過去問」シリーズ利用に際して～

　教育を取り巻く環境は変化しつつあり，日本の公教育そのものも，教員免許更新制の廃止やGIGAスクール構想の実現などの改革が進められています。また，現行の学習指導要領では「主体的・対話的で深い学び」を実現するため，指導方法や指導体制の工夫改善により，「個に応じた指導」の充実を図るとともに，コンピュータや情報通信ネットワーク等の情報手段を活用するために必要な環境を整えることが示されています。

　一方で，いじめや体罰，不登校，暴力行為など，教育現場の問題もあいかわらず取り沙汰されており，教員に求められるスキルは，今後さらに高いものになっていくことが予想されます。

　本書の基本構成としては，出題傾向と対策，過去5年間の出題傾向分析表，過去問題，解答および解説を掲載しています。各自治体や教科によって掲載年数をはじめ，「チェックテスト」や「問題演習」を掲載するなど，内容が異なります。

　また原則的には一般受験を対象としております。特別選考等については対応していない場合があります。なお，実際に配布された問題の順番や構成を，編集の都合上，変更している場合があります。あらかじめご了承ください。

　最後に，この「過去問」シリーズは，「参考書」シリーズとの併用を前提に編集されております。参考書で要点整理を行い，過去問で実力試しを行う，セットでの活用をおすすめいたします。

　みなさまが，この書籍を徹底的に活用し，教員採用試験の合格を勝ち取って，教壇に立っていただければ，それはわたくしたちにとって最上の喜びです。

協同教育研究会

C O N T E N T S

第 1 部 京都市の保健体育科
出題傾向分析 ……………3

第 2 部 京都市の
教員採用試験実施問題 …………9

第1部

京都市の
保健体育科
出題傾向分析

京都市の保健体育科　傾向と対策

　京都市では例年，学習指導要領及び同解説や文部科学省が公表している学校体育実技指導資料からの出題が多く，2024年度も同様の傾向が見られた。2024年度の出題内容を見ると，体育分野の目標，体つくり運動，器械運動，陸上競技，水泳，球技，武道(剣道)，ダンス，体育理論，保健分野と幅広く出題されている。出題数は，大問全20問のうち，前半9問が保健分野，後半11問が体育分野に関する問題で，保健分野の出題が多いことが特徴であるとともに，体育分野は学習指導要領及び同解説から9問，学校体育実技指導資料から3問の出題であった。

　解答は，選択や正誤を問う問題も含まれるが，記述式が多いため，試験時間が50分であることを考慮すると，すぐにわからない問題は後回しにするといった，できるだけ多く点を取る戦略が必要になるだろう。また，記述式の問題では，誤字・脱字などにも注意が必要である。対策としては，過去問や演習問題，模試の活用が考えられるが，知識量だけでなく文字を書くスピード等にも注意を払いたい。以下，2024年度に出題された問題をもう少し詳しく見ていきたい。

運動領域

　運動領域は各運動種目の指導方法及び技能を問う問題が多く，ルールを問う問題は見られなかった。出典は学習指導要領及び同解説や学校体育実技指導資料であるので，まずは各種目について，これらの資料に目を通し学習しておくことが大切である。学習指導要領については，例示など細部に関わる出題も見られるようになっているので確認をしておきたい。ルール等については出題可能性が低いとはいえ，他の自治体では出題頻度が高いこと，また教員になってから必要になる知識であることを踏まえると，少なくとも一通り学習する必要があるだろう。体育実技の副読本や参考書，各競技団体が示している競技規則等で競技の流れやルールを把握しておくとよい。また，これらに関連して学習指導と評価，発生しやすい事故と対処法などもおさえておきたい。

体育理論

体育理論については，2024年度は学習指導要領解説の「文化としてのスポーツの意義」から，本文の空欄補充と下線部に関連する内容を問う問題が出題され，出題形式はこれまでと同様であった。2022・2023年度は学習指導要領解説の「運動やスポーツの意義や効果と学び方や安全な行い方」からの出題であり，体育理論の内容で出題されていない「運動やスポーツの多様性」についても，学習指導要領解説を熟読しておく必要がある。

また，これまでの体育理論の出題傾向を見ると，2024年度も含めてオリンピック・パラリンピック，ユニバーサルスポーツ等が挙げられることから，学習指導要領及び同解説を軸に学習し，参考書等で知識の幅を広げておきたい。JOCやJPC，JADAのホームページも様々な情報を収集できるので参考にするとよい。

保健分野

保健分野については，多数の問題が出題され，定義などの短答式問題が目立つ。また，保健に関わる用語を簡潔に説明する記述式問題として，2024年度はPTSD，ストレスコーピング，サードハンド・スモークについて，2023年度はインフォームドコンセント，セカンドオピニオンについて出題されている。用語や文章の暗記だけでなく内容をしっかり理解しておく必要がある。さらに，学習指導要領及び同解説だけでなく，2024年度は，「『生きる力』を育む中学校保健教育の手引」(文部科学省)，「マズローの法則」，「令和3年人口動態統計月報年計の概況」(厚生労働省)，「児童生徒の交通事故」(警察庁)，「薬物乱用のない社会を」(警察庁)，「学校における体育活動での事故防止対策推進事業　学校屋外プールにおける熱中症対策」(日本スポーツ振興センター)など多様な資料からの出題が見られた。また，2023年度は「健康増進法の一部改正(受動喫煙防止対策)」，「新型コロナウイルス感染症の流行を踏まえた市民による救急蘇生法(指針)」，「学校における熱中症対策ガイドライン作成の手引」からの出題が見られた。

対策としては学習指導要領及び同解説，中学校及び高等学校の保健の

教科書を中心に基礎学力を固めておくことが肝要である。また，保健に関する資料については文部科学省だけでなく，厚生労働省，農林水産省，総務省などの資料も出題されるので，ホームページを確認し，最新の情報を学習することが求められる。

その他

　2024年度には見られなかったが，京都市ではこれまでに「全国体力・運動能力，運動習慣等調査」や「『指導と評価の一体化』のための学習評価に関する参考資料【中学校　保健体育】」などに関しての出題も見られている。多様な資料から出題されていることが京都市の特徴でもあるので，幅広く確認をしておく必要がある。

過去5年間の出題傾向分析

◎：3問以上出題　●：2問出題　○：1問出題

分類	主な出題事項			2020年度	2021年度	2022年度	2023年度	2024年度
中学学習指導要領	総説							○
	保健体育科の目標及び内容			◎	◎	◎	◎	◎
	指導計画の作成と内容の取扱い							●
高校学習指導要領	総説							
	保健体育科の目標及び内容							
	各科目にわたる指導計画の作成と内容の取扱い							
運動種目 中〈体育分野〉 高「体育」	集団行動							
	体つくり運動					◎		◎
	器械運動			○		◎	●	●
	陸上競技				●	◎		●
	水泳			●		◎	○	○
	球技	ゴール型	バスケットボール					
			ハンドボール					
			サッカー			◎		
			ラグビー					
		ネット型	バレーボール					
			テニス					
			卓球					
			バドミントン	○				
		ベースボール型	ソフトボール	○				◎
	武道	柔道		○	●	◎	◎	
		剣道		○				◎
		相撲						
	ダンス			○				●
	その他（スキー，スケート）							
	体育理論			◎	○	◎		●
中学 〈保健分野〉	健康な生活と疾病の予防			◎	◎	◎	◎	◎
	心身の機能の発達と心の健康			◎	○	◎	○	◎
	傷害の防止			◎	●	◎	◎	◎
	健康と環境			●	◎	◎	○	◎
高校 「保健」	現代社会と健康							
	安全な社会生活							
	生涯を通じる健康							
	健康を支える環境づくり							
その他	用語解説					◎		
	地域問題							
	新体力テスト			●	○	○	◎	
	指導と評価の一体化						○	

7

第 2 部

京都市の
教員採用試験
実施問題

2024年度　実施問題

【中学校】

【1】次の文は，「『生きる力』を育む中学校保健教育の手引」(令和2年3月　文部科学省)中学生期における心身の発育・発達の特性(例)について抜粋したものである。文中の(①)～(⑩)に当てはまる語句を以下の語群から選び，記号で答えなさい。

中学生期における心身の発育・発達の特性(例)

> 身体面の発育・発達，健康
>
> 　中学生期には，多くの生徒が(①)を迎え，身体が劇的に変化するが，その開始期や発育量には大きな(②)が認められる。また，様々な身体機能が著しく発達する。心の面では，小児から大人への変化の時期であり，小学生期に比較すると心理的にも不安定な時期に当たる。中学生の行動変容は，小学生と比較すると，成人に対するような(③)あるいは感情的な背景を必要とすることが多く，規則などでの管理的側面や一方的な知識の導入だけでは効果が少ないと一般的に言われている。また，身体的にも(④)が向上してくることから健康を意識する場面が少なく，健康行動よりも，単に(⑤)的な美しさを求めるような行動様式を取ることもある。生活面においても，(⑥)の拡大や課外活動等への参加に伴う生活時間の変化や夜型の生活になりがちになるなど生活習慣に大きな変化が見られる。
>
> 人や集団との関わり
>
> 　思春期に入り，親や周りの友達と異なる自分独自の(⑦)の世界があることに気付いていく。また，(⑦)の世界が周りの友達にもあることに気付き，友人との関係が自分に意味を与えてくれると感じる。さらに未熟ながらも大人に近い心身の

力をもつようになり，大人の社会とかかわる中で，大人もそれぞれ自分の世界をもちつつ，社会で責任を果たしていることに気付くようになる時期である。学校生活においても，新しい友達との出会いや，教科担任制による多様な教師との出会い，（　⑧　）関心の広がり，そして進路の選択など新しい環境や課題に直面していく。

知的能力等

　　抽象的思考が発達し，具体的な出来事から離れて抽象的な思考ができるようになったり，自分の思考過程を自覚してそれを（　⑨　）できるようになったり，未来への見通しをもって物事を考えられる時間的展望が成立したりする。さらに，自分が自分であるという自覚である(　⑩　)が芽生える。

語群

ア　社会的	イ　個人差	ウ　内面
エ　外面	オ　個人的	カ　科学的
キ　非科学的	ク　抵抗力	ケ　制御
コ　生活範囲	サ　自尊心	シ　自我同一性
ス　発育急進期	セ　思春期	ソ　筋力

(☆☆☆◎◎)

【2】保健・安全の学習内容に関連した，次の(1)〜(5)の問いに答えなさい。

(1)　「マズローの法則」(五段階欲求)について，次の図に示したように欲求の段階の低いものから順に(　①　)〜(　⑤　)にあてはまる欲求をそれぞれ答えなさい。

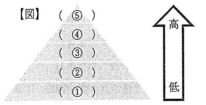

【図】（⑤）（④）（③）（②）（①）　高　低

(2)　犯罪を防ぐ3要素について次の(①)～(③)にあてはまる語句をそれぞれ答えなさい。

(①)性を高める。	(②)性を高める。	(③)性を高める。
【例】 ・家や公園の敷地を外から見えやすいフェンスで囲む。 ・ガードレールを設置する。 ・挨拶や声かけを行う。等	【例】 ・暗い場所の照明を付けたり，防犯カメラを設置したりする。等	【例】 ・家や窓に二重鍵を付ける。 ・自転車の籠にネットを付ける。等

(3)　次の説明文にあてはまる呼吸の名称を答えなさい。

> 心停止後に4分程度は継続するといわれている。しゃくりあげるような様子が一つの特徴であり，一見呼吸しているように見えるが，哺乳類で見られる低酸素時の呼吸反応の一つである。この間に適切に心肺蘇生を開始すれば，蘇生率はかなり高いといえる。

(4)　次の文は，WBGT(暑さ指数)について説明したものである。文中の(①)～(④)にあてはまる語句をそれぞれ答えなさい。

> WBGTは，暑さ指数(湿球黒球温度)のことであり，(①)を予防することを目的として1954年にアメリカで提案された指標である。この指標は，人体と(②)との熱のやりとり(熱収支)に着目し，人体の熱収支に与える影響の大きい(③)，日射・輻射など周辺の熱環境，(④)の三つを取り入れたものである。

(5)　次の文は，薬の上手な保管方法をまとめたものである。下線①～⑤について，正しければ○，間違っていれば正しい言葉をそれぞれ答えなさい。

・直射日光があたる場所，①高温・多湿な場所は避ける。

・②子どもの手の届かないところに保管する。
・外箱や袋，説明書は③使い切った後も大切に保管する。
・④週に一度は薬箱を整理する。
・⑤農薬，殺虫・防虫剤と同じ箱に入れない。

(☆☆☆☆☆◎◎)

【3】次のグラフは，「令和3年(2021)人口動態統計月報年計(概数)の概況
(厚生労働省)」より抜粋した「主な死因別にみた死亡率(人口10万対)の
年次推移」である。①～③にあてはまる死因上位をそれぞれ答えなさい。

主な死因別にみた死亡率（人口10万対）の年次推移

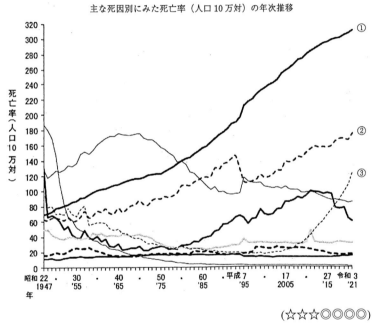

(☆☆☆◎◎◎◎)

【4】次の①～⑤の文は，インフルエンザに関する内容である。それぞれ
の内容が正しければ○，間違っていれば×で答えなさい。
①　インフルエンザは，インフルエンザウイルスに感染することによ
って起こる病気です。38℃以上の発熱，頭痛，関節痛，筋肉痛，全

身倦怠感等の症状が比較的急速に現れるのが特徴です。併せて普通の風邪と同じように，のどの痛み，鼻汁，咳等の症状も見られます。

② 季節性インフルエンザは流行性があり，いったん流行が始まると，短期間に多くの人へ感染が拡がります。日本では，例年10月～1月が流行シーズンです。

③ 平成21(2009)年4月に新型インフルエンザA(H1N1)pdm2009ウイルスがメキシコで確認され，世界的大流行となり，我が国でも多くの人々が免疫を持っていなかったため，同年秋季を中心に大規模な流行となりました。発生後，国内では一年余で約2千万人が罹患したと推計されましたが，入院患者数は約1.8万人，死亡者は203人であり，死亡率は0.16(人口10万対)と，諸外国と比較して低い水準にとどまりました。

④ インフルエンザ発症前日から発症後3～7日間は鼻やのどからウイルスを排出するといわれています。そのためにウイルスを排出している間は，外出を控える必要があります。学校保健安全法(昭和33年法律第56号)では「発症した後5日を経過し，かつ，解熱した後2日(幼児にあっては，3日)を経過するまで」をインフルエンザによる出席停止期間としています(ただし，病状により学校医その他の医師において感染のおそれがないと認めたときは，この限りではありません)。

⑤ インフルエンザにかかる時は，インフルエンザウイルスが口や鼻あるいは眼の粘膜から体の中に入ってくることから始まります。体の中に入ったウイルスは次に細胞に侵入して増殖します。この状態を「感染」といいますが，現行のワクチンはこれを完全に抑えることができます。

(☆☆☆◎◎)

【5】次の文は，「児童・生徒の交通事故」(平成30年3月警察庁交通局)における「中学生・高校生自転車乗用中の交通事故」の分析結果の要点の一部を抜粋したものである。文中の(①)～(④)にあてはまる語句や数字を答えなさい。

> 　自転車乗用中の死傷者は，小学6年生から中学1年生で倍増し，高校1年生(年齢では16歳)が最多である。
>
> 　自転車乗用中の死傷者は，
> ・月別では，4月から増加し5月〜(　①　)月が多い。
> ・時間帯別では，7時台・8時台，(　②　)時台〜18時台が多い。
> ・通行目的別では，(　③　)が多い。
> ・事故類型別では，(　④　)が多い。
> ・(　④　)の衝突地点は交差点，法令違反は，安全不確認，指定場所一時不停止等，交差点安全進行義務違反，動静不注視が多い。

(☆☆☆☆◎)

【6】次の各文は，それぞれ疾病の特徴を説明したものである。①，②の文の内容にあてはまる疾病の名称をそれぞれ答えなさい。

① 　血液中のブドウ糖の濃度(血糖値)が多くなりすぎる病気です。初期には症状がほとんどありませんが，進行すると動脈硬化が進み，脳卒中や虚血性心疾患になりやすくなります。また3大合併症として，網膜症，腎症，神経障害があり，失明や透析につながる病気でもあります。

② 　一日中気分が落ち込んでいる，何をしても楽しめないといった精神症状とともに，眠れない，食欲がない，疲れやすいなどの身体症状が現れ，日常生活に大きな支障が生じている場合，この疾病にかかっている可能性があります。この疾病は，精神的ストレスや身体的ストレスなどを背景に，脳がうまく働かなくなっている状態です。また，ものの見方や考え方が否定的になります。

(☆☆☆◎◎)

【7】「薬物乱用のない社会を」(令和4年度　警察庁)に記載されている内容について，次の(1)，(2)の問いに答えなさい。
(1)　次のグラフは，令和3年における20歳未満の大麻を初めて使用し

た動機を示しています。(A)にあてはまる動機を答えなさい。

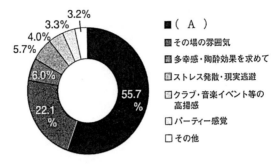

■ (A)
▨ その場の雰囲気
▨ 多幸感・陶酔効果を求めて
▨ ストレス発散・現実逃避
▨ クラブ・音楽イベント等の
　高揚感
□ パーティー感覚
□ その他

大麻を初めて使用した動機

　　令和3年における，20歳未満の大麻を初めて使用した動機については，(A)「その場の雰囲気」の順に多くなりました。

---

(2) 次の図は，大麻の有害性について示したものである。(B)にあてはまる語句を答えなさい。

大麻の乱用による影響		大麻の有害性			大麻を長く使い続ける影響
知覚の変化	学習能力の低下	運動失調	精神障害	IQ(知能指数)の低下	(B)

※出典：厚生労働省「薬物乱用防止読本：健康に生きようパート35」から引用

(☆☆☆◎◎)

【8】次の保健学習に関連した(1)〜(3)の言葉について，それぞれ簡潔に説明しなさい。

(1) PTSD

(2) ストレスコーピング

(3) サードハンド・スモーク

(☆☆☆☆☆◎)

【9】「平成30年度スポーツ庁委託事業学校における体育活動での事故防止対策推進事業学校屋外プールにおける熱中症対策(平成31年3月　独

立行政法人日本スポーツ振興センター)」に記されている内容について，次の(1)(2)の問いに答えなさい。

(1) 学校屋外プールの水中で活動する際の留意点として，水温が33℃～34℃より高い場合は，水中でじっとしていても体温が上がるため，プール外の風通しのよい日陰で休憩する，シャワーを浴びる，風に当たる等の対策を講じて体温を下げる必要があるとされている。水温が33℃～34℃の状態では，水中で安静状態のヒトの体温が上がりも下がりもしないが，このときの水温の名称を答えなさい。

(2) 学校屋外プールにおける熱中症予防対策の検討には，環境要因，運動要因，主体(人体)要因への対策が必要とされている。それぞれの要因とその対策として不適切なものを，次のア～オから選び記号で答えなさい。

ア　環境要因：更衣室には冷房がないことが多く，温度が高くなりやすい。

　　　対　　策：使用しないときはドアを開けるなど，更衣室の換気をよくする。

イ　環境要因：直射日光を遮る物体がないので輻射熱が大きい。

　　　対　　策：遮光ネットやテント等により，直射日光を遮蔽する。

ウ　運動要因：ゆっくり泳いでも，安静時の4倍以上の代謝量があり，運動強度が高い。

　　　対　　策：こまめにプールから出て風通しのよい日陰で休憩する。

エ　運動要因：口腔内が水で濡れるため，のどの渇き(口渇感)を感じにくい。

　　　対　　策：ふだんよりのどの渇きを感じないことを意識する。

オ　主体要因：暑熱順化が十分でないと，熱中症発症のリスクが高まる。

　　　対　　策：梅雨明け直後や学期末試験終了後のプール活動に注意する。

(☆☆☆☆◎◎)

【10】次の文は，「中学校学習指導要領解説－保健体育編－(平成29年7月
　　文部科学省)」体育分野の目標についての解説から抜粋したものである。
　　文中の(　①　)～(　⑧　)に当てはまる語句を答えなさい。

1　目標
[第1学年及び第2学年]
　　運動における競争や協働の経験を通してとは，運動には，一
定の条件の下で技などを競い合うこと，仲間と協働して演技や
表現をすること，作戦を立てて攻防をすることなどがあるが，
体育分野の学習が技能の獲得のみにとどまらず，(　①　)にお
ける望ましい態度や行動にもつながることを示している。公正
に取り組む，互いに協力する，自己の役割を果たす，一人一人
の違いを認めようとするなどの(　②　)を育てるとは，第1学年
及び第2学年の段階において，運動における競争や協働の経験
を通して，生徒に身に付けさせたい(　③　)の目標を示したも
のである。例えば，小学校学習指導要領の第5学年及び第6学年
の内容の「陸上運動」の「(3)　学びに向かう力，人間性等」で
は，「約束を守り助け合って運動をしたり」，「場や用具の安全
に気を配ったりする」などのように，具体的な遵守事項に対し
ての行動形成を主なねらいとしている。これに対して，中学校
第1学年及び第2学年の段階では，小学校における「約束を守る」
などの具体的な事項から，「(　④　)を果たす」などの概念的な
事項へ指導内容が発展すること，社会性や(　⑤　)に基づく運
動への価値観の形成が求められることなどから，行動の意義な
どのその態度を支える知識を理解させ，運動に(　⑥　)に取り
組むことができるようにすることを重視している。
[第3学年]
　　生涯にわたって運動を豊かに実践することができるようにす
るとは，(　⑦　)との発達の段階のまとまりを踏まえて，卒業
後も運動やスポーツに多様な形で関わることができるようにす

18

ることを目指し，第3学年では，自己に適した運動の経験を通して，（ ⑧ ）の終了段階においての「生涯にわたって運動を豊かに実践する」ための基礎となる知識や技能を身に付け，選択した運動種目等での運動実践を深めることができるようにすることを示している。

(☆☆☆◎◎)

【11】 次の文は，「中学校学習指導要領解説－保健体育編－(平成29年7月 文部科学省)」指導計画の作成と内容の取扱いについて示されている解説から抜粋したものである。以下の(1)，(2)の問いに答えなさい。

1　指導計画の作成に当たっては，次の事項に配慮するものとする。

(3)　障害のある生徒などについては，学習活動を行う場合に生じる a困難さに応じた指導内容や指導方法の工夫を計画的，組織的に行うこと。

障害者の権利に関する条約に掲げられた(①)教育システムの構築を目指し，生徒の自立と(②)を一層推進していくためには，通常の学級，通級による指導，特別支援学級，特別支援学校において，生徒の十分な学びを確保し，一人一人の生徒の障害の状態や発達の段階に応じた指導や支援を一層充実させていく必要がある。

(1)　文章中の(①)～(②)に当てはまる語句を答えなさい。

(2)　文章中の下線部a＿＿について，「見えにくさのため活動に制限がある場合」に，不安を軽減したり安全に実施したりすることができるようにするためには，どのような配慮をすればよいか，学習指導要領に記されている例を1つ答えなさい。

(☆☆☆◎◎◎◎◎)

【12】「中学校学習指導要領解説－保健体育編－(平成29年7月　文部科学省)」の体つくり運動について，次の(1)～(3)の問いに答えなさい。

(1)　体つくり運動の領域では，「指導計画の作成と内容の取扱い」において，授業時数を各学年で何単位時間以上を配当することとしているか。適切な数字で答えなさい。

(2)　次の￣￣￣内の文は，中学校学習指導要領解説－保健体育編－(平成29年7月　文部科学省)の抜粋である。(　①　)，(　②　)に入る運動の領域名を答えなさい。

> 「体ほぐしの運動」については，全ての学年で取り扱うこととし，さらに，(　①　)から(　②　)までの運動に関する領域においても関連を図って指導することができることとしている。

(3)　例示にある「一人一人の違いに応じた動きなどを認めようとすること。」や「ねらいに応じた行い方などについての話合いに参加しようとすること。」で育成することができる資質・能力を答えなさい。

(☆☆◎◎◎◎)

【13】次の文は，「中学校学習指導要領解説－保健体育編－(平成29年7月　文部科学省)」の球技に示されている内容である。以下の(1)～(3)の問いに答えなさい。

> Ｅ　球技
> ［第3学年］
> (1)　知識及び技能
> 　球技について，次の事項を身に付けることができるよう指導する。
>
> > (1)　次の運動について，勝敗を競う楽しさや喜びを味わい，技術の名称や行い方，体力の高め方，(　①　)の方法などを理解するとともに，(　②　)技能で仲間と連携しゲームを展開すること。

> ウ　ベースボール型では，_a安定したバット操作と走塁での攻撃，_bボール操作と連携した守備などによって攻防をすること。

(1)　文章中の(　①　)，(　②　)に当てはまる語句を答えなさい。

(2)　下線部_a安定したバット操作について，学習指導要領に記されている例示の内容として不適切なものを，次のア～エから選び記号で答えなさい。

ア　ねらった方向にボールを打ち返すこと。

イ　身体の軸を安定させてバットを振りぬくこと。

ウ　地面と水平になるようにバットを振りぬくこと。

エ　タイミングを合わせてボールを捉えること。

(3)　下線部_bボール操作とは，どのような動きを指すのか。学習指導要領に記されている内容から1つ答えなさい。

(☆☆☆◎◎)

【14】次の文は，「中学校学習指導要領解説－保健体育編－(平成29年7月文部科学省)」のダンス[第1学年及び第2学年]に示されている内容である。以下の(1)，(2)の問いに答えなさい。

> ○　技能
>
> ア　創作ダンス
>
> 〈多様なテーマと題材の動きや例示〉
>
> 　　下記のAからEまでは多様なテーマの例示であり，括弧の中はそのテーマから浮かび上がる題材や関連する動き，並びに展開例である。
>
> A　身近な生活や(　①　)(スポーツいろいろ，働く人々　など)
>
> ・一番表現したい場面や動きを，(　②　)の動きで誇張し

21

たり，何回も繰り返したりして表現すること。
B　対極の動きの連続など(走る－跳ぶ－転がる，走る－止まる，伸びる－縮む　など)
・「走る－跳ぶ－転がる」をひと流れでダイナミックに動いてみてイメージを広げ，変化や連続の動きを組み合わせて表現すること。
・「走る－止まる」では，走って止まるまでをひと流れで動いたところからイメージを広げて表現すること。
・「伸びる－縮む」では身体を極限・極小まで動かし，イメージを広げて表現すること。
C　多様な感じ(激しい，急変する，軽決な，柔らかい，鋭い　など)
・生活や自然現象，人間の感情などの中からイメージを捉え，緩急や強弱，(　③　)などの動きを組み合わせて変化やメリハリを付けて表現すること。

以下省略

(1)　文章中の(　①　)～(　③　)に当てはまる語句を答えなさい。
(2)　[第1学年及び第2学年]「思考力・判断力・表現力等」の例示で示されている記述として適切なものを，次のア～エから一つ選び記号で答えなさい。
ア　仲間の手助けをしたり助言したりして，仲間の学習を援助しようとすること。
イ　シンコペーションやアフタービート，休止や倍速など，リズムに変化を付けて踊ること。
ウ　仲間と話し合う場面で，提示された参加の仕方に当てはめ，グループへの関わり方を見付けること。
エ　それぞれのダンスに応じて，表したいテーマにふさわしいイメージや，踊りの特徴を捉えた表現の仕方を見付けること。

(☆☆☆☆◎◎)

【15】 次の①～⑥は,「学校体育実技指導資料『剣道指導の手引(平成22年3月　文部科学省)』第3章技能指導の要点『第1節基本動作　1　構えと体さばき』」に示されている内容である。以下の(1)～(3)の問いに答えなさい。

①　互いに約9歩の距離で _a提刀の姿勢をとり,呼吸を整える。

②　(A)

③　竹刀を左腰にあてた帯刀姿勢で右→左→右と _b歩み足で3歩前進する。

④　左足を右足に引き付けながら,右手で鍔元を下から握り,斜め上に抜くようにして蹲踞の姿勢をとる(抜刀)。そのとき自分の竹刀と相手の竹刀の剣先が触れ合う程度の間合(距離)をとる。

⑤　納めるときは,蹲踞の姿勢から右手で竹刀を左腰に納刀(帯刀)し,ゆっくりと立ち上がる。

⑥　左足より _b歩み足(小さく5歩)で最初の位置まで下がり, _a提刀となって立礼をする。気を緩めずに,すり足で行う。

(1)　上記①～⑥は立礼から納刀までの方法である。(A)に当てはまる文章として適切なものを,次のア～エから選び記号で答えなさい。

　ア　相手の剣先を正視し,お互いに気持ちを合わせて立礼をする。

　イ　相手の目を正視し,お互いに気持ちを合わせて立礼をする。

　ウ　相手の剣先を正視し,お互いにタイミングを合わせて座礼をする。

　エ　相手の目を正視し,お互いにタイミングを合わせて座礼をする。

(2)　下線部 _a提刀とはどのような状態のことか。次の説明文の(①)(②)に適切な語句を入れて答えなさい。

　竹刀は左手に持ち,(①)を下にして,(②)に近いところを握り,自然にさげた状態である。

(3)　下線部 _b歩み足の動作(足の運び方)を表す図として適切なものを,次のア～エから選び記号で答えなさい。ただし,歩数は問わないとする。

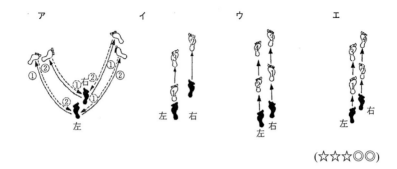

(☆☆☆◎◎)

【16】「学校体育実技指導資料『水泳指導の手引三訂版(平成26年3月　文部科学省)』第3章技能指導の要点『(2)と第4章水泳指導と安全』」に示されている内容について，次の(1)～(3)の問いに答えなさい。

(1)　背泳ぎにおける脚の動作について，次の(A)～(D)に入る語句の正しい組み合わせをア～エから選び記号で答えなさい。

> 脚の動作
> ①　左右の脚の幅は，(A)が触れ合う程度にし，踵を10cm程度離す。
> ②　上下動の幅は，(B)cm程度にする。
> ③　けり上げ動作は，(C)を中心にして行い，膝と足首で水をけるようにして力強くけり上げる。
> ④　けり上げた後，下方に下ろす動作は，他方の(D)動作の反動で，脚を伸ばして自然に行う。

ア　A：親指　　B：30～40　C：足の甲　D：脚のけり上げ
イ　A：膝　　　B：30～40　C：足の裏　D：脚のけり下げ
ウ　A：親指　　B：20～30　C：足の裏　D：脚のけり下げ
エ　A：膝　　　B：20～30　C：足の甲　D：脚のけり上げ

(2)　次のイラストは，動きの質を高める段階での背泳ぎのキックの練習方法例「片腕を頭上に伸ばし，その腕のほうへ体をやや傾け，他の腕を体側につけてキック。キック12回(10回，8回)ごとに，腕と体

の向きを交替させる。」である。この練習を行うことで得られる効果を一つ答えなさい。

(3) 中学校学習指導要領解説－保健体育編－(平成29年7月 文部科学省)の水泳の内容の取扱いには、「安全を確保するための泳ぎを取り上げる場合は、背浮きや浮き沈みを活用して、長く浮き続ける学習ができるようにする」とある。浮くために効果的であると考えられる、次のイラストのような泳法の名称を答えなさい。

(☆☆☆☆◎◎)

【17】「学校体育実技指導資料『器械運動の手引(平成27年3月 文部科学省)』第3章技の指導の要点」に示されている内容について、次の(1)、(2)の問いに答えなさい。

(1) 跳び箱運動について、助走距離、踏切板と跳び箱の距離について、技の学習の初期段階に行う内容として適切なものを、次のア～エから全て選び記号で答えなさい。

ア 短い助走から両足踏み切りへとスムースに行えるよう注意する。

イ どちらの足で踏み込む(両足踏み切りの一歩手前)のがやりやすいのかを確認する。

ウ 跳び箱と踏切板の距離が近すぎると、第一空中局面、あるいは

25

運動全体が窮屈になることがある。

エ　跳び箱と踏切板の距離は，近い方が技を実施しやすく感じられる場合が多い。

(2)　跳び箱運動で台上前転を行う際，実施する生徒が恐怖心や痛さを訴える場合の対処法を，場の工夫の視点から一つ答えなさい。

(☆☆☆☆◎◎◎)

【18】「中学校学習指導要領解説－保健体育編－(平成29年7月　文部科学省)」の陸上競技に示されている内容について，次の(1)，(2)の問いに答えなさい。

(1)　次の文章中の(　　)に当てはまる領域を全て答えなさい。

○内容の取扱い

(ア)　陸上競技の領域は，第1学年及び第2学年においては，全ての生徒に履修させることとしているが，第3学年においては，(　　)のまとまりの中から1領域以上を選択して履修できるようにすることとしている。

したがって，指導計画を作成するに当たっては，3年間の見通しをもって決めることが必要である。

---

(2)　次の文章中の(　①　)，(　②　)に当てはまる適切な語句を答えなさい。

[第1学年及び第2学年]

○　技能

＜用語の説明＞

走り幅跳びにおける「(　①　)」とは，踏み切った後も前に振り上げた足を前方に出したままの姿勢を保ち，そのまま両足で着地する跳び方のことである。

走り高跳びにおける「(　②　)」とは，バーに対して斜め後方や正面から助走し，踏み切った後，振り上げ足から順に

26

> バーをまたいで越えるまたぎ跳びや，両足を交差させて大き
> く開き上体を横に倒しながらバーを越える正面跳びなどの跳
> び方のことである。

(☆☆◎◎◎)

【19】「中学校学習指導要領解説－保健体育編－(平成29年7月　文部科学省)」の体育理論に示されている内容である。以下の(1)，(2)の問いに答えなさい。

○　文化としてのスポーツの意義
ア　知識
(1)　文化としてのスポーツの意義について，課題を発見し，その解決を目指した活動を通して，次の事項を身に付けることができるよう指導する。

> ア　文化としてのスポーツの意義について理解すること。
> (ア)　スポーツは，<u>a文化的な生活を営みよりよく生きていくために重要</u>であること。
> (イ)　オリンピックやパラリンピック及び国際的なスポーツ大会などは，(　①　)や(　②　)に大きな役割を果たしていること。

---

(1)　文章中の(　①　)，(　②　)に当てはまる語句を答えなさい。

(2)　下線部aについて，よりよく生きていくためのスポーツの文化的な意義として，生きがいのある豊かな人生を送るために，どのような機会が提供されることとしているか。学習指導要領に記載されている内容から1つ答えなさい。

(☆☆☆☆◎◎)

【20】 次の文は,「中学校学習指導要領解説－保健体育編－(平成29年7月 文部科学省)」の「第1章総説」「2　保健体育科改訂の趣旨及び要点」 に示されている,体育分野における資質・能力の三つの柱を踏まえた 内容構造の見直しについてのものである。(　①　),(　②　)に当ては まる語句を答えなさい。

> 生涯にわたる豊かなスポーツライフの実現に向けた体育学習に関 わる態度に対応した,公正,協力,責任,(　①　),(　②　)及び 健康・安全の具体的な指導内容を示すこととした。

(☆☆☆◎◎◎)

解答・解説

【中学校】

【1】① ス　② イ　③ カ　④ ク　⑤ エ　⑥ コ　⑦ ウ　⑧ ア　⑨ ケ　⑩ シ

〈解説〉① 大人になるまでに,身長や体重が急に発育する時期が2度あ り,この時期を発育急進期という。思春期は2度目の発育急進期であ り,1度目の発育急進期は乳児の頃である。　② 身体には,多くの 器官が発育し,それに伴い様々な機能が発達する時期があり,発育・ 発達の時期やその程度には個人差がある。　③ 「科学的」とは,考 え方や行動のしかたが,具体的な根拠に基づき論理的,実証的,経験 的で,系統立っていることで,その結果いつでも,どこでも,誰でも, 同じ答えや結果にたどり着くことである。中学生にはきちんとした根 拠に基づいた論理的な説明が必要になる。　④ 抵抗力は自然免疫と も呼ばれ,ウイルスや細菌をはじめとした外敵から体を守ったり,一度 かかった病気に繰り返しかかりにくくしたりする働きのこと。　⑤ 外 面とは,外側から見た様子やうわべのことをいい,顔つきや体つきな

どの容姿にかかわることや，身だしなみや服装などの外見にかかわることである。　⑥　生活範囲とは，人が社会的存在として行動する範囲のことで，買物，通学，医療，運動，娯楽など生活上の行動範囲をいう。　⑦　内面とは，その人が持っている人格的な面，精神的な面，心理的な面などで，その人のものの見方や考え方や価値観でもある。⑧　社会的関心の広がりとは，自分の身の回りの出来事への関心から，自分が所属している集団で起きている出来事や更に範囲を広げて社会全体で起きている出来事などへの関心を広げること。　⑨　(自己)制御とは，欲望や感情をコントロールして自己の行動を調整する能力である。思考過程を自覚して制御するとは，行動する前の過程で自分の思考を調整すること。　⑩　「自分は何者なのか」，「本当の自分は何か」といった自己の社会的な役割を見つめなおすことで，「これこそが自分自身である」という自覚をもつことを「自我同一性の確立」という。

【2】(1)　①　生存の欲求(生理的欲求)　　②　安全の欲求　　③　愛情と所属の欲求(社会的欲求)　　④　承認と自尊心の欲求(承認欲求)⑤　自己実現の欲求　　(2)　①　領域　　②　監視　　③　抵抗(3)　死戦期呼吸　　(4)　①　熱中症　　②　外気　　③　湿度④　気温　　(5)　①　○　　②　○　　③　使い切るまで　　④　年に一度　　⑤　○
〈解説〉(1)　①　生存の欲求は，人間が生きていくための本能的な欲求のこと。　②　安全の欲求は，身の危険を感じるような状況から脱したいという欲求のこと。　③　愛情と所属の欲求は，集団への所属や仲間を得ることへの欲求のこと。　④　承認と自尊心の欲求は，他者から認められたいと願う欲求のこと。　⑤　自己実現の欲求は，自分が満足できる自分になりたいという欲求のこと。　(2)　犯罪者の人格や境遇といった犯罪の原因を取り除くことによって犯罪を防止しようとする犯罪原因論に対して，犯罪の機会を与えないことによって犯罪を未然に防止しようとする立場が犯罪機会論である。犯罪機会論は人

格を変えようとするのではなく，状況を変えようとするものであり，犯罪の機会を減らすためには，抵抗性・領域性・監視性といった犯罪に強い3要素を高めることを必要としている。　①　領域性とは，犯罪者の力が及ばない範囲をはっきりさせること。　②　監視性とは，犯罪者の行動を見張り，犯行対象を見守ること。　③　抵抗性とは，犯罪者から加わる力を押し返すこと。　(3)　死戦期呼吸とは，死の直前の喘ぎ呼吸をいい，しゃくりあげるような不規則な呼吸で，心停止直後の傷病者にしばしば見られる。死戦期呼吸は，胸やお腹が動かず，口をパクパクさせているだけで呼吸はしていないので，「呼吸なし＝心停止」と判断して，ただちに心肺蘇生を行う。　(4)　①　熱中症は，高温多湿な環境に長時間いることで，徐々に体内の水分や塩分のバランスが崩れ，体温調節機能がうまく働かなくなり，様々な症状が起こること。　②　人体の熱収支とは，人体から外気に熱が出ていったり，外気から人体に熱が入ったりすること。このバランスが崩れて体内に熱が蓄積すると熱中症になる。　③・④　暑さ指数(WBGT)は，人間の熱バランスに影響の大きい「気温，湿度，輻射熱」の3つを取り入れた指標のこと。　(5)　①　正しい。薬は，光や温度，湿度などによって効能が落ちる場合があるので，湿気，日光，高温を避けて室内で保管する。　②　正しい。子どもはなんでも口に入れてしまい，誤飲誤食する危険があるので手の届かないところに保管する。　③　「使い切った後」もが誤りで，「使い切るまで」が正しい。薬の箱やラベル，説明書には，使用期限や使用方法などが書かれているが，使い切ってしまえば誤飲誤食することもないので保管をする必要はない。④　「週に一度」は誤りで，「年に一度」が正しい。年に一度は薬箱を整理して，期限の過ぎた薬を廃棄するためである。　⑤　正しい。食品を農薬や殺虫剤，防虫剤等と一緒にしておくと，誤飲誤食の危険があるためである。

【3】①　悪性新生物(腫瘍)　②　心疾患(高血圧を除く)　③　老衰
〈解説〉2018年以降の日本人の死亡原因は，1位悪性新生物(がん・腫瘍)，

2位心疾患(心臓病)，3位老衰，4位脳卒中(脳血管疾患)である。心疾患(心臓病)は，1985(昭和60)年に脳卒中にかわり第2位となり，老衰は2018(平成30)年に脳卒中にかわり第3位になった。

【4】① ○　② ×　③ ○　④ ○　⑤ ×
〈解説〉厚生労働省のウェブサイト「インフルエンザQ&A」からの出題である。　①・③・④　正しい。　②　「10月～1月」が誤りで，日本では例年「12月～3月」が流行シーズンである。　⑤　「完全に抑えることができます」が誤りである。現行のワクチンは，感染を完全に抑える働きはない。ウイルスが増えて感染すると，数日の潜伏期間を経て，発熱やのどの痛み等のインフルエンザの症状が出現し発病するが，インフルエンザワクチンには，この発病を抑える効果が一定程度認められている。また，インフルエンザワクチンの最も大きな効果は，肺炎や脳症との合併症等の重症化を予防することである。

【5】① 7　② 16　③ 登校中・下校中　④ 出会い頭事故
〈解説〉①　月別死傷者数は，高等学校に入学した1年生に多く，4月から増加し，学校に慣れてきた5月～7月が最も多くなっている。　②　時間帯別死傷者数は，圧倒的に多いのは朝の登校時間帯の7時台・8時台で，下校時間帯の16時台～18時台は朝の約半数となっている。いずれも高校1年生に多い。　③　通行目的別死傷者数は，登下校中が62.7％で最も多く，登校中が39.4％，下校中は23.2％である。　④　事故類型別死傷者数は，出会い頭の事故が全体の60.6％と最も多く，次に多いのは右左折時の事故となっている。

【6】① 糖尿病　② うつ病
〈解説〉①　糖尿病には，先天的にインスリンの分泌機能が低い，または分泌されないために発症する1型糖尿病と，遺伝的要素に過食や運動不足等が加わりインスリン分泌機能が低下して発症する2型糖尿病の2種類がある。生活習慣病と言われるのは2型糖尿病のほうである。

②　うつ病は，悲しく落ち込んだ抑うつ気分と興味や喜びの減退を感じる状態が特徴的である。思考が緩慢になり，集中力・注意力・理解力・記憶力の低下が見られる。

【7】(1)　好奇心・興味本位　　(2)　薬物依存
〈解説〉(1)　大麻を初めて使用した経緯としては「自分から求めて」よりも「誘われて」が最多である。初めて使用した動機としては「好奇心・興味本位」が最も多く，次が「その場の雰囲気」である。身近な環境に影響を受けて，享楽的に大麻を使用する傾向がある。なお，出題は令和4年度の「薬物乱用のない社会を」からであるが，令和5年度版でも動機の順位は同様に，1位が「好奇心・興味本位」，2位は「その場の雰囲気」となっている。　　(2)　薬物依存には，大麻への欲求を抑え切れなくなることで，薬物なしにはいられないと感じる精神依存と，薬物なしには身体が正常に働かなくなる身体依存がある。出題の図の段階のうち，「知覚の変化」では，時間や空間の感覚がゆがむ，「学習能力の低下」では短期記憶が妨げられる，「運動失調」では瞬時の反応が遅れる，「精神障害」では統合失調症やうつ病を発症しやすくなる，「IQ(知能指数)の低下」では，短気・長期記憶や情報処理速度が下がる，そして「薬物依存」では，大麻への欲求が抑えられなくなる，とされている。

【8】(1)　心的外傷後ストレス障害(Post Traumatic Stress Disorder)の略。生死に関わるような体験をし，強い衝撃を受けた後で，その体験の記憶が当時の恐怖や無力感とともに，自分の意志とは無関係に思い出され，まだ被害が続いているような現実感を生じる病気です。　　(2)　ストレスの基にうまく対処しようとすること。問題焦点コーピングと情動焦点コーピングに分けられる。　　(3)　タバコを消した後に残留する化学物質を吸入すること。残留受動喫煙。
〈解説〉(1)　心的外傷後ストレス障害(PTSD)では，体験の記憶が自分の意志とは関係なくフラッシュバックのように思い出されたり，悪夢を

見たり，不安や緊張が高まったりするなどの症状が現れ，一カ月以上その症状が続く。　(2)　コーピング(coping)は，cope「対処する」に由来するメンタルヘルスの用語で，ストレスに対処するための行動をストレスコーピングという。例えば，対人関係がストレスの場合，相手に直接働きかけて問題を解決することが問題焦点コーピング，それでも解決に至らない場合に，相手や対人関係についての自分の考え方や感じ方を変えようとすることが情動焦点コーピングである。(3)　サードハンド・スモークとは，たばこを吸った後のニコチンや化学物質が，喫煙者の毛髪や衣類，部屋や自動車のソファやカーペット，カーテンなどの表面に付着して残留し，それが再放散したものを吸入することであり，三次喫煙ともいわれる。

【9】(1)　中性水温　　(2)　ウ
〈解説〉(1)　中性水温(水温33～34℃)を超えると運動しなくても体温が自然と上がってしまうので，体温を下げる工夫が必要となる。(2)　ウは運動強度・運動時間に関する運動要因であるので，正しい対策としては，「能力に応じた運動(個人差)を考慮する」ことや，「頑張りすぎないように注意する」ことなどである。「こまめにプールから出て風通しのよい日陰で休憩する」のは，水温が中性水温よりも高いときの環境要因への対策である。

【10】①　社会生活　　②　意欲　　③　情意面　　④　自己の役割
　⑤　規範意識　　⑥　積極的　　⑦　高等学校　　⑧　義務教育
〈解説〉①　社会生活における望ましい態度とは，社会生活を過ごす上で必要な，公正，協力，責任感，参画，共生などの態度のこと。②　意欲を育てるとは，行動の意義などその態度を支える知識を理解させ，運動に積極的に取り組むことができるようにすること。③　情意とは，感情や意思，自分の思いや気持ちのことで，保健体育に関しては，運動の楽しさや喜びを味わい，運動や体育が「好きだ，楽しい」という気持ちのこと。　　④　自己の役割に関しては，中学校

第1学年及び第2学年では「自己の役割を果たす」，中学校第3学年及び高等学校では「自己の責任を果たす」のように発展的に示されている。⑤　規範意識とは，運動学習で必要とされるフェアプレイの精神，マナーやエチケットを守ること，良好な人間関係でプレイすることなどである。⑥　「積極的に取り組む」は，情意面の目標を示したもので，中学校第1学年及び第2学年は「積極的に取り組む」，第3学年及び高等学校入学年次は「自主的に取り組む」，その次の年次以降は「主体的に取り組む」と発展的に示されている。⑦　高等学校では，卒業後も運動やスポーツに多様な形で関わることができるようにすることを目指し，それぞれの運動が有する特性や魅力に応じて，運動やスポーツとの多様な関わり方を状況に応じて選択し，卒業後も継続して多様な実践ができるようにすることを目指している。⑧　運動を豊かに実践することに関して，第1学年及び第2学年では，第3学年以降の自己に適した運動を選択できるようにするための基本的な知識や運動の技能を身に付け，運動との多様な関わり方を実践ができるようにすることを，第3学年では，義務教育の修了段階において，選択した運動種目等での運動実践を深めることができるようにすることを目指している。

【11】(1)　①　インクルーシブ　②　社会参加　(2)　・活動場所や動きを事前に確認する。　・仲間同士で声を掛け合う方法を事前に決める。　・音が出る用具を使用する。　から1つ
〈解説〉(1)　①　インクルーシブ教育システムとは，障害者の権利に関する条約第24条に示されている考えで，障害のある者と障害のない者が共に学ぶ仕組みのこと。　②　社会参加とは，社会の中で主体的に役割を果たすことであり，社会的，職業的自立に向けて必要な基盤となる資質・能力を身に付けていくことが大切である。なお，「自立」とは，能力や障害の程度に関係なく，支援を受けながらも主体的に行動できること。　(2)　「困難さ」には，出題の「見えにくさ」のほかに，聞こえにくさ，道具の操作の困難さ，移動上の制約，健康面や安

全面での制約，発音のしにくさ，心理的な不安定，人間関係形成の困難さ，読み書きや計算等の困難さ，注意の集中を持続することが苦手であることなどが挙げられる。学習活動を行う場合に生じる困難さが一人ひとり異なることに留意し，個々の生徒の困難さに応じた指導内容や指導方法を工夫することが必要である。

【12】(1)　7　　(2)　①　B器械運動　　②　Gダンス　　(3)　学びに向かう力，人間性等
〈解説〉(1)　「A体つくり運動」と「H体育理論」については，豊かなスポーツライフの実現に向けて基盤となる学習であることから，授業時数として，「A体つくり運動」は各学年で7単位時間以上を，「H体育理論」は各学年で3単位時間以上を配当することとされている。　(2)　出題の「体ほぐしの運動」は，「体の動きを高める運動及び実生活に生かす運動の計画」とともに，体育の領域「A体つくり運動」を構成する分野である。「体ほぐしの運動」については，「B器械運動」から「Gダンス」までにおいても関連を図って指導することができることとしている。各運動領域において学習の初めに扱う際は，誰もが取り組めることができ，仲間と関わりながら運動に取り組むことができるよう，体ほぐしの運動のねらいに沿った取り組みとなるように留意する。
(3)　「一人一人の違いに応じた動きを認めようとする」は「共生」，「話合いに参加しようとする」は「参画」にそれぞれ関わる内容であり，いずれも育成すべき資質・能力の観点では「学びに向かう力・人間性等」になる。

【13】(1)　①　運動観察　　②　作戦に応じた　　(2)　ウ　　(3)・移動しながらボールを捕る。　　・一連の動きでねらった方向へステップを踏みながらボールを投げる。　　・仲間からの送球を塁上でタイミングよく受ける。　　・仲間の送球を中継する。　　から1つ
〈解説〉(1)　①　運動観察の方法には，自己観察や他者観察などの方法があり，球技においては各型のゲームの課題に応じて，ボール操作と

ボールを持たないときの動き並びにそれらに関連したプレイの判断に着目して観察することで，個人やチームの学習課題が明確になり，学習成果を高められる。　②　作戦に応じた技能とは，第1学年及び第2学年の「基本的な技能や仲間と連携した動きでゲームを展開すること」をねらいとした学習を受けて，第3学年で「作戦に応じた技能で仲間と連携しゲームを展開すること」を学習のねらいとして示したもの。(2)　安定したバット操作とは，身体の軸が安定した一連のスイング動作で，タイミングを合わせてボールを打ち返すバット操作のこと。ウ「地面と水平になるようにバットを振りぬくこと」は，第3学年ではなく，第1学年及び第2学年における「基本的なバット操作」の例示である。　(3)　ボール操作は，「ボールを受ける前の身体の構え方(準備姿勢)」，「打球の通過コースや落下地点への移動の仕方，投げるときの足の踏み出し(ステップ)」，「基本となるグラブの使い方(キャッチング)」，「ボールの握り方や投げ方(スローイング)」で構成される。解答例は，第1学年及び第2学年における「ゴロやフライを捕ったり，ねらった方向にボールを投げたり，味方からの送球を受けたりすること」を，第3学年において発展させた技能として示したもの。

【14】(1)　①　日常動作　　②　スローモーション　　③　静と動
(2)　ウ

〈解説〉(1)　①　第1学年及び第2学年の創作ダンスは，多様なテーマから表したいイメージを捉え，動きに変化を付けて即興的に表現することや，変化のあるひとまとまりの表現ができるようにすることをねらいとしており，多様なテーマの例示として「身近な生活や日常動作」が示されている。　②　「スローモーションの動き」は，動きを誇張したり変化をつけたりして，テーマから捉えた自分が表したいイメージを表現することの例示である。　③　表したい感じやイメージを強調するように表現するために，緩急，強弱，「静と動」などで変化やメリハリをつけて表現する例示である。　(2)　ア　第1学年及び第2学年の「協力」に関わる内容で「学びに向かう力，人間性等」の例示であ

る。　イ　第1学年及び第2学年の「現代的なリズムのダンス」における「知識及び技能」の例示である。　エ　第3学年の「思考力，判断力，表現力等」の例示である。

【15】(1)　イ　　(2)　①　弦　　②　鍔　　(3)　エ
〈解説〉(1)　自然体の姿勢でおじぎをすることを立礼という。相手の目から視線をはずさずに，背すじを伸ばしたまま静かに上体を約30度倒し，一呼吸してから元の姿勢に戻す。試合や稽古の際は，相手の目に注目して，相互の立礼は上体を約15度前傾して目礼を行う。
(2)　出題の提刀の他，「納刀(帯刀)」(竹刀を持った左手を腰にあてた状態のこと)も併せて覚えておくこと。弦は刀でいえば峰にあたり，刀は峰を下にして腰に差しているので，提刀や帯刀の時の竹刀は弦を下に向ける。　(3)　歩み足は，平常の歩行のように，右足，左足を交互に動かして進んだり，退いたりする方法である。エは歩み足の前進を表した図。　ア　「開き足」である。移動する方向の足から踏み出し，次いで他の足を直ちに移動した足の後ろに引き付ける方法。　イ　「継ぎ足」である。左足を右足の位置まで引き付けたと同時に右足から大きく踏み出す方法。　ウ　「送り足」である。移動する方向に近い方の足から踏み出し，他の足を直ちに引き付ける方法。

【16】(1)　ア　　(2)　・ローリングの仕方　　・手の入水位置の確認　・ストローク中に両腕が反対の位置にあることを覚える。　から1つ
(3)　エレメンタリーバックストローク
〈解説〉(1)　背泳ぎのキックは，左右の脚の幅は親指が触れ合う程度で，脚の付け根から30〜40cm程度の上下動で大きく動かし，膝や足首の力を抜いてムチのようにしなるキックを意識する。けり上げ動作は，足の甲で水を捉え，左右の脚の親指をこすりながらけり，足の指先だけがけり上げる度に水面に少し出るような感じでけり上げる。ダウンキックは，けり上げ動作の反動を利用して，力を抜いて自然に行う。
(2)　動きの質を高める段階の練習法として，他に「両腕を頭上に伸ば

し，手のひらをもう一方の手の甲に合わせてのキック(頭の傾きを確認する)」や「片腕を垂直に上げたままのキック(垂直のリカバリーを覚える)」などがある。　(3)　着衣での水泳指導の目的は，水の事故を未然に防ぐため，プール等での水着での泳ぎと違う泳ぎの難しさを身をもって体験させ，そこから不慮の事故に出会ったときの落ち着いた対応の仕方を学ばせることにある。着衣泳の大切なポイントは長く浮いていることであり，長く浮くことに適した泳ぎ方が，図のエレメンタリーバックストローク(elementary backstroke)である。基本的には，背浮きの状態で行う背面での平泳ぎのような泳ぎ方で，手は頭まで上げずに肩の高さからモモまで左右対称にかき，脚は平泳ぎの足またはバタ足で行う。イカ泳ぎ，タコ泳ぎ，チョウチョ泳ぎなど様々に呼ばれている。

【17】(1)　ア，エ　　(2)　跳び箱上にマットをかぶせる。　・跳び箱の下(横)にマットを敷く。　から1つ
〈解説〉(1)　イ　初期段階ではなく，学習の進行につれて指導が必要となる内容である。学習が進行するにつれて，助走の開始位置と踏切板までの距離(助走距離)，どちらの足から助走を開始するか，どちらの足で踏み込む(両足踏み切りの一歩手前)のがやりやすいのかを確認する指導が必要となる。　ウ　初期段階ではなく，学習が進行した段階における状況である。学習が進行して，助走や踏み切りの勢いが増してくることで，この距離が近すぎると第一空中局面，あるいは運動全体が窮屈になる。　(2)　落下の心配がある台上前転の指導では，跳び箱の両側にマットを敷いたり，補助の仲間を配置したりする。また，着地に柔らかいマットを準備しておくことも，安心して取り組むことに役立つ。

【18】(1)　器械運動，陸上競技，水泳，ダンス　　(2)　①　かがみ跳び　②　はさみ跳び
〈解説〉(1)　各運動領域の履修の仕方について，中学校学習指導要領保健

体育科の「内容の取扱い」では，「第3学年においては，『B器械運動』，『C陸上競技』，『D水泳』及び『Gダンス』についてはいずれかから一以上を，『E球技』及び『F武道』についてはいずれか一以上をそれぞれ選択して履修できるようにすること」と示されている。　(2)　第3学年では，走り幅跳びは「かがみ跳び」に加えて「そり跳び」が，走り高跳びは「はさみ跳び」に加えて「背面跳び」が示されている。「そり跳び」とは，踏み切った後に空中で体全体を反らせた状態になり，その後，両腕を下ろしながら両足を前方に出して着地する跳び方のこと。「背面跳び」とは，バーに対して斜め後方から助走し，助走後半は曲線を描くように走り，踏み切った後，身体を仰向けにして上体を大きく反り，バーを越えた後に背部や肩からマットに着地する跳び方のことである。併せて覚えておきたい。

【19】(1)　①　国際親善　　②　世界平和　　(2)　・豊かな交流　　・伸びやかな自己開発　から1つ
〈解説〉(1)　①・②　オリンピック・パラリンピック競技大会や国際的なスポーツ大会などは，世界中の人々にスポーツのもつ教育的な意義や倫理的な価値を伝えたり，人々の相互理解を深めたりすることで，国際親善や世界平和に大きな役割を果たしている。　(2)　中学校学習指導要領解説保健体育編には，「現代生活におけるスポーツは，生きがいのある豊かな人生を送るために必要な健やかな心身，豊かな交流や伸びやかな自己開発の機会を提供する重要な文化的意義をもっている」と示されている。

【20】①　参画　　②　共生
〈解説〉①　参画とは，話し合いに参加したり貢献したりすることで，具体的にはグループの課題などの話合いなどで，自らの意思を伝えたり，仲間の意見を聞き入れたりすることを通して，仲間の感情に配慮して合意形成を図ろうとするなどの意思をもつこと。　②　共生とは，体力や技能の程度，性別や障害の有無等にかかわらず，人には違いがあ

ることに配慮し，その違いを可能性として捉え，一人一人の違いを認めたり大切にしたりすること。

2023年度 実施問題

【中学校】

【1】次の文は，中学校学習指導要領解説－保健体育編－(平成29年7月 文部科学省)保健分野の目標及び内容についての解説から抜粋したものである。文中の(①)～(⑮)に当てはまる語句を以下の語群から選び，記号で答えなさい。

(1) 目標

健康についての自他の課題を発見し，よりよい解決に向けて思考し判断するとともに，他者に伝える力を養うとは，保健の思考力，判断力，表現力等に関する資質・能力の育成についての目標である。健康に関わる事象や(①)などから自他の課題を発見し，よりよい解決に向けて思考したり，様々な解決方法の中から適切な方法を(②)するなどの判断をしたりするとともに，それらを他者に表現することができるようにすることを目指したものである。これらは，現在及び将来の生活における健康に関する課題に直面した場合などに，的確な思考・判断・表現等を行うことができるよう，健康を適切に管理し改善していく思考力，判断力，表現力等の資質・能力を育成することにつながるものである。その際，学習の展開の基本的な方向として，(③)での身近な生活における健康・安全に関する基礎的な内容について思考，判断し，それらを表現することができるようにするという考え方を生かすとともに，(④)な思考なども可能になるという発達の段階を踏まえて，個人生活における健康・安全に関する内容について科学的に思考し，判断するとともに，それらを筋道を立てて他者に表現できるようにすることを目指している。

(2) 生活習慣病などの予防

○喫煙と健康

喫煙については，たばこの煙の中にはニコチン，タール及び

（　⑤　）などの有害物質が含まれていること，それらの作用により，
（　⑥　）の収縮，心臓への負担，（　⑦　）の低下など様々な急性影
響が現れること，また，常習的な喫煙により，がんや（　⑧　）など
様々な疾病を起こしやすくなることを理解できるようにする。特に，
未成年者の喫煙については，身体に大きな影響を及ぼし，ニコチン
の作用などにより（　⑨　）になりやすいことを理解できるようにする。
○薬物乱用と健康

　薬物乱用については，覚醒剤や大麻を取り上げ，摂取によって
（　⑩　）を伴った激しい急性の錯乱状態や急死などを引き起こすこ
と，薬物の連用により依存症状が現れ，中断すると精神や（　⑪　）
に苦痛を感じるようになるなど様々な障害が起きることを理解でき
るようにする。

　また，薬物乱用は，個人の心身の健全な発育や人格の形成を阻害
するだけでなく，社会への適応能力や責任感の発達を妨げるため，
暴力，非行，犯罪など家庭・学校・地域社会にも深刻な影響を及ぼ
すこともあることを理解できるようにする。

(3)　身体の環境に対する適応能力・至適範囲
○気温の変化に対する適応能力とその限界

　気温の変化に対する体温調節の機能を例として取り上げ，身体に
は，環境の変化に対応した（　⑫　）があり，一定の範囲内で環境の
変化に適応する能力があることを理解できるようにする。また，屋
内外での（　⑬　）や山や海での遭難などによる（　⑭　）などを取り
上げ，体温を一定に保つ身体の適応能力には限界があること，その
限界を超えると健康に重大な影響が見られることから，（　⑮　）の
適切な利用が有効であることを理解できるようにする。

語群

ア	中学校	イ	静脈	ウ	心臓病	エ	脳卒中
オ	一酸化炭素	カ	小学校	キ	毛細血管	ク	感染症
ケ	調節機能	コ	幻覚	サ	選択	シ	運動能力
ス	健康情報	セ	気象情報	ソ	気象条件	タ	熱中症

42

　　チ　抽象的　　　　ツ　依存症　　　テ　身体　　　　ト　低体温症

(☆☆☆◎◎◎)

【2】保健・安全の学習内容に関連した，次の(1)～(5)の問いに答えなさい。

(1)　21世紀における国民健康づくり運動「健康日本21」(第二次)(厚生労働省)の5つの柱について，次の(　①　)～(　⑤　)にあてはまる語句を以下の語群から選び，記号で答えなさい。

　　健康日本21(第二次)の5つの柱

　　　1．健康寿命の延伸・(　①　)の縮小

　　　2．(　②　)の発症予防と重症化の予防の徹底

　　　3．社会生活を営むために必要な(　③　)の維持・向上

　　　4．健康を支え，守るための(　④　)の整備

　　　5．栄養・食生活，身体活動・運動，休養，飲酒，(　⑤　)の健康に関する生活習慣及び社会環境の改善

　　語群

　　ア　社会環境　　　イ　健康寿命　　　　ウ　健康格差

　　エ　感染症　　　　オ　衛生環境　　　　カ　生活習慣病

　　キ　糖尿病　　　　ク　喫煙及び歯・口腔　ケ　がんの予防

　　コ　機能

(2)　次の文は，心臓の構造と機能に関する記述である。下線部①～④の言葉がそれぞれ正しければ○，間違っていれば正しい言葉を答えなさい。

> 　心臓は，一般的には胸骨の後方やや左寄り，左右の肺の間にある。大きさは握り拳くらいで，重さは成人で①270～300gの特殊な筋肉(心筋)でできた臓器である。左右の心房と左右の心室から成る。血液を全身に送り出すポンプの役割を担い，1分間に②60～80回拍動する。1回の拍動で血液は60～80ml拍出され，1回の拍出量を70mL，拍動数を70回/分とすると1分間では，4,900mLの血液を心臓から送り出す計算になる。大人の平均全

43

血液量は③8L(体重の約13分の1)なので，血液は1分間で全身を回る計算になる。血液の循環には，右心房→右心室→肺動脈→肺→肺静脈を回る④心循環(小循環)と左心房→左心室→大動脈→全身の体循環(大循環)がある。

(3)　次の①，②の言葉の意味を簡潔に答えなさい。

　　①　インフォームドコンセント　　②　セカンドオピニオン

(4)　健康増進法の一部改正(令和2年　全面実施)に伴い，受動喫煙防止対策が義務化されたことについて，次の①，②の問いに答えなさい。

　　①　本法律の改正の趣旨にあてはまるものを次の選択肢より3つ選び，記号で答えなさい。

　　選択肢

　　　ア　望まない受動喫煙をなくす。

　　　イ　たばこ税の増税を目的とする。

　　　ウ　受動喫煙による健康影響が大きい子ども，患者等に特に配慮

　　　エ　未成年者の喫煙をなくす。

　　　オ　公共施設等での分煙を推進する。

　　　カ　喫煙により起因する疾病を防止する。

　　　キ　施設の類型・場所ごとに対策を実施

　　②　本法律で定める受動喫煙対策で，改正前から変更された点について2つ答えなさい。

(5)　次の①～⑤の文は，応急手当に関する記述である。事故が発生した際の対処方法として，最も適切な対処方法をそれぞれ記号で答えなさい。

　　①　柔道の授業中に相手と投げ技の練習中，相手に投げられた際に受け身を取り損ね，左手首を捻り，骨折(変形が見られる)した。

　　　ア　衣服をゆるめ安静にする。

　　　イ　患部を氷で冷やしてから軽くマッサージする。

　　　ウ　骨折した部位を動かさず固定する。

　　　エ　変形した部位を整復してから氷で冷やす。

44

② バスケットボールの試合中，パスを捕球し損ね，ボールが顔面に当たり鼻血が出た。

ア ティッシュや綿を鼻に詰めて安静にする。

イ 鼻をつまみ，静かに座る。

ウ 濡れたガーゼを鼻に詰めて安静にする。

エ 仰向けに寝かせ鼻血が止まるまで安静にする。

③ バレーボールの練習中，トスをする際にボールで右手人差し指を突き指した。

ア 患部を引っ張り整復した後，氷で冷やす。

イ 患部に湿布を貼り，安静にする。

ウ 患部を氷で冷やし，安静にする。

エ 患部をテーピングで固定し，安静にする。

④ 陸上の短距離走で走っている際に勢い余って転倒し，右膝を擦り剥いた。

ア 水道水で患部の汚れを落とし，ガーゼで保護する。

イ 仰向けで寝かせ，安静にする。

ウ 患部を氷で冷やす。

エ 患部を氷で冷やし，絆創膏を貼る。

⑤ 美術の授業中，作品を制作中に彫刻刀で左手の人差し指を切り，出血した。

ア 水道水で患部を洗い流し，手を挙上させる。

イ 紐などで手首を縛り，血を止める。

ウ 患部を氷で冷やし，絆創膏を貼る。

エ 清潔なハンカチなどで患部を押さえる。

(☆☆☆◎◎◎)

【3】次の文は，新型コロナウイルス感染症の流行を踏まえた市民による救急蘇生法について(指針)(令和2年5月 作成：日本救急医療財団心肺蘇生法委員会 厚生労働省)に記載されている救急蘇生法の具体的手順である。記載事項としてあてはまらない文章をア～キの中から2つ選

び記号で答えなさい。

ア　確認や観察の際に，傷病者の顔と救助者の顔があまり近づきすぎないようにする。

イ　傷病者を救助する際に，周囲に助けや協力を求める場面では必ずマスクを着用の上，必要以上に大きな声を出さないようにする。

ウ　エアロゾルの飛散を防ぐため，胸骨圧迫を開始する前に，ハンカチやタオルなどがあれば傷病者の鼻と口にそれをかぶせるように変更する。マスクや衣服などでも代用できる。

エ　胸骨圧迫を複数人の救助者が交代で行う際には，交代する場面で救助者同士の距離が近づかないように配慮する。

オ　成人に対しては，救助者が講習を受けて人工呼吸の技術を身につけていて，人工呼吸を行う意思がある場合でも，人工呼吸は実施せずに胸骨圧迫だけを続けるように変更する。

カ　子どもに対しては，講習を受けて人工呼吸の技術を身につけていて，人工呼吸を行う意思がある場合には，胸骨圧迫に人工呼吸を組み合わせる。その際，手元に人工呼吸用の感染防護具があれば使用する。感染の危険などを考えて人工呼吸を行うことにためらいがある場合には，胸骨圧迫だけを続ける。

キ　救急隊の到着後に，傷病者を救急隊員に引き継いだあとは，速やかに石鹸と流水で手と顔を十分に洗う。傷病者の鼻と口にかぶせたハンカチやタオルなどは，直接触れないようにして廃棄するのが望ましい。

(☆☆☆◎◎◎)

【4】医薬品教育の学習内容に関連した，次の(1)～(3)の問いに答えなさい。

(1)　薬と食品などとの飲み合わせについて，次の①～③の飲み合わせによって，生じる相互作用について，　　　　　内の言葉をすべて用いてそれぞれ説明しなさい。

① お茶と薬　　　タンニン　　鉄

② 牛乳と薬　　　テトラサイクリン　　ニューキノロン系

③　コーヒーと薬　　 カフェイン 　 気管支喘息

(2)　体内に入った薬は，最終的に体内のどこで分解されますか。臓器の名称を答えなさい。

(3)　錠剤及びカプセル剤についての長所を説明しなさい。

(☆☆☆○○○)

【5】次の文は，保健機能食品に関する記述である。誤っている記述をア～オより選び，記号で答えなさい。

ア　特定保健用食品は，国が人での安全性と効果を個別製品として審査し，消費者庁長官が保健機能(健康の維持・増進に役立つ効果等)の表示を許可した食品である。

イ　栄養機能食品は，人での安全性と効果の科学的根拠が明らかとなっているビタミンやミネラルなどの栄養素について，その製品中の含有量が，国が定めた基準を満たしていれば既定の栄養機能が表示できる食品である。

ウ　機能性表示食品は，事業者の責任において一定の科学的根拠に基づいた機能性を表示した食品で，その安全性と機能性の根拠等については，販売前に事業者から消費者庁長官へ届けられ，届出情報が消費者庁のウェブサイトで公開されている。

エ　健康補助食品は，ビタミンやミネラル，アミノ酸など栄養摂取を補助することや，ハーブなどの成分による薬効を目的とした食品である。

オ　機能性表示食品は，特定保健用食品とは異なり，消費者庁長官の個別の許可を受けたものではなく，事業者の責任において安全性や機能性が評価されている。

(☆☆☆○○○)

【6】次のグラフは，国内においての大麻事犯における年齢別及び人口10万人当たりの検挙人員推移を表しています。20歳未満の検挙人員推移を表しているものをア～オより選び，記号で答えなさい。

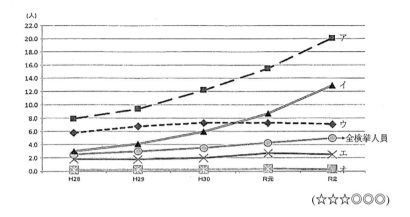

(☆☆☆◎◎◎)

【7】次の(1), (2)の文は, それぞれ性感染症について説明した記述である。(1), (2)の内容に適する疾患名をそれぞれ答えなさい。

(1) 世界中に広く分布している疾患である。1943年にマホニーらがペニシリンによる治療に成功して以来, 本薬の汎用によって発生は激減したが, その後, 各国で幾度かの再流行が見られている。1960年代半ばには日本も含め, 世界的な再流行が見られた。日本では花柳病予防法(1928年), 性病予防法(1948年)で対象疾患とされ, 1999年からはいわゆる感染症法のもと症例が報告されている。最近では, 日本では1987年(報告数2928)をピークとする流行が見られたが, その後再び報告が減少してきた。

(2) 本疾患はわが国で最も多い性感染症(STD)である。感染症法では, 5類感染症として性感染症定点からの報告が義務付けられている。本疾患は感染症法施行以前には, 結核・感染症サーベイランス事業の性感染症サーベイランス(旧サーベイランス)でも対象疾患に挙げられていたが, 感染症法になってからの届け出状況をみると, 女性患者の報告数が急増している。その要因としては, 旧サーベイランスに比べて感染症法では産婦人科定点が増加したこともあるが, 実際に女性感染者数が増加傾向にあることも推察される。妊婦検診に

おいて正常妊婦の3〜5％に本病原体保有者がみられることから，自覚症状のない感染者はかなりあるものと推測されている。

(☆☆☆○○○)

【8】次の生活習慣病に関連した(1)〜(3)の言葉について，それぞれ簡潔に説明しなさい。

(1) 三次喫煙　　(2) セルフ・エフィカシー

(3) ナルコレプシー

(☆☆☆○○○)

【9】次の資料は，令和3年度　全国体力・運動能力，運動習慣等調査報告書(令和3年12月　スポーツ庁)に示されている内容である。以下の(1)〜(3)の問いに答えなさい。

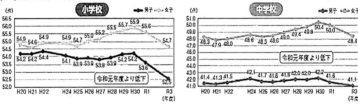

[図1]体力合計点の経年変化

(1) 「児童生徒の特徴(令和元年度との比較)」の実技に関する調査において，体力合計点は小中学校ともに低下したことが報告されている〔図1〕。体力合計点の低下の主な背景として，3つの要因が示されている。次の[　]にあてはまる語句を答えなさい。

① 運動時間の減少。

② 学習以外のスクリーンタイムの増加。

③ [　]傾向のある児童生徒の増加。

(2) コロナ*の影響による児童生徒の運動やスポーツをする時間の変化に関する調査において，コロナの影響前と現在で児童生徒の運動やスポーツへの取組の変化について，「運動やスポーツをする時間が減った」と回答した割合は，小中学校男女ともに，何割であった

か，答えなさい。

＊コロナ＝新型コロナウイルス感染症

(3) 「新体力テスト」のテスト項目に関する記述として適切なものを次のア～ウより選び，記号で答えなさい。

ア　長座体前屈の記録として，初期姿勢から最大前屈時の箱の移動距離をスケールから読み取り，記録はセンチメートル単位とし，センチメートル未満は切り捨てる。その記録で，柔軟性の運動能力評価を行う。

イ　上体起こしの記録として，30秒間の上体起こし(両肘と両大腿部がついた)回数を記録する。ただし，仰臥姿勢に戻したとき，背中がマットにつかない場合は，回数としない。その記録で，瞬発力・筋持久力の体力評価を行う。

ウ　立ち幅跳びの記録として，身体が砂場(マット)に触れた位置のうち，最も踏み切り線に近い位置と，踏み切り前の両足の中央の位置(踏み切り線の前端)とを結ぶ直線の距離を計測する。記録はセンチメートル単位とし，センチメートル未満は切り捨てる。その記録は瞬発力の体力評価に用いる。

(☆☆☆◎◎◎)

【10】次の文は，中学校学習指導要領解説－保健体育編－(平成29年7月文部科学省)の「第2節　各分野の目標及び内容〔体育分野〕1　目標[第3学年]」の解説から抜粋したものである。以下の(1)，(2)の問いに答えなさい。

---

(1) 運動の合理的な実践を通して，運動の楽しさや喜びを味わい，(①)にわたって運動を豊かに実践することができるようにするため，運動，体力の必要性について理解するとともに，基本的な技能を身に付けるようにする。

(2) 運動についての自己や仲間の(②)を発見し，合理的な解決に向けて思考し判断するとともに，自己や仲間の考えたこと

を他者に伝える力を養う。

(3)　運動における競争や協働の経験を通して，公正に取り組む，互いに協力する，自己の責任を果たす，(③)する，一人一人の違いを大切にしようとするなどの意欲を育てるとともに，健康・安全を確保して，生涯にわたって運動に親しむ態度を養う。

(1)　上の説明文の(①)～(③)にあてはまる語句を答えなさい。

(2)　内容の各領域についての取り扱いについて，『第3学年においては，「B器械運動」，「C陸上競技」，「D水泳」及び「Gダンス」についてはいずれかから1つ以上を，「(①)」及び「(②)」についてはいずれか1つ以上をそれぞれ選択して履修できるようにすること。』が示されている。(①)，(②)にあてはまる2つの領域を答えなさい。

(☆☆☆○○○)

【11】次の文は，中学校学習指導要領解説－保健体育編－(平成29年7月文部科学省)体育分野の体育理論において，示されている解説から抜粋したものである。以下の(1)～(3)の問いに答えなさい。

○運動やスポーツの意義や効果と学び方や安全な行い方
ア　知識
(2)　運動やスポーツの意義や効果と学び方や安全な行い方について，課題を発見し，その解決を目指した活動を通して，次の事項を身に付けることができるよう指導する。

ア　運動やスポーツの意義や効果と学び方や安全な行い方について理解すること。
(ア)　運動やスポーツは，a身体の発達やその機能の維持，体力の向上などの効果や(①)の獲得，(②)の解消などの心理的効果及びbルールやマナーについ

いて合意したり，適切な人間関係を築いたりするな
どの社会性を高める効果が期待できること。

(1)　上の説明文の下線部a＿＿の体との関連について指導をする際，
何の改善と関連させることで肥満予防の効果が期待できることを理
解できるようにするのか，答えなさい。

(2)　上の説明文の(　①　)，(　②　)にあてはまる語句を答えなさい。

(3)　上の説明文の下線部b＿＿について，体力や技能の程度，年齢や
性別，障害の有無等の様々な違いを超えて，運動やスポーツを行う
際に，ルールやマナーに関して合意形成することや適切な人間関係
を築くことなどの社会性が求められることから，どのようなことを
通して社会性が高まることを理解できるようにすればよいか，学習
指導要領に記されている例を1つ答えなさい。

(☆☆☆◎◎◎)

【12】次の文は，中学校学習指導要領解説－保健体育編－(平成29年7月
文部科学省)体育分野のA　体つくり運動において，示されている解説
から抜粋したものである。以下の(1)～(3)の問いに答えなさい。

A　体つくり運動
[第1学年及び第2学年]
(1)　知識及び運動
体つくり運動について，次の事項を身に付けることができ
るよう指導する。

(1)　次の運動を通して，体を動かす楽しさや心地よさを
味わい，体つくり運動の意義と行い方，体の動きを高
める方法などを理解し，目的に適した運動を身に付け，
組み合わせること。
ア　体ほぐしの運動では，a手軽な運動を行い，心と体

との関係や心身の状態に気付き，仲間と積極的に関
わり合うこと。
イ _b体の動きを高める運動では，ねらいに応じ，体の
柔らかさ，巧みな動き，力強い動き，_c動きを持続
する能力を高めるための運動を行うとともに，それ
らを組み合わせること。

(1) 上の説明文の下線部_a＿＿の「手軽な運動」とは，どのような運動と示されているか，1つ答えなさい。

(2) 上の説明文の下線部_b＿＿における「知識」の例示において，「体の動きを高めるには，適切な(　①　)，時間，回数，(　②　)などを考慮して組み合わせる方法があることを理解できるようにする。」と示されている。(　①　)，(　②　)にあてはまる語句を答えなさい。

(3) 上の説明文の下線部_c＿＿における「運動」の行い方の例において，「ステップやジャンプなど複数の異なる運動を組み合わせて，エアロビクスなどの(　　)を時間や回数を決めて持続して行うこと。」と示されている。(　　)にあてはまる語句を答えなさい。

(☆☆☆○○○)

【13】器械運動「学校体育実技指導資料『器械運動指導の手引(平成27年3月　文部科学省)』」で，マット運動ほん転技群における指導について述べたものである。次の(1)，(2)の問いに答えなさい。

(1) ほん転技群の指導に関する記述として適切なものは，次のア〜エのうちどれか記号で答えなさい。

ア　側方倒立回転は，上体を倒しながら脚を振り上げ，回転力を高めます。ただし，横を向いたまま回ろうとすると，人間の体は横にはあまり曲がらないので，体を倒し切れず，腰が曲がった側方倒立回転になってしまいます。

イ　前方倒立回転では，頭を前屈し，体を反ることによって，回転

53

力を高めることになります。

ウ　頭はね起きについても，頭の前屈と体の反りによる回転が必要です。しかも，単に体を反るのではなく，腰における屈伸動作によって回転力を弱め，手の押しを同調させて起き上がります。

エ　前方倒立回転跳びでは，前方への回転力は，同じように頭の前屈と反りによって高めますが，腰における屈伸動作ではなく，上体を勢いよく倒して着手し，腕を振り上げることによって加速します。

(2) 前方倒立回転跳びの指導において，立ちやすいように，落差を利用した練習が有効とされ，体を反ったまま回転し，着地の準備をする感覚をつかむようにしますが，はじめのうちは，どの位置で補助者が体を支えるのが良いか，当てはまるものを次図のA～Cから全て選び，記号で答えなさい。

図
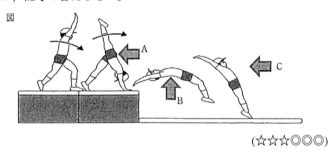

(☆☆☆◎◎◎)

【14】次の文は，水泳について「学校体育実技指導資料『水泳指導の手引』三訂版(平成26年3月　文部科学省)』」第3章　技能指導の要点に示されている「クロールにおける呼吸法」から抜粋したものである。以下の(1)～(4)の問いに答えなさい。

> 呼吸法
> ① （　A　）は，水中で，鼻と口で行う。徐々に吐き出し始め，最後は力強く吐き出す。
> ② （　B　）は，体の中心を軸にして顔を横に上げ，口で行い，素

早く，大きく吸い込む。

③ 一方の腕で，体の下をかく間に(C)し，水面上で抜き上げ ながら顔をだし，肩の横まで戻す間に(D)する。(C)か ら(D)は連続させる。

(1) 上の説明文の(A)〜(D)にあてはまる語句の正しい組合せ を次のア〜エより選び，記号で答えなさい。

	A	B	C	D
ア	吸気	呼気	呼気	吸気
イ	呼気	吸気	呼気	吸気
ウ	呼気	吸気	吸気	呼気
エ	吸気	呼気	吸気	呼気

(2) 次の写真は，呼吸法の段階を示したものである。「動きの質を高 める段階」にあるのは，次のA〜Cのどれか記号で答えなさい。

(3) 安全指導について，二人一組をつくり，人数確認や互いに相手の 安全を確かめさせる方法を，何と呼ぶか答えなさい。

(4) プールの水質管理について，「学校環境衛生管理マニュアル」(文 部科学省 平成30年改訂版)において，遊離残留塩素濃度は，(①) mg/ℓ以上，また，(②)mg/L以下であることが望ましいとされて いる。

前文の(①)，(②)にあてはまる数値の正しい組合せを次 のア〜エより選び，記号で答えなさい。

ア ① 0.1 ② 0.75
イ ① 0.4 ② 1.0
ウ ① 5.8 ② 8.6
エ ① 0.2 ② 12.0

(☆☆☆◎◎◎)

【15】次の文は，中学校学習指導要領解説－保健体育編－(平成29年7月文部科学省)の陸上競技[第1学年及び第2学年]において，示されている内容である。以下の(1)，(2)の問いに答えなさい。

ハードル走

　ハードル走では，ハードルを越えながらインターバルを一定のリズムで走り，タイムを短縮したり，競走したりできるようにする。

　リズミカルな走りとは，インターバルにおける素早い(①)の走りのことである。

　(②)にハードルを越すとは，インターバルで得たスピードで踏み切って，余分なブレーキをかけずそのままのスピードでハードルを走り越えることである。

　指導に際しては，ハードル走の距離は50～80m程度，その間にハードルを5～8台程度置くことを目安とするが，生徒の体力や技能の程度やグラウンドの大きさに応じて弾力的に扱うようにする。

〈例示〉

・遠くから踏み切り，勢いよくハードルを走り越すこと。

・(③)の膝を折りたたんで前に運ぶなどの動作でハードルを越すこと。

・インターバルを3又は5歩でリズミカルに走ること。

---

(1) 上の説明文の(①)～(③)にあてはまる語句を答えなさい。

(2) [第1学年及び第2学年]「思考力・判断力・表現力等」の例示で示されている記述として適切なものは，次のア～エのうちどれか記号で答えなさい。

　ア　陸上競技の各種目において用いられる技術の名称があり，それぞれの技術で動きのポイントがあること。

　イ　提供された練習方法から，自己の課題に応じて，動きの習得に適した練習方法を選ぶこと。

　　ウ　用具等の準備や後片付け，記録などの分担した役割を果たそう
　　　うとすること。
　　エ　選択した運動に必要な準備運動や自己が取り組む補助運動を選
　　　ぶこと。

(☆☆☆◎◎◎)

【16】「学校体育実技指導資料『柔道指導の手引三訂版(平成25年3月　文
　　部科学省)』」第3章　指導計画と学習評価に示されている「投げ技との
　　関連を重視した受け身の段階的な指導」である。以下の(1)～(3)の問い
　　に答えなさい。

> **投げ技との関連を重視した受け身の段階的な指導**
> ステップF：技を使って受け身をとる(基本となる技と受け身)
> ステップE：動きを使って受け身をとる(進退動作と受け身)
> ステップD：2人1組で受け身をとる(ペアの受け身)
> ステップC：体さばきを使って受け身をとる(崩し，体さばきと受け身)
> ステップB：崩しを使って受け身をとる(崩しと受け身)
> ステップA：受け身の(　　　)を体得する

(1)　上の図の(　　　)にあてはまる語句を答えなさい。
(2)　上の図のステップを正しい順番に並び替え，アルファベットで答
　　えなさい。
　　ステップA⇒(　①　)⇒(　②　)⇒(　③　)⇒(　④　)⇒ステップF
(3)　練習環境の事前の安全確認のために，畳のどのような点を確認し
　　ておくことが重要か，畳の破れや穴が開いていること以外に，1つ
　　答えなさい。

(☆☆☆◎◎◎)

【17】次の文は，中学校学習指導要領解説－保健体育編－(平成29年7月
　　文部科学省)体育分野のG　ダンス[第1学年及び第2学年]において，示
　　されている解説から抜粋したものである。

57

> (1)　知識及び技能
>
> 　ₐダンスについて，次の事項を身に付けることができるよう指導する。
>
> (1)　次の運動について，感じを込めて踊ったりみんなで踊ったりする楽しさや喜びを味わい，ダンスの特性や由来，ᵦ表現の仕方，その運動に関連して高まる体力などを理解するとともに，イメージを捉えた表現や踊りを通した交流をすること。

　a＿＿＿で示されているダンスとは，どのようなダンスで構成されているか，b＿＿＿で構成されている次の①～③に合ったダンスをそれぞれ答えなさい。

①　伝承されてきた踊りの特徴を捉えて踊ること。

②　表したいイメージをひと流れの動きやひとまとまりの動きにして表現。

③　軽快なリズムに乗って全身で弾みながら自由に踊るなどの身体を使った表現。

(☆☆☆◎◎◎)

【18】次の文は，中学校学習指導要領解説－保健体育編－(平成29年7月文部科学省)体育分野のE　球技[第1学年及び第2学年]において，示されている解説から抜粋したものである。以下の(1)～(3)の問いに答えなさい。

> (1)　知識及び技能
>
> 　球技について，次の事項を身に付けることができるよう指導する。
>
> (1)　次の運動について，勝敗を競う楽しさや喜びを味わい，球技の特性や成り立ち，技術の名称や行い方，その運動に関連して高まる体力などを理解するとともに，基本的な技能や仲間と連携した動きでゲームを展開すること。

> ア　_aゴール型では，（　①　）によってゴール前での攻防をすること。
>
> イ　ネット型では，（　②　）によって空いた場所をめぐる攻防をすること。
>
> ウ　ベースボール型では，基本的なバット操作と走塁での攻撃，（　③　）などによって攻防をすること。

(1)　上の説明文の（　①　）～（　③　）にあてはまる語句を次のア～エより選び，記号で答えなさい。

　ア　ボールや用具の操作と定位置での守備

　イ　ボール操作と定位置での守備

　ウ　ボール操作と空間に走り込むなどの動き

　エ　ボールや用具の操作と定位置に戻るなどの動き

(2)　球技の運動種目として適宜取り上げることとしている運動種目のうち，ゴール型のものについて，バスケットボール・サッカー以外の運動種目を答えなさい。

(3)　ICTの効果的な活用として，ゲームの映像を全員で視聴しながら，次のゲームに向けて作戦を考え，交流することは，どのような資質・能力を育成するのか，答えなさい。

(☆☆☆◎◎◎)

【19】次の文は，「指導と評価の一体化」のための学習評価に関する参考資料【中学校　保健体育】(令和2年3月　国立教育政策研究所　教育課程研究センター)において，『「内容のまとまりごとの評価規準」の考え方を踏まえた評価規準の作成』【体育分野】「各観点の指導場面と評価機会の関係」で，示されている内容である。文中の（　①　）～（　⑦　）にあてはまる語句を，以下の語群から選び，記号で答えなさい。

> 各観点の指導場面と評価機会の関係
>
> 　「主体的・対話的で深い学び」の視点で授業改善を進めるに当たり，単元等のまとまりを見通した学びの重要性や，指導内容のつ

ながりと評価の場面設定との関係などについて十分検討する必要がある。体育分野の観点別学習状況の評価において，指導場面と評価機会の関係については，本事例では基本的に次のように捉えている。

「知識・技能」の観点の「技能」及び「主体的に学習に取り組む態度」の二つの観点における評価は，技能の獲得，向上や態度の育成等に(①)が必要となること，主に(②)によって評価を行うことから，本事例では，指導後に(①)及び(③)工夫をしている。

「知識・技能」の観点の「知識」及び「思考・判断・表現」の二つの観点における評価は，主に(④)内容から評価の材料を得ようとしていることから，本事例では，指導から(⑤)評価をしている。さらに，生徒の発言等の(②)によって得られた評価の材料を加味して評価の(⑥)，(⑦)等を高める工夫をしている。

語群
ア　評価期間を設ける　　イ　期間を置かず　　ウ　一定の学習期間
エ　信頼性　　　　　　　オ　妥当性　　　　　カ　観察評価
キ　学習カード等に記述された

(☆☆☆◎◎◎)

【20】次の文は，「学校における熱中症対策ガイドライン作成の手引き」(令和3年5月　環境省・文部科学省)において，学校での熱中症による事故事例から得られる教訓として，以下のように示されている。文中の(①)～(⑤)にあてはまる語句を答えなさい。ただし，(⑤)には，暑さ指数の略称であるアルファベット4文字が入る。

教訓①：熱中症を引き起こす3要因((①)・(②)・(③))
　　　　が関わりあうと熱中症は起こる！

教訓②：それほど暑くなくても，2要因((②)，(③))のみで熱中症は起こる！

教訓③：それほど気温が高くなくても(④)が高い日は注意！

教訓④：屋内であっても熱中症は起こる！

教訓⑤：普段運動をしない児童生徒等も参加する体育授業では，暑さ指数(⑤)が高い日は活動内容の変更を検討する！

教訓⑥：激しい運動ではなくても，暑さ指数が高い日，特に小学校低学年では注意！

(☆☆☆◎◎◎)

解答・解説

【中学校】

【1】① ス　② サ　③ カ　④ チ　⑤ オ　⑥ キ　⑦ シ　⑧ ウ　⑨ ツ　⑩ コ　⑪ テ　⑫ ケ　⑬ タ　⑭ ト　⑮ セ

〈解説〉①〜④　保健分野の目標は，体育分野と同様3つあり，問題のほかに「個人生活における健康・安全について理解するとともに，基本的な技能を身に付けるようにする」「生涯を通じて心身の健康の保持増進を目指し，明るく豊かな生活を営む態度を養う」がある。目標は学習指導要領関連の問題の中でも頻出なので，学習指導要領解説もよく学習し，理解を深めておくこと。　⑤〜⑨　一酸化炭素はたばこから発生する代表的な有害物質であり，ニコチン，タールとあわせて「たばこの三大有害物質」などと呼ばれている。ヘモグロビンと結びつくことで，ヘモグロビンが酸素と結びつくことを妨げ，慢性的な酸素不足を引き起こす。　⑩〜⑪　薬物乱用は1度の使用でも該当する

ことに注意したい。　⑫〜⑮　熱中症に関する気象情報の一つとして熱中症アラートがあげられる。環境省と気象庁は，熱中症予防対策に資する効果的な情報発信として全国を対象に，運用を開始している。

【2】(1)　①　ウ　　②　カ　　③　コ　　④　ア　　⑤　ク

(2)　①　○　　②　○　　③　5L(体重の10分の1)　　④　肺循環

(3)　①　医療行為を受ける前に，医師及び看護師から医療行為について，わかりやすく十分な説明を受け，それに対して患者は疑問があれば解消し，内容について十分納得したうえで，その医療行為に同意すること。　　②　診断や医療行為などについて，現在診療を受けている担当医とは別に，違う医療機関の医師に求める「第2の意見」のこと。　　(4)　①　ア，ウ，キ　　②　・屋内は原則禁煙。　　・20歳未満の人は従業員であっても喫煙エリアへの立ち入りができない。・屋内での喫煙をするには，喫煙室の設置を行わなければならない。・喫煙室であることを示す標識の掲示が義務付けられる。　から2つ

(5)　①　ウ　　②　イ　　③　ウ　　④　ア　　⑤　エ

〈解説〉(1)　健康寿命とは，「健康上の問題で日常生活が制限されることなく生活できる期間」のこと。わが国の平均寿命は男性81.41歳，女性87.45歳だが，健康寿命は男性72.68歳，女性75.38歳である。平均寿命と健康寿命の差(男性約9年，女性約12年)は日常生活に制限のある「不健康な期間」であり，健康寿命の平均寿命を上回る伸長が課題となっている。　　(2)　心臓の弁は，心臓が血液を送り出すときに開いて血液を一方向に流し，送り出した後はすばやく閉じて血液が逆流しないようにする。この正常な流れに問題があると，心臓は必要な場所に血液を送り出すのが難しくなる。　　(3)　インフォームドコンセントやセカンドオピニオンが浸透する前は患者の治療方針を医師が決め，患者は医師に任せるのが通常だった。近年，患者の権利の浸透によって，治療方針は原則患者自身が決めるようになり，患者の意思決定の材料としてインフォームドコンセント，セカンドオピニオンが使われるようになった。セカンドオピニオンは患者にとっては重要だが，医師の診

断に疑問を持つと受け取られる可能性があるので，注意が必要である。
(4)　本改正では望まない受動喫煙の防止に重点を置いている。受動喫煙とはたばこから立ち上る煙，または喫煙者が吐き出した煙を吸うこと。特にたばこから立ち上る煙は不完全燃焼の煙なので，一酸化炭素，タール，ニコチンの量は喫煙者が吸うたばこの煙より含有量が多いことから，健康を害しやすい。　(5)　①　骨折してしまった場合は，痛みがある部分をむやみに動かさないようにする。骨折による二次的な損傷を防ぎ，苦痛を和らげるためにも，身近なものを使って負傷箇所を固定するのがよい。　②　顔を上に向け頸部をたたく人がいるが，全く効果がなく，衝撃で出血があおられ，血液も飲み込みやすく，むしろ危険な方法である。　③　応急処置の基本は「RICE処置」である。特に突き指の場合は，腱の断裂や裂離骨折といって腱の付着部の骨がはがれたり，骨片が大きく関節が外れていたりする場合があるので，仮固定をし，氷や保冷剤で冷やし，手を下げないようにする必要がある。　④　流水は水道水で行うのが一般的である。　⑤　出血がひどい場合は，傷口より心臓に近い動脈(脈を感じるところ)を強く圧迫する。手足であれば，心臓より高い位置を保つと止血しやすい。

【3】イ，エ
〈解説〉本資料の基本的な考え方に「胸骨圧迫のみの場合を含め心肺蘇生はエアロゾル(ウイルスなどを含む微粒子が浮遊した空気)を発生させる可能性があるため，新型コロナウイルス感染症が流行している状況においては，すべての心停止傷病者に感染の疑いがあるものとして対応する」とあり，これが大前提になるだろう。ただし「子どもの心停止は，窒息や溺水など呼吸障害を原因とすることが多く，人工呼吸の必要性が比較的高い」ことから，必要に応じて人工呼吸を行うこととしている。

【4】(1)　①　お茶と貧血の治療に用いられる鉄材を一緒に飲むと，お茶に含まれるタンニンと鉄が反応して吸収が低下し，薬の効果が現れ

にくくなることがある。　　②　テトラサイクリン系やニューキノロン系と呼ばれる抗菌剤を一緒に飲むとカルシウムや鉄と反応して吸収が低下し，薬の効果が現れにくくなることがある。　　③　気管支喘息の薬の中には，カフェインに似た成分が含まれているものがあり，そのような成分を含む薬をコーヒーやコーラと一緒に飲むと薬の作用が強くなりすぎ，神経過敏，不眠，動悸などの副作用が現れることがある。　　(2)　肝臓　　(3)　飛び散らずに服用できることや苦みや刺激性を口中で感じることなく服用することができる。

〈解説〉(1)　一般に，薬はコップ一杯程度の水，またはお湯で飲むことが想定されており，それ以外の飲み物で飲むと薬効が強くなったり，弱くなったりするだけでなく，副作用を及ぼすこともある。問題以外で代表的なものの一つにジュースの酸があげられる。　　(2)　口から入った薬が胃で分解，大部分はその先の小腸で吸収され，門脈(肝臓につながっている静脈)に入る。門脈から肝臓に入った薬は，分解されたり，毒性を弱められたりする。肝臓を通過したあと，血液によって全身を巡る過程で患部に到着し，作用する。薬として作用したあとは，腎臓を通過して尿として体外に排泄されるほか，肝臓から胆汁の中に排泄されて便になるか，汗や唾液と一緒に体外に出ていく。　　(3)　カプセル剤は，味や臭いの悪い薬をゼラチンなどで作ったカプセルに入れ，飲みやすくしたもの。錠剤は成分にデンプンや乳糖を加え，そのまま錠剤にした裸錠や，胃で溶けると効き目が悪くなったりする薬の表面をセルロースで覆い，酸性の胃で溶けないで腸で溶けるようにした腸溶錠等がある。

【５】エ
〈解説〉一般的に「健康補助食品」と称される食品はない。文章にある「ビタミンやミネラル，アミノ酸などの栄養摂取を補助する食品」としては，栄養補助食品や栄養機能食品があげられる。両者の相違点は主に栄養成分の機能を表示するかどうかにある。

【6】イ

〈解説〉大麻による検挙者数は，30歳未満の若年層を中心に平成26年以降増加が続き，令和3年における検挙者数も5,482人と過去最多になった。薬物事犯全体(覚醒剤事犯，大麻事犯，麻薬及び向精神薬事犯及びあへん事犯)の中で大麻は約4割になることも注意が必要である。

【7】(1)　梅毒　　(2)　性器クラミジア感染症

〈解説〉(1)　梅毒は梅毒トレポネーマという病原体によって引き起こされる感染症で，性的接触による感染が多い。感染すると性器や口の中に小豆から指先くらいのしこりができる，痛みやかゆみのない発疹が手のひらや体中に広がることがある。特に，妊娠中の梅毒感染は母親だけでなく胎児にも感染し，死産や早産，神経や骨などに異常をきたす原因にもなる。　　(2)　性器クラミジア感染症は，性器にクラミジアと呼ばれる細菌の一種が感染する病気のこと。男女ともに感染する可能性があるが，男性の場合は尿道炎，排尿痛や外陰部のかゆみ，陰茎の不快感などの症状が現れる。一方，女性は自覚症状がないケースが多いが，無症状のまま腟から骨盤内，腹腔の内部にまで炎症が広がるケースもあり，自覚症状がないまま悪化すると不妊症の原因になるため注意が必要である。

【8】(1)　たばこを消した後に残留する化学物質を吸入すること。残留受動喫煙，サードハンド・スモークとも呼ばれる。　　(2)　ある行動をうまく行うことができるという「自信」のことをいい，自己効力感と呼ばれる。　　(3)　夜十分な睡眠を取っていても昼間に突然眠気に襲われる睡眠障害の一種。

〈解説〉(1)　自分の意思に反してたばこ由来のニコチンやタール，一酸化炭素を吸入することで，身体に影響を及ぼしていることを受動喫煙といい，現在では二次喫煙と三次喫煙がある。二次喫煙は喫煙者が吐き出した煙やたばこから立ち上る煙(副流煙)を吸うこと。特に副流煙は不完全燃焼の煙であり，ニコチンやタール，一酸化炭素の含有量が，

喫煙者が吸う煙よりも高い，つまり身体への影響も大きい。三次喫煙の定義は解答の通りだが，具体例として喫煙者の毛髪や衣類，カーテンやソファーに付着した有害物質を吸入することがあげられる。

(2)　セルフ・エフィカシーを高める主なポイントとしては，「成功経験」と「代理経験」がある。成功経験の例として，少し頑張れば達成できそうな目標を立て，その目標をクリアすること。代理経験の例として，性や年齢，健康状態や生活状況などにおいて，自分と似ていると思われる「モデル」となる人が，ある行動をうまく行っているのを見たり聞いたりすることで，"自分にもうまくできそうだ" と思うことがあげられる。　(3)　ナルコレプシーは睡眠発作と呼ばれ，本人が居眠りしたことに気づかないケースもある。原因は，脳内のヒポクレチン(オレキシン)を作り出す神経細胞が働かなくなることと近年解明された。

【9】(1)　肥満　　(2)　4割　　(3)　ウ

〈解説〉(1)　これら3つは，令和元年度から指摘されており，新型コロナウイルス感染の影響を受け，更に拍車がかかったと考えられる。また，新型コロナウイルスの感染拡大防止に伴い，学校の活動が制限されたことで，体育の授業以外での体力向上の取組が減少したことも考えられる。　(2)　体育の授業を除く1週間の総運動時間が420分以上の割合は，減少しており，特に男子の方が顕著であった。　(3)　ア　長座体前屈は運動能力ではなく，体力要素の柔軟性を評価する種目である。イ　上体起こしは，筋力と筋持久力の体力評価を行う種目である。

【10】(1)　①　生涯　　②　課題　　③　参画　　(2)　①　(E)球技((F)武道)　　②　(F)武道((E)球技)

〈解説〉(1)　体育は小学校から高等学校までの12年間を「各種の運動の基礎を培う時期」「多くの領域の学習を経験する時期」「卒業後も運動やスポーツに多様な形で関わることができるようにする時期」に分けており，中学校第1〜2学年は「多くの領域の学習を経験する時期」，

第3学年は「卒業後も運動やスポーツに多様な形で関わることができるようにする時期」に該当する。したがって，第1〜2学年と第3学年では目標や学習内容が異なることに注意したい。学年目標は学習指導要領関連の問題でも最頻出なので，よく学習しておくこと。　(2)　球技と武道は，絶えず変化し，不安定で予測が不可能な環境で行うオープンスキルの運動を扱うので，一緒のくくりとなっている。

【11】(1)　食生活　(2)　① 自信　② ストレス　(3)　・互いに配慮したルールを受け入れる　・仲間と教え合う　・相手のよいプレーに称賛を送る　から1つ

〈解説〉(1)　(1)　本資料では該当箇所について「適切に運動やスポーツを行うことは，身体の発達やその機能，体力や運動の技能を維持，向上させるという効果があることや食生活の改善と関連させることで肥満予防の効果が期待できることなどを理解できるようにする」としている。　(2)　該当箇所は運動やスポーツが心に与える影響について述べたもの。本資料では「適切に運動やスポーツを行うことで達成感を得たり，自己の能力に対する自信をもったりすることができること，ストレスを解消したりリラックスしたりすることができること」としている。　(3)　なお，ここでいう体力については「健康に生活するための体力」と「運動を行うための体力」があることを取り上げる程度にとどめておくことにも注意したい。

【12】(1)　・誰もが簡単に取り組むことができる運動　・仲間と協力して楽しくできる運動　・心や体が弾むような軽快な運動　から1つ　(2)　① 強度(頻度)　② 頻度(強度)　(3)　有酸素運動

〈解説〉(1)　問題にもある通り，体ほぐしの運動は，心と体の関係や心身の状態に気付くこと，仲間と積極的に関わり合うことをねらいとして行われる運動であり，具体例として本資料では「のびのびとした動作で用具などを用いた運動」「リズムに乗って心が弾むような運動」等をあげている。　(2)　その他，体の動きを高めることに関しては

「安全で合理的に高める行い方があること」「運動の組合せ方には，効率のよい組合せとバランスのよい組合せがあること」が示されている。
(3)　有酸素運動とは運動中に筋を収縮させるためのエネルギー(アデノシン三リン酸(ATP))を，体内の糖や脂肪が酸素とともに作り出す運動で，ウォーキングやジョギング，エアロビクス，サイクリング，水泳などがあげられる。

【13】(1)　ア　　(2)　B，C
〈解説〉(1)　イ，ウ，エともに，頭は背屈させるのが正しい。　(2)　はじめのうちは，補助者に回転中と着地時に体を支えてもらう。回転力が高まってくると，回りすぎるので，着地での補助を注意させるとともに，落差を小さくしていき，最終的にはマット上で練習できるように導いていく。

【14】(1)　イ　　(2)　C　　(3)　バディシステム　　(4)　イ
〈解説〉(1)　吸気は空中しかできないが，呼気は水中でも可能である。また，呼吸するために顔を回転させる(息継ぎ)とその分タイムロスにつながるので，息継ぎでは吸気に限定することが多い。　(2)　Aは「模範となる動作」，Bは「動きを獲得する段階」である。技術的には「動きを獲得する段階」から始め，「動きの質を高める段階」を経て，「模範となる動作」を目指す。　(3)　バディシステムは安全を確かめ合うことだけが目的ではなく，互いに進歩の様子を確かめ合ったり，欠点を矯正し合ったりする手助けとなることもねらいとしている。
(4)　なお，遊離残留塩素濃度は，プールの対角線上におけるほぼ等間隔の位置3か所以上の水面下20cm，および循環ろ過装置の取水口付近の水について測定する。

【15】(1)　①　ピッチ　　②　滑らか　　③　抜き脚　　(2)　イ
〈解説〉(1)　中学校第1～2学年におけるハードル走の学習内容について，「リズミカルな走りから滑らかにハードルを越すこと」となっている

ことを踏まえて学習するとよい。なお，第3学年では「スピードを維持した走りからハードルを低く越すこと」である。両者を比較しながら指導内容の工夫などを考えること。　(2)　アは第1～2学年の知識の例示，ウは第1～2学年の学びに向かう力，人間性の例示，エは第3学年の思考力，判断力，表現力等の例示である。

【16】(1)　3要素　　(2)　D → B → E → C　　(3)　・畳に隙間や段差がないこと。　　・釘やささくれ，鋲などの危険物がないこと。　　・弾力性のある畳，安全な枠の設置でズレを防ぐ。から1つ

〈解説〉(1)　受け身の3要素とは，「しっかり畳をたたく」「ゆっくり回転する」「瞬間的に筋肉を緊張させる」である。　　(2)　投げ技を身に付けるためには，まず安全に身をこなすための受け身をしっかりと身に付けること大切である。実際に投げられた場合，受が前に倒れながら受け身をとる場合と後ろへ倒れながら受け身をとる場合の2つに大別される。取が正しく技をかけ，受をしっかりと保持し，受が自ら受け身を取るようにすることで，頭部を打つことなく安全に投げることができる。指導にあたっては，初歩の段階から，2人1組で投げる，投げられるなど取と受の関係性を学びながら2人の協力で技を身に付けるという発想が大切である。そのためには，投げ技との関連を重視した受け身の段階的な練習が特に重要となる。　　(3)　特に道場が無く，体育館で行う際には，弾力性のある適度に柔らかい畳を使用したり，安全な枠を設置したりするなど畳のずれを防ぐ対策をとることが求められる。

【17】①　フォークダンス　　②　創作ダンス　　③　現代的なリズムのダンス

〈解説〉学習内容は創作ダンス，フォークダンス，現代的なリズムのダンスで構成されており，何を取り扱うかは学校の実態による。なお，日本の民踊はフォークダンスに分類される。民踊と発祥国に関する問題も頻出なので，学習指導要領解説に示されているものについてはおさ

えておきたい。

【18】(1) ① ウ ② エ ③ イ (2) ハンドボール

(3) 思考力，判断力，表現力等

〈解説〉(1) ① 空間に走り込むなどの動きとは，攻撃の際のボールを持たないときに，得点をねらってゴール前の空いている場所に走り込む動きや，守備の際に，シュートやパスをされないように，ボールを持っている相手をマークする動きのことである。 ② 定位置に戻るなどの動きとは，相手側のコートにボールを打ち返した後，基本的なステップなどを用いて自分のコートに空いた場所を作らないように定位置に戻り，次の攻撃に備えるなどのボールを持たないときの動きのことである。 ③ 定位置での守備とは，投球ごとに，各ポジションの決められた位置に戻ったり，打球や送球などに備える姿勢で構えたりするなどのボールを持たないときの動きのことである。 (2) なお，学校や地域の実態に応じて，タグラグビーなどの運動についても履修させることができることとしている。 (3) 体育分野におけるICTの活用としては，学習に必要な情報の収集やデータの管理・分析，課題の発見や解決方法の選択などが考えられる。

【19】① ウ ② カ ③ ア ④ キ ⑤ イ ⑥ オ(エ)
⑦ エ(オ)

〈解説〉学習評価では評価のみを単独で捉えるのではなく，「何を教えるのか」「どのように教えるのか」といった，指導する内容や指導方法等と関連付けて評価の進め方を検討することが大切である。体育分野においては，個に応じた段階的な練習方法の例を示したり，個別学習やグループ別学習，繰り返し学習などの学習活動を取り入れたりするなどのことにより，生徒一人一人が学習内容を確実に身に付けることができるよう配慮した上で，評価を行うことが大切である。

【20】 ① 環境　② からだ(行動)　③ 行動(からだ)　④ 湿度
⑤ WBGT

〈解説〉暑さ指数(WBGT：Wet Bulb Globe Temperature：湿球黒球温度)は，熱中症の危険度を判断する環境条件の指標で，人体と外気との熱のやりとり(熱収支)に着目し，熱収支に与える影響の大きい気温，湿度，日射・輻射など周辺の熱環境，風(気流)の要素を取り入れ，単位は気温と同じ℃を用いる。暑さ指数(WBGT)計は「保健室の備品等について」(令和3年2月3日付け初等中等教育局長通知)において，保健室に最低限備えるべき備品とされた。

2022年度　実施問題

【中学校】

【１】次の文は，中学校学習指導要領解説―保健体育編―(平成29年7月
　文部科学省)保健分野の内容についての解説から抜粋したものである。
　文中の(①)～(⑮)に当てはまる語句を以下の語群から選び，記
　号で答えなさい。

(1)　健康の成り立ちと疾病の発生要因

　　健康は，主体と環境を良好な状態に保つことにより成り立ってい
　ること，また，健康が阻害された状態の一つが(①)であること
　を理解できるようにする。また，(①)は，主体の要因と環境の
　要因とが相互に関わりながら発生することを理解できるようにす
　る。その際，主体の要因には，(②)，性，免疫，遺伝などの素
　因と，生後に獲得された運動，食事，休養及び睡眠を含む生活上の
　様々な習慣や行動などがあることを理解できるようにする。環境の
　要因には，温度，湿度や有害化学物質などの物理的・化学的環境，
　ウイルスや細菌などの生物学的環境及び人間関係や保健・(③)
　などの(④)的環境などがあることを理解できるようにする。

(2)　欲求やストレスとその対処

　　心の健康を保つには，適切な生活習慣を身に付けるとともに，欲
　求やストレスに適切に対処することが必要であることを理解できる
　ようにする。

　　欲求には，(⑤)的な欲求と(⑥)的，社会的な欲求がある
　こと，また，精神的な安定を図るには，日常生活に(⑦)をもて
　たり，欲求の実現に向けて取り組んだり，欲求が満たされないとき
　に自分や周囲の状況からよりよい方法を見付けたりすることなどが
　あることを理解できるようにする。

　　ここでいうストレスとは，外界からの様々な刺激により心身に負

担がかかった状態であることを意味し，ストレスの影響は原因その
ものの大きさとそれを受け止める人の心や身体の状態によって異な
ること，個人にとって適度なストレスは，（　⑧　）上必要なもので
あることを理解できるようにする。

(3)　生活に伴う廃棄物の衛生的管理

　　人間の生活に伴って生じたし尿やごみなどの廃棄物は，その種類
に即して自然環境を汚染しないように衛生的に処理されなければな
らないことを理解できるようにする。その際，ごみの（　⑨　）や
（　⑩　）などの個人の取組が，自然環境の汚染を防ぎ，廃棄物の衛
生的管理につながることにも触れるようにする。

(4)　応急手当の意義

　　傷害が発生した際に，その場に居合わせた人が行う応急手当とし
ては，傷害を受けた人の（　⑪　）の確認等状況の把握と同時に，周
囲の人への連絡，傷害の状態に応じた手当が基本であり，迅速かつ
適切な手当は傷害の悪化を防止できることを理解できるようにす
る。その際，応急手当の方法として，止血や患部の保護や（　⑫　）
を取り上げ，理解できるようにする。

　　また，心肺停止に陥った人に遭遇したときの応急手当としては，
気道確保，人工呼吸，（　⑬　），AED(自動体外式除細動器)使用の
心肺蘇生法を取り上げ，理解できるようにする。

　　その際，必要に応じて医師や医療機関などへの連絡を行うことに
ついても触れるようにする。

(5)　応急手当の実際

　　（　⑬　），AED(自動体外式除細動器)使用などの心肺蘇生法，
（　⑭　）や止血法としての直接圧迫法などを取り上げ，（　⑮　）を
通して応急手当ができるようにする。

語群

ア	発育発達	イ	増量	ウ	社会	エ	免疫力
オ	年齢	カ	リサイクル	キ	医療機関	ク	生理
ケ	実習	コ	減量	サ	包帯法	シ	精神発達

ス　反応	セ　分別	ソ　気象条件	タ　疾病
チ　心理	ツ　充実感	テ　胸骨圧迫	ト　固定

(☆☆☆◎◎◎)

【2】保健・安全の学習内容に関連した，次の(1)～(5)の問いに答えなさい。

(1)　骨に含まれるカルシウムなどのミネラルの量を何といいますか。

(2)　次の文章は，ガス交換について述べたものである。下線部①～④の言葉がそれぞれ正しければ〇，間違っていれば正しい言葉を答えなさい。

> 　肺の肺胞と毛細血管との間で行われる酸素と二酸化炭素のガス交換はそれぞれの間の分圧の差による。気体はそれが溶け込んでいる液体中の分圧の①高い方から低い方に移動する。肺胞内の酸素分圧は静脈血の酸素分圧より高いので，酸素は拡散によって静脈血に入り，そのほとんどが赤血球内の②マクロファージと結合して，各組織に運ばれる。体の各部位(組織)で行われる酸素と二酸化炭素のガス交換を③外呼吸という。
> 　各組織では，動脈から分岐した毛細血管の血液の酸素分圧より組織の酸素分圧のほうが低く，二酸化炭素分圧は高いので，酸素は組織内に拡散し，二酸化炭素は組織から④静脈の血液に拡散する。組織で酸素を放出し，二酸化炭素を受け取った血液は静脈血となって心臓に戻り，肺循環に入る。

(3)　体内での水分の働きを4つ答えなさい。

(4)　応急手当の目的を3つ答えなさい。

(5)　大麻の体への影響について，次の文章の（　①　）～（　⑤　）にあてはまる言葉をそれぞれ答えなさい。

・急性の作用として（　①　）を速くし，運動反射機能を低下させる。

・短期の使用でも，（　②　）の充血や結膜炎が起こる。

・反復使用により，気管支炎が，長期の使用により（　③　）が起こ

る。

・反復使用により，男女とも(④)が遅延し，女性では月経不順や不妊が見られる。

・反復使用により，免疫機能が障がいされ，感染などに対する(⑤)が弱まる。

(☆☆☆○○○)

【3】改訂「生きる力」を育む中学校保健教育の手引(追補版)保健体育(保健分野)第3学年指導事例「感染症の予防」新型コロナウイルス感染症(令和2年3月　文部科学省)に記載されている内容について，次の(1)～(3)の問いに答えなさい。

(1) 感染症を予防する方法について，対策のポイントを三つ答えなさい。

(2) 「感染症の予防」の単元における思考・判断・表現の評価規準にあてはまる文章を次のア～エの文章から選び，記号で答えなさい。

　　ア　感染症の予防について，学習したことを自分たちの生活や事例などと比較したり，関係を見付けたりするなどして，筋道を立ててそれらを説明している。

　　イ　感染症の予防について，課題の解決を目指して，知識を活用した学習活動などにより，科学的に考え，判断し，それらを表している。

　　ウ　感染症の予防について，習得した知識を自他の生活に適用したり，応用したりして，疾病等に係るリスクを軽減し健康を保持増進する方法を選択している。

　　エ　感染症の予防について，健康に関する資料等で調べたことを基に課題や解決の方法を見付けたり，選んだりするなどして，それらを説明している。

(3) 他教科との関連について，「感染症の予防」の単元は，学級活動の内容では，次のア～オのどの内容と関連を図ることができるか。ア～オから一つ選び記号で答えなさい。

　ア　自他の個性の理解と尊重，よりよい人間関係の形成
　イ　男女相互の理解と協力
　ウ　思春期の不安や悩みの解決，性的な発達への対応
　エ　心身ともに健康で安全な生活態度や習慣の形成
　オ　食育の観点を踏まえた学校給食と望ましい食習慣の形成

(☆☆☆◎◎◎)

【4】「中学校・高等学校版　がん教育プログラム　補助教材」(平成29年3月　文部科学省)に記載されている内容について，次の(1)，(2)の問いに答えなさい。
(1)　がんの危険性を減らすための工夫を2つ答えなさい。
(2)　がん治療の3つの柱をそれぞれ答えなさい。

(☆☆☆◎◎◎)

【5】世界保健機関(WHO)が定める「セルフメディケーション」の定義を答えなさい。

(☆☆☆◎◎◎)

【6】総務省　消防庁が定める「災害への備え」についての「自助」「共助」「公助」の意味をそれぞれ答えなさい。

(☆☆☆◎◎◎)

【7】薬事法で取り扱われる①医療用医薬品②一般用医薬品③医薬部外品について，購入方法から見た違いを踏まえ，それぞれ簡潔に説明しなさい。

(☆☆☆◎◎◎)

【8】次の資料は，令和元年度　全国体力・運動能力，運動習慣等調査の結果のポイントについて(令和元年12月　スポーツ庁)に示されている内容である。以下の(1)，(2)の問いに答えなさい。

体力合計点の状況

平成20年度の調査開始以降の推移をみると，令和元年度は小・中学生の男女ともに低下した。小・中学生ともに，　ａ　しており，特に，小学生男子は過去最低の数値であった。

小学生

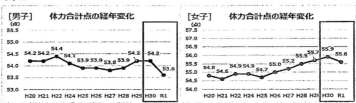

中学生

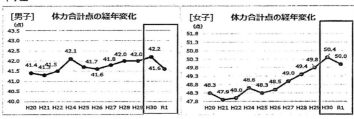

主な背景

○（　①　）の運動時間の減少⇒1週間の運動時間が420分以上の割合が，小・中学生ともに減少。

○（　②　）の増加⇒小・中学生ともに増加しており，特に男子が長時間化している。

○（　③　）である児童生徒の増加⇒小・中学生ともに増加。

○朝食を食べない児童の増加⇒小学生が増加。ただし，中学生は変化なし。

(1)　体力合計点の状況より，どのような特徴があったか，下線部

a にあてはまる内容を簡潔に答えなさい。

(2) 主な背景の説明で，(①)～(③)にあてはまる語句を答えなさい。

(☆☆☆◎◎◎)

【9】次の文は，中学校学習指導要領解説―保健体育編―(平成29年7月文部科学省)解説の体育理論〔運動やスポーツの意義や効果と学び方や安全な行い方〕において，示されている解説から抜粋したものである。以下の(1)，(2)の問いに答えなさい。

　運動やスポーツの意義や効果と学び方や安全な行い方について，課題を発見し，その解決を目指した活動を通して，次の事項を身に付けることができるよう指導する。
　ア　運動やスポーツの意義や効果と学び方や安全な行い方について理解すること。
　(ア)　運動やスポーツは，身体の発達やその機能の維持，体力の向上などの効果や自信の獲得，ストレスの解消などの(①)効果及びルールやマナーについて合意したり，適切な人間関係を築いたりするなどの(②)を高める効果が期待できること。
　(イ)　運動やスポーツには，特有の技術があり，その学び方には，運動の課題を合理的に解決するための一定の方法があること。
　(ウ)　運動やスポーツを行う際は，その特性や目的，発達の段階や体調などを踏まえて運動を選ぶなど，(③)に留意する必要があること。

(1) 下線部について指導をする際の「技術」及び「技能」について，それぞれ簡潔に答えなさい。
(2) 上記の説明文の(①)～(③)にあてはまる語句を答えなさい。

(☆☆☆◎◎◎)

78

【10】 次の文は，中学校学習指導要領解説—保健体育編—(平成29年7月
　　 文部科学省)の「第1節　教科の目標及び内容　1　教科の目標」の解説
　　 から抜粋したものである。以下の(1)，(2)の問いに答えなさい。

> 　ₐ体育や保健の見方・考え方を働かせ，課題を発見し，合理
> 的な解決に向けた学習過程を通して，心と体を一体として捉
> え，生涯にわたって心身の健康を保持増進し豊かなスポーツ
> ライフを実現するための(①)を次のとおり育成することを
> 目指す。
> (1)　各種の運動の特性に応じた技能等及び個人生活における
> 　　健康・安全について理解するとともに，基本的な技能を身
> 　　に付けるようにする。
> (2)　運動や健康についての自他の課題を発見し，合理的な解
> 　　決に向けて思考し判断するとともに，他者に(②)を養う。
> (3)　生涯にわたって運動に親しむとともに健康の保持増進と
> 　　体力の向上を目指し，明るく豊かな生活を営む(③)を養
> 　　う。

(1)　上記の説明文の(①)～(③)にあてはまる語句を答えなさ
　　 い。
(2)　下線部aにおける「体育の見方・考え方」について，次の文中の
　　 (①)，(②)にあてはまる語句を答えなさい。

> 　生涯にわたる豊かなスポーツライフを実現する観点を踏ま
> え，「運動やスポーツを，その価値や特性に着目して，楽しさ
> や喜びとともに体力の向上に果たす役割の視点から捉え，自
> 己の(①)等に応じた『する・みる・支える・知る』の
> (②)な関わり方と関連付けること

(☆☆☆◎◎◎)

【11】 次の文は，学校体育実技指導資料第7集「体つくり運動」(改訂
　　 版)(平成24年7月　文部科学省)第1章理論編　中学校第1学年及び第2学

年〜体力を高める運動の計画に取り組んでみよう〜で，示されている
解説から抜粋したものである。以下の問いに答えなさい。

【指導のポイント】

　　歩いたり走ったり跳びはねたりする運動など，体ほぐしの運
動において行われる運動が体力を高める運動においても取り上
げられています。体ほぐしの運動では，自分や仲間の体の調子
に（　①　），心や体の調子を（　②　），仲間と（　③　）すること
にねらいがあります。例えば，「軽快に弾んでリズムにのると，
心と体が（　④　）なる」などを取り上げ，（　⑤　）の体力に関し
て気づかせることです。それに対して，体力を高める運動では，
「動きを持続する能力を高める」ねらいがあるので，同じ運動を
取り上げても，ねらいが（　⑥　）な行い方や組み合わせ方にある
ことを把握して，運動を取り上げることが大切です。

---

(1)　抜粋した文中の，（　①　）〜（　⑥　）にあてはまる語句を答えな
　さい。

(☆☆☆○○○)

【12】次の文は，器械運動「学校体育実技指導資料『器械運動指導の手引
　(平成27年3月　文部科学省)』」で，跳び箱における指導について，第3
　章技の指導の要点で示されている指導上の留意点について述べたもの
　である。以下の(1)，(2)の問いに答えなさい。

　○発展技： a〜〜〜〜〜
　・目標となる動き方と技術的ポイント：踏み切り後にやや低
　　めに入り，体を伸ばして早めに着手します。上体を起こし
　　ながら，上方向に手でしっかりと突き放し，（　①　）で
　　（　②　）姿勢になって着地します。
　・練習方法と段階：最初は足や腰の位置が高くならないよう
　　に注意して踏み切り，着手後に開脚して腰を伸ばして胸を

張った姿勢(膝を曲げてもよい)になるような(③)跳びを試みます。徐々に着手するときの腰の曲げを少なくしていきます。このような手の(④)方が身に付いたら，(①)で明確な(②)姿勢が示せるようにしていきます。(⑤)を置いて安全かつ効果的に学習できるように注意します。

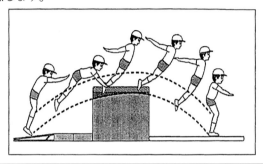

(1) 下線部a〜〜〜について，示されている技の名前を答えなさい。

(2) 上記の説明文の(①)〜(⑤)にあてはまる語句を答えなさい。

(☆☆☆◎◎◎)

【13】次の文は，水泳について「学校体育実技指導資料『水泳指導の手引 三訂版(平成26年3月　文部科学省)』」第3章　技能指導の要点に示されている「背泳ぎのプルの練習法(例)」から抜粋したものである。以下の問いに答えなさい。

背泳ぎのプルの練習法(例)

1　主に動きを獲得する段階

(1)　陸上や歩きながらの動作確認。

【(a)が左右に動かないように注意する。】

①立った状態で行う。

【左右の手を入れ替えるタイミング注意】
②水の中を歩きながら行う。
(2)　プル(補助あり)
①補助者に支えてもらいながらのプル動作

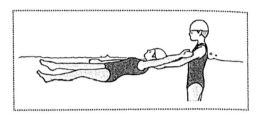

2　主に動きの質を高める段階
(1)片腕の背泳ぎ
片方の腕だけで水をかき，他の腕は体側につけて行う。
【手の(b)と(c)のコースを確認する。】
(2)両腕の背泳ぎ
両腕を同時にかいて行う。
【両手の入水位置，垂直の(d)を確認する。尻の下へ
の(e)を覚える。】
(3)板を挟んでの背泳ぎ
両脚でビート板を挟んで行う。
【左右の腕のリズムを覚える。】

(1)　上記の説明文の(a)～(e)にあてはまる語句を答えなさい。

(☆☆☆◎◎◎)

【14】「ゴール等の転倒による事故防止対策について」(平成30年3月　独
立行政法人日本スポーツ振興センター)において，示されている内容で
ある。以下の問いに答えなさい。

> ゴール等は，固定されていなければ，ぶら下がることや強風によって容易に転倒してしまうこと，転倒の際には，頭蓋骨骨折が生じる衝撃力が発生することが確認された。これらの検討に基づいて，3つの基本事項としてまとめた。

(1) 上記の説明文の3つの基本事項①～③における対策をそれぞれ説明しなさい。

① ぶら下がり ② 強風などへの備え ③ 運搬の際

(☆☆☆◎◎◎)

【15】「指導と評価の一体化」のための学習評価に関する参考資料【中学校 保健体育】(令和2年6月 国立教育政策研究所教育課程研究センター)において，「内容のまとまりごとの評価規準」の考え方を踏まえた評価規準の作成で示された内容にしたがって，以下の中学校学習指導要領解説第1学年及び第2学年「E 球技」(ゴール型)の例示の抜粋から，単元の評価規準を作成しなさい。

> ○「知識及び技能」
> ・球技には，集団対集団，個人対個人で攻防を展開し，勝敗を競う楽しさや喜びを味わえる特性があること。
> ・ゴール方向に守備者がいない位置でシュートをすること。
> ○「思考力，判断力，表現力等」
> ・提示された動きのポイントやつまずきの事例を参考に，仲間の課題や出来映えを伝えること。
> ○「学びに向かう力，人間性等」
> ・練習の補助をしたり仲間に助言したりして，仲間の学習を援助しようとすること。

(☆☆☆◎◎◎)

【16】次の文は，中学校学習指導要領解説―保健体育編―(平成29年7月
文部科学省)の陸上競技「走り幅跳び」において，示されている内容か
ら抜粋したものである。以下の(1)，(2)の問いに答えなさい。

> 　走り幅跳びでは，助走スピードを生かして素早く踏み切り，
> より遠くへ跳んだり，競争したりできるようにする。
> 　_aスピードに乗った助走とは，　　A　　。
> 　素早く踏み切ってとは，助走のスピードを維持したまま，走
> り抜けるように踏み切ることである。指導に際しては，学習の
> 始めの段階では，(　①　)に足を合わせることを強調せずに行う
> ようにし，技能が高まってきた段階で，(　②　)を用いて
> (　①　)に足を合わせるようにすることが大切である。
> ＜例示＞
> ・自己に適した距離，又は歩数の助走をすること。
> ・(　①　)に足を合わせて踏み切ること。
> ・(　③　)などの空間動作からの流れの中で着地すること。
> ＜用語の説明＞
> 　走り幅跳びにおける「(　③　)」とは，踏み切った後も前に振
> り上げた足を前方に出したままの姿勢を保ち，そのまま両足で
> 着地する跳び方のことである。

(1)　下線部a「スピードに乗った助走」について，文中の　　A　　に
当てはまるよう解説しなさい。
(2)　上記の説明文の(　①　)～(　③　)にあてはまる語句を答えなさ
い。

(☆☆☆◎◎◎)

【17】武道「柔道」「学校体育実技指導資料『柔道指導の手引三訂版(平成
25年3月　文部科学省)』」第4章　技能指導の要点に示されている内容
について，以下の(1)～(2)の問いに答えなさい。
(1)　基本動作「受け身の3要素を体得する」練習について，練習A～C

の写真に示した指導のポイントについて，それぞれ簡潔に答えなさい。

練習A　　　　　　　　　　　　　　練習B

長座から2人1組で後ろに転がる

練習C

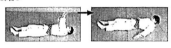

(2)　①　次の図は，何という投げ技か答えなさい。

②　学習の中で，グループごとに上図の技における「技をかける機
　会」について課題を設定し，練習する時間を設けた。各グループ
　の生徒への指導として最も適切なものを，次のア〜エから選び，
　記号で答えなさい。
　ア　技をかける方が，左右のどちらの方向に技をかけなければな
　　らないかを，助言した。
　イ　技をかける方が後ろさばきで，受ける方を前に崩し，受ける
　　方の右足外側に右足を踏み出し，前方に投げることを，助言し
　　た。
　ウ　受ける方が押してくるのに合わせて，どのような体さばきを
　　して技をかければよいか，助言した。
　エ　技をかける方の体さばきのリズムをどのように設定すればよ
　　いか，助言をした。

(☆☆☆◎◎◎)

解答・解説

【中学校】

【1】① タ　　② オ　　③ キ　　④ ウ　　⑤ ク　　⑥ チ
　　　⑦ ツ　　⑧ シ　　⑨ コ　　⑩ セ　　⑪ ス　　⑫ ト
　　　⑬ テ　　⑭ サ　　⑮ ケ

〈解説〉いずれも保健分野で出題可能性が高い箇所なので，学習指導要領の内容だけでなく，教科書の具体的な学習内容もおさえておくこと。出題された欲求やストレスについてはマズローの欲求段階説や防衛機制，応急手当では包帯法や止血法，心肺蘇生では胸骨圧迫やAEDについては少なくともおさえておきたい。

【2】(1)　骨量　　(2)　①　○　　②　ヘモグロビン　　③　内呼吸　　④　毛細血管　　(3)　体温調節，栄養素の運搬，老廃物の運搬，血液の濃度の調節　　(4)　傷病の悪化を防ぐ・傷病者の苦痛や不安を和らげる・治療の効果を高め，治療後の回復を早める　　(5)　①　脈拍　　②　眼球粘膜　　③　気管支拡張症　　④　性成熟　　⑤　抵抗力

〈解説〉(1)　問題にあるミネラルは「骨塩」とも呼ばれ，骨塩の量なので「骨塩量」，略して「骨量」となる。なお，骨密度とは一定の大きさの骨における骨塩量を指し，量が少ないと骨が折れやすくなるといったおそれが出てくる。さらに骨と筋肉は関係性が強く，やせ過ぎや運動不足は筋量だけでなく，骨量の減少につながることにも注意したい。　　(2)　肺胞と毛細血管で行われるガス交換等を外呼吸，細胞内における酸素と二酸化炭素とのガス交換を内呼吸という。　　(3)　水分は腸から吸収され，血液などの「体液」になって全身を絶えず循環している。体液は酸素や栄養素を細胞に届けたり，老廃物(体内のごみ)を尿として排泄したりする。体温が上がったときには皮膚への血液の循環を増やし，発汗して熱を逃がし，体温を一定に保つ。　　(4)　応急手当は差し迫った場合の一応の手当てに過ぎず，治療行為には当たらな

いとされている。一方で，応急手当を行った場合と行わない場合の生存率の差は約1.8倍ともいわれており，応急手当の普及が課題となっている。　(5)　薬物には大麻のほかに，覚せい剤，有機溶剤(シンナー，トルエンなど)があり，いずれも強い依存性をもっている。なお，「乱用」は複数回使用するイメージを持つ人も多いが，1度でも誤った使用法で使用すると乱用にあたることにも注意が必要である。

【3】(1)　感染源を絶つ，感染経路を絶つ，抵抗力を高める　　(2)　ウ
　　(3)　エ
〈解説〉(1)　順に病原体(感染源)の排除，感染経路の遮断，宿主の抵抗力の向上を指す。なお，感染経路には飛沫感染，空気感染，接触感染があり，病原体の特徴に応じた対策が求められる。　(2)　本資料によると「思考・判断・表現」の評価基準は2つあり，解答のほかに「性感染症の予防について，習得した知識を自他の生活と関連付け，疾病等にかかるリスクを軽減する方法を選択しているとともにそれらを他者に伝えている」があげられている。評価基準には，ほかに「知識・技能」「主体的に学習に取り組む態度」があるので，それぞれについて学習しておくこと。　(3)　感染症の予防は，生活全般での態度や習慣と結びつくことを踏まえて考えるとよいだろう。

【4】(1)　たばこを吸わない，他の人のたばこの煙を避ける，バランスのとれた食事，適度な運動，定期的ながん検診　から2つ　　(2)　手術，放射線治療，化学治療
〈解説〉(1)　がんは正常な細胞が，がん細胞に変化し，それが無制限に増殖することで健康な組織を壊す疾患で，原因として生活習慣や感染によるものが高い比率を占めている。がん予防では禁煙や節酒，運動不足解消といった生活習慣の見直しが必要だが，「他の人のたばこの煙を避ける」といった知識も求められる。　(2)　放射線治療とは放射線をがん細胞に当てることでがん細胞のDNAを損傷・破壊させるもの。化学治療とは薬物治療(療法)のことであり，薬物によってがん細

胞を攻撃，またはがんの進行を抑制することをねらいとしている。

【5】自分自身の健康に責任を持ち，軽度な身体の不調は自分で手当てすること

〈解説〉狭義では，一般用医薬品を使用して自己治療をすること，広義では，自分の生活習慣を見直し，自分で健康管理を行うこととされている。セルフメディケーションの効果として，毎日の健康管理の習慣が身につく，医療や薬の知識が身につくといったことが期待されている。

【6】自助…自分の身の安全を守ること。　共助…地域やコミュニティといった周囲の人たちが協力して助け合うこと。　公助…市町村や府県警察，自衛隊などの公的機関による救助・援助のこと。

〈解説〉自助では自分自身だけでなく，家族の身の安全を守ることも含まれる場合もある。個人でできることは自助と共助であり，災害発生時には自助と共助，公助の連携が重要になる。

【7】①　原則として医師・歯科医師の診断に基づく処方箋が必要で，薬局において薬剤師から購入可能　②　原則として「薬局」や「薬店・ドラッグストア」において薬剤師等の薬の専門家の助言を得て自らの判断で購入可能　③　「薬局」や「薬店・ドラッグストア」以外でも購入可能

〈解説〉一般に「医薬品」とは病気の治療を目的とした薬のこと，「医薬部外品」とは厚生労働省が許可した効果・効能に有効な成分が一定の濃度で配合されているものを指し，疾病などの予防や衛生を目的として使われる。そして，「医薬品」には医師の処方箋が必要な医療用と医師の処方箋がなくとも購入できる一般用に大別される。さらに，一般用医薬品は第1～3類まで分類されるので，まとめておくとよいだろう。

【8】(1) 女子よりも男子が大きく低下　(2) ① 授業以外
② スクリーンタイム　③ 肥満
〈解説〉(1) 平成30年と令和元年を比べると, 男子は小中学生とも−0.6
点だが, 女子は小学生が−0.3点, 中学生は−0.4点となっている。
(2) 本統計について, 令和元年以降はコロナ禍による外出自粛等が子
どもたちの体力にどう影響するかが注目される。なお, ②「スクリー
ンタイム」とは平日1日当たりのテレビ, スマートフォン, ゲーム機
等による映像の視聴時間を指す。

【9】(1) 技術…運動やスポーツの課題を解決するための合理的な体の
動かし方　技能…合理的な練習によって身に付けた状態であること
(2) ① 心理的　② 社会性　③ 健康・安全
〈解説〉様々な技術を練習で身に付けた状態を技能という。サッカーでい
えば, パス, ドリブル, シュート, トラップなどの技術を反復練習に
よって身に付けた総合的な状態が当人の有するサッカーの技能であ
り, 人によって高低差が生じることになる。　(2) いずれも空欄部の
前に「…など」と具体例が示されているので, それがヒントになるだ
ろう。空欄の箇所については, キーワードとなっていることが多いの
で, おさえておくこと。

【10】(1) ① 資質・能力　② 伝える力　③ 態度
(2) ① 適性　② 多様
〈解説〉(1) 教科の目標は学習指導要領関連の問題では, 最頻出の一つ
なので, 文言だけでなく, その意味も学習指導要領解説等で学習して
おくこと。なお, 問題文(目標)の(1)から(3)は目標の具体的内容を表し
ており, 順に「知識・技能」「思考力・判断力・表現力」「学びに向か
う力・人間性」となっている。

【11】(1) ① 気づいたり　② 整えたり　③ 交流したり
④ 軽く　⑤ 自己　⑥ 合理的

〈解説〉体つくり運動について，現行では「体ほぐしの運動」「体の動き
を高める運動」で構成されている。問題にある「体力を高める運動」
は「体の動きを高める運動」の前身，つまり「体力を高める運動」の
内容を踏まえて再構成されたものが「体の動きを高める運動」なので，
初見であっても落ち着いて対応したい。本問で「体力を高める運動」
に関するものは⑥のみだが，「合理性」は現行の学習指導要領でも重
要なキーワードの一つである。

【12】(1)　開脚伸身跳び　　(2)　①　第二空中局面　　②　開脚伸身
③　開脚　　④　突き放し　　⑤　セーフティーマット
〈解説〉(1)　器械運動について，学習指導要領解説では各系統の基本
技・発展技が図示されているが，これも頻出なので，十分に学習して
おくこと。本問の図を見ると，空中姿勢において上体を起こして胸を
張っており，着手位置が跳び箱の手前であることから開脚伸身跳びと
わかる。　　(2)　技ごとに着手位置や空中姿勢，目線の方向，着地姿勢
は変わるため，参考書等で確認しておきたい。①の第二空中局面は，
連続図で見たときの2つ目の空中動作(足が床から離れた状態)をさす。
⑤のセーフティーマットは，エバーマット，ウレタンマット等とも呼
ばれているが，指導資料などでは「セーフティーマット」としている
ことに注意したい。

【13】(1)　a　顔　　b　入水位置　　c　ストローク　　d　リカバリー
e　プッシュ
〈解説〉背泳ぎの動作はストロークとキックから成り，ストロークは入水
(小指側から)，グライド(伸び進む)，プル(かく)，プッシュ(押し込む)，
リカバリー(親指から水面上に抜き上げた後に腕を前方へ運ぶ)の5局面
で構成される。ストロークの軌道はS字を描くように行うと大きな推
進力を生む。背泳ぎのプルでは手のひらを後方へ向け，肘を90度程度
に曲げるとよい。キックにはアップキックとダウンキックがあり両方
で推進力を生んでいる。

【14】(1) ① ぶら下がり，懸垂などの危険を伝え，危険行為を禁止していくこと ② 強風などに備え，ゴール等を重りなどで固定すること ③ 運搬の際には，十分な人数で教師の指導の下行うこと

〈解説〉本資料によると，ゴール等が転倒する力は材料や形状によって異なり，鉄製だと約50kgf，アルミ製の標準形状だと約24kgfで倒れるとされている。中学生1人が鉄棒にぶら下がって揺らした場合の最大水平荷重は約41kgf，またゴールに速度20mの風が当たると35kgf，30mで55kgfの力がかかるとされている(目安)。ゴール等の下敷きになり死亡した事例もあるので，移動・設置は指導者の立ち会いの下で慎重に行うこと，ぶら下がりや跳びつきは危険な行為であることを生徒に徹底すること等が求められる。

【15】知識…球技には，集団対集団，個人対個人で攻防を展開し，勝敗を競う楽しさや喜びを味わえる特性があることについて，言ったり書き出したりする。 技能…ゴール方向に守備者がいない位置でシュートをすることができる。 思考・判断・表現…提示された動きのポイントやつまずきの事例を参考に，仲間の課題や出来映えを伝えている。 主体的に学習に取り組む態度…練習の補助をしたり仲間に助言したりして，仲間の学習を援助しようとしている。

〈解説〉指導内容と評価規準が一体化している，つまり，生徒の学習活動と教師の評価規準は同じ観点から構成されることを念頭に置きたい。

【16】(1) 最大スピードでの助走ではなく，踏み切りに移りやすい範囲でスピードを落とさないように走ることである (2) ① 踏切線 ② 助走マーク ③ かがみ跳び

〈解説〉(1) 問題文は第1～2学年のものであることに注意。第3学年では，助走スピードを生かすだけでなく，助走スピードとリズミカルな動きを生かすとされている。また，踏み切りは素早くではなく，力強くとなっている。力強く踏み切るとは，適切な角度で跳び出すために地面を強くキックすることである。 (2) なお，第3学年では，かがみ跳

びの他にそり跳びがあげられている。また，単なる着地ではなく，「脚を前に投げ出す着地動作をとる」という観点が例示に出されている。踏み切り前3〜4歩からリズムアップして踏み切りに移るという観点もあることに注意したい。

【17】(1)　練習A…畳をたたく感覚を身に付けます。　　練習B…回転をコントロールできるようにします。　　練習C…畳をたたく瞬間に首の筋肉を緊張させます。　　(2)　①　体落とし　　②　ウ

〈解説〉(1)　　練習Aの写真は前受け身で，前腕と手のひら全体で畳をたたく。練習Bでは，最初は補助をつけること。次に一人で頭を打たないように回転をコントロールする。練習としてゆりかご運動やだるま転がりがあげられる。練習Cは最初に頭を畳につけ，畳をたたいた瞬間に首の筋肉を緊張させて頭を上げる。首の筋力の弱い女子はこの練習から始めるとよい。　　(2)　①　「取」(技をかける方)は「受」(技を受ける方)を右前すみに崩し，「受」に重なるように回りこみ，さらに右足を一歩「受」の右足の外側に踏み出し，両腕と両膝の伸展を利用して「受」を前方に投げ落とす技。展開写真の4コマ目が体落としの特徴を示している。　　②　「受」が押してくるのに合わせて「後ろさばき」で体落としをかける，もしくは「受」が横に動くのに合わせて「前さばき」で体落としをかけることが効果的であるから，この「後ろさばき」「前さばき」という体さばきについて生徒が気づき，考えることを促す指導・助言が適切である。アは安全指導のポイント，イは技のかけ方，エは体さばきの練習法である。

2021年度　実施問題

【中学校】

【1】次の文は，中学校学習指導要領解説—保健体育編—(平成29年7月)
保健分野の内容についての解説から抜粋したものである。文中の
(①)~(⑮)に当てはまる語句をあとの語群から選び，記号で答
えなさい。

ア　知識
　(イ)　生活習慣と健康
　　㋐　運動と健康

　　　　運動には，身体の各器官の機能を刺激し，その(①)
　　　を促すとともに，気分転換が図られるなど，(②)にも
　　　よい効果があることを理解できるようにする。また，健康
　　　を保持増進するためには，年齢や(③)等に応じて運動
　　　を続けることが必要であることを理解できるようにする。

　　㋑　休養及び睡眠と健康

　　　　休養及び睡眠は，心身の疲労を回復するために必要であ
　　　ること，健康を保持増進するためには，年齢や(③)等
　　　に応じて休養及び睡眠をとる必要があることを理解できる
　　　ようにする。

　　　　その際，長時間の(④)，学習，作業などは，疲労を
　　　もたらし，その徴候は心身の状態の変化として現れること，
　　　これらは(④)や学習などの量と質によって，また環境
　　　条件や個人によって現れ方に違いがあることについて取り
　　　上げ，適切な休養及び睡眠によって疲労を蓄積させないよ
　　　うにすることが大切であることに触れるようにする。

　　　　なお，必要に応じて，コンピュータや情報ネットワーク
　　　などを長時間使用することによる疲労の現れ方や(⑤)

の取り方など健康との関わりについても取り上げることにも配慮するものとする。

(ウ)　生活習慣病などの予防
　　⑦　生活習慣病の予防
　　　生活習慣病は，日常の生活習慣が要因となって起こる疾病であり，適切な対策を講ずることにより予防できることを，例えば，(⑥)，脳血管疾患，(⑦)などを適宜取り上げ理解できるようにする。
　　　その際，(⑧)，食事の量や質の偏り，休養や睡眠の不足，(⑨)，過度の飲酒などの不適切な生活行動を若い年代から続けることによって，やせや肥満などを引き起こしたり，また，心臓や脳などの血管で(⑩)が引き起こされたりすることや，歯肉に炎症等が起きたり歯を支える組織が損傷したりすることなど，様々な生活習慣病のリスクが高まることを理解できるようにする。

ア　知識及び技能
(ア)　交通事故や自然災害などによる傷害の発生要因
　　　交通事故や自然災害などによる傷害は，(⑪)，(⑫)及びそれらの相互の関わりによって発生すること，(⑪)としては，人間の(⑬)の状態や行動の仕方について，(⑫)としては，生活環境における(⑭)の状態や(⑮)などについて理解できるようにする。
　　　なお，学校の状況に応じて，運動による傷害の発生要因について適宜取り上げることにも配慮するものとする。

＜語群＞
ア　生活環境　　イ　運動　　　　ウ　応急手当　　エ　身体的
オ　精神的　　　カ　発育　　　　キ　発達　　　　ク　心身

ケ	動脈硬化	コ	心臓病	サ	人的要因	シ	環境要因
ス	休憩	セ	温熱条件	ソ	喫煙	タ	運動不足
チ	栄養不足	ツ	施設・設備	テ	気象条件	ト	歯周病

(☆☆☆◎◎◎)

【2】保健・安全の学習内容に関連した，次の(1)～(5)の問いに答えなさい。

(1) ホルモンの働きについて，次の文章の(①)～(④)にあてはまる語句をそれぞれ答えなさい。

> 　ホルモンは，体の働きが安定するように調節している重要な物質です。ホルモンを分泌する(①)にはいろいろな種類があり，それぞれ形や大きさ，分泌するホルモンが異なります。(①)から分泌されたホルモンは，(②)によって体全体を巡り，特定の器官に作用します。体の働きを調節する仕組みには，ホルモンのほかに，情報を伝える(③)や，病原体から体を守る(④)などがあります。

(2) 人の体には，暑さや寒さなどの外界の環境が変化したときに，無意識のうちに体内の状態を一定にする働きがあります。このような働きについての能力を何というか，答えなさい。

(3) 石油やガスなどの不完全燃焼によって発生する，無色，無臭の気体であり，体内に入ると酸素とヘモグロビンの結合を妨げる特徴のある気体は何か，答えなさい。

(4) 次の①～③の文は，循環型社会の基本的な考え方である3R(スリーアール)についてそれぞれ述べています。各文の内容に合うように，3Rの名称をそれぞれ答えなさい。

① 資源として再利用する。　② 繰り返し使う。

③ ごみの発生を抑える。

(5) 心肺蘇生法の手順について，次の(a)～(h)にあてはまる語句や数字をそれぞれ答えなさい。

┌─────────────┐
│傷病者の発生│　（　a　）を確認して，傷病者の近くに行く。
└─────────────┘

① 　（　b　）をみる。肩をたたいて，大声で呼びかけてみる。

② 　（　b　）なし。119番通報をし，助言を受ける。（　c　）を手配する。

③ 　呼吸をみる。呼吸ありの場合，気道を確保し，傷病者を（　d　）にする。傷病者のしゃくりあげるような不規則な呼吸のことを（　e　）という。このような呼吸については，「呼吸なし」と判断する。

④ 　呼吸なしの場合，直ちに（　f　）を開始する。

⑤ 　人工呼吸ができる場合は，（　f　）30回＋人工呼吸（　g　）回を繰り返す。

⑥ 　（　c　）の電源を入れ，音声メッセージに従う。

⑦ 　（　h　）の結果，電気ショックが必要な場合，電気ショックを行い，直ちに（　f　）から心肺蘇生を再開する。

⑧ 　救急隊による搬送と応急処置→医療機関による治療。

(☆☆☆◎◎◎)

【３】「がん教育推進のための教材」―文部科学省―(平成28年4月)に記載されている「がんの予防」について次の(1)，(2)の問いに答えなさい。

(1) 　次の文の（　①　），（　②　）にあてはまる菌やウイルスの名称を答えなさい。

┌────────────────────────────────┐
│　　胃がんの原因の多くは（　①　）感染によるもので，肝臓がん│
│の原因の大部分は（　②　）の感染によるものである。　　　　　│
└────────────────────────────────┘

(2) 　「がんの予防」のための望ましい生活習慣について，次のA～Eの5つの生活習慣の（　①　）～（　③　）にあてはまる語句を答えなさい。

> A　たばこを吸わない。　　B　過度の(①)をしない。
> C　(②)をとる。　　　　D　積極的に身体活動をする。
> E　(③)を維持する。

(☆☆☆◎◎◎)

【4】生活習慣病に関わる次の(1)，(2)の言葉の意味をそれぞれ簡潔に説明しなさい。

(1)　メタボリックシンドローム

(2)　ロコモティブシンドローム

(☆☆☆◎◎◎)

【5】薬物乱用における「フラッシュバック」について，次の￣￣￣内の言葉をすべて用いて簡潔に説明しなさい。

| 薬物乱用 |　　| 幻覚 |　　| 症状 |

(☆☆☆◎◎◎)

【6】次の世界保健機関(WHO)が提示する食品を安全にするための5つの鍵について(①)〜(⑦)にあてはまる言葉を答えなさい。

> 第1の鍵：(①)に保つ。
> 第2の鍵：(②)の食品と(③)食品を分ける。
> 第3の鍵：よく(④)する。
> 第4の鍵：安全な(⑤)に保つ。
> 第5の鍵：安全な(⑥)と(⑦)を使う。

(☆☆☆◎◎◎)

【7】次の文は，「令和元年度　全国体力・運動能力，運動習慣等調査結果」報告書(スポーツ庁)に示されている内容である。あとの(1)，(2)の問いに答えなさい。

> 「新体力テスト」を用いた全国体力・運動能力，運動習慣等調査の目的の1つに，各学校が各児童生徒の体力や運動習慣，（　　）等を把握し，学校における体育・健康等に関する指導などの改善に役立てることとしている。

(1)　令和元年度全国体力・運動能力，運動習慣等調査結果報告書において，各種目の経年変化【中学校】について，平成20年度の調査開始以降男女ともに低下傾向が見られる2つの種目を答えなさい。

(2)　文中の（　　）にあてはまる語句を答えなさい。

(☆☆☆◎◎◎)

【8】次の文は，「体育分野　1　目標　第1学年及び第2学年」について，中学校学習指導要領解説―保健体育編―(平成29年7月)の解説から抜粋したものである。下の(1)，(2)の問いに答えなさい。

> ○　運動の（　①　）な実践を通して，運動の楽しさや喜びを味わい，運動を豊かに実践することができるようにするため，運動，体力の必要性について理解するとともに，基本的な技能を身に付けるようにする。
>
> ○　運動についての自己の（　②　）を発見し，合理的な解決に向けて思考し判断するとともに，自己や仲間の考えたことを他者に伝える力を養う。
>
> ○　運動における競争や（　③　）の経験を通して，公正に取り組む，互いに協力する，自己の役割を果たす，一人一人の違いを認めようとするなどの意欲を育てるとともに，健康・安全に留意し，自己の最善を尽くして運動をする態度を養う。

(1)　文中の（　①　）～（　③　）に当てはまる語句を答えなさい。

(2)　次の文中の（　　）にあてはまる語句を答えなさい。

> 「一人一人の違いを認めようとするとは，体力や技能，性別や
> (　　　)等による，動きや課題及び挑戦などに違いがあることに
> 気付き，その違いを可能性として捉え，積極的に互いを認めよ
> うとする意思をもつことが大切であることを示している。」と
> 解説されています。

(☆☆☆◎◎◎)

【9】次の文は，体つくり運動(第3学年)「イ　実生活に生かす運動の計
画」について，中学校学習指導要領解説—保健体育編—(平成29年7月)
体育分野の内容についての解説から抜粋したものである。下の(1)，(2)
の問いに答えなさい。

> 　実生活に生かす運動の計画では，自己の日常生活を振り返り，
> 健康の保持増進や調和のとれた体力の向上を図るために，体の動
> きを高める運動の計画を立てて取り組むことが大切である。
> 　ねらいに応じて運動を行うとは，健康に生活するための体力，
> 運動を行うための体力を高めるなど，自己の体力に関するねらい
> を設定して，自己の健康や体力の実態と実生活に応じて，運動の
> 計画を立てて取り組むことである。
> 　健康の保持増進や調和のとれた体力の向上を図るための運動の
> 計画を立て取り組むとは，第1学年及び第2学年で学習した「ねら
> いに応じて，体の(　①　)，(　②　)動き，(　③　)動き，動きを
> (　④　)能力を高めるための運動を行うとともに，それらを組み
> 合わせること」を踏まえて，運動不足を解消する，体調を維持す
> るなどの健康に生活するための体力や運動を行うための調和のと
> れた体力を高めていく運動の計画を立てて取り組むことである。

(1)　文中の(　①　)～(　④　)に当てはまる語句を答えなさい。
(2)　上記の指導に際しては，『「ねらいは何か」，「いつ，どこで運動す

るのか」,「どのような運動を選ぶのか」,「どの程度の運動強度,（　ア　）,（　イ　）で行うか」などに着目して運動を組み合わせ,計画を立てて取り組めるようにすることが大切である。』と示されている。

　　文中の（　ア　）,（　イ　）にあてはまる語句を答えなさい。

(☆☆☆◎◎◎)

【10】器械運動について，次の文は，『学校体育実技指導資料　第10集』「器械運動指導の手引　平成27年3月(文部科学省)」で，マット運動における技能指導の要点として示されている指導上の留意点について，述べたものである。下の(1), (2)の問いに答えなさい。

図A

　　図A（　①　）は，頭を背屈し，体を反らせることによって回転します。ₐ回転力を高めて起き上がるためには，腰における屈伸動作に,（　②　）を同調させることが大切です。

(1)　文中の（　①　）には，技の名前が入ります。その技の名前と系・技群・グループについて答えなさい。

(2)　下線部ₐについて指導する際の技能的なポイントとして，何を同調させることが大切か,（　②　）に当てはまる語句を答えなさい。

(☆☆☆◎◎◎)

【11】次の文は，第1学年及び第2学年　水泳の学習について，中学校学習指導要領解説―保健体育編―(平成29年7月)の解説から抜粋したものである。下の(1)～(3)の問いに答えなさい。

> 　　長く泳ぐとは，余分な力を抜いた，大きな推進力を得るための手の動きと安定した推進力を得るための足の動き，その動きに合わせた呼吸動作で，バランスを保ち泳ぐことである。
> 　〈例示〉・蹴り終わりで長く伸びるキックをすること。
> 　　　　　・肩より前で，両手で逆ハート型を描くように水をかくこと。
> 　　　　　・<u>プルのかき終わりに合わせて顔を水面上に出して息を吸い，キックの蹴り終わりに合わせて伸び((　b 　))をとり進むこと。</u>ₐ

(1)　上記の文は何の泳法について，述べられたものか答えなさい。

(2)　下線部ₐ　　　　の説明で主にこの動きを獲得する段階での練習法の1つで，「立った状態で，(　①　)に合わせて呼吸をした後，片足たちでもう一方の足を引きつけ，腕の(　②　)に合わせてキック動作をし，(　③　)をして伸びる。」方法がある。

　　上記の練習法について，(　①　)～(　③　)に入る語句の正しい組合せを次のア～エから1つ選び，答えなさい。

	①	②	③
ア	け伸び	リカバリー	プル動作
イ	リカバリー	け伸び	プル動作
ウ	プル動作	リカバリー	け伸び
エ	リカバリー	プル動作	け伸び

(3)　下線部ₐ　　　　の文中にある「伸び」の別名である(　b　)にあてはまる語句を，カタカナで答えなさい。

(☆☆☆◎◎◎)

【12】柔道について，次の(1)～(4)の問いに答えなさい。

(1)　次の図Aは，投げ技の何という技か答えなさい。

図A

(2)　次の文は，「柔道指導の手引(三訂版)平成25年3月(文部科学省)」での2人1組の練習のポイントに関するものである。文中の(　①　)～(　③　)に当てはまる語句を答えなさい。

受の姿勢

技能レベルに応じて，受が安心できる低い姿勢から段階的に練習を始める。

| 膝つき | （　①　） | 中腰 | 立位 |

取の姿勢

投げた後は安定した姿勢で立ち，受の片腕を両手でしっかりと保持する。

命綱について

取は両手で受の右腕(「　②　」)を引き上げ保持することで，受が頭を打たずに受け身を取りやすい状態にすることができます。また，受も右手で握っている取の襟(「　③　」)を離さずに自分から受け身をとることで安定した受け身をとることができます。初歩の段階からこの取と受の安全と安心の絆を「命綱」として特に意識させることが大切です。

(3)　次の図Bは，固め技の何という技か答えなさい。

図B

(4)　抑え込みには3つの条件が必要となるが，「受が仰向けの姿勢である。」「取が受とほぼ向き合っている。」と，あともう1つの条件は何か答えなさい。

（☆☆☆◎◎◎）

【13】次の文は，「表現運動系及びダンス指導の手引(平成25年3月文部科学省)」から抜粋した表現運動系及びダンスの具体的な指導内容について示したものである。文中の(①)～(⑤)に当てはまる語句を答えなさい。

　　フォークダンスの技能のポイントについて，フォークダンスでは，伝承されてきた日本の地域の踊り(民踊)や外国の踊り(フォークダンス)から，踊り方の特徴をとらえ，音楽に合わせて，特徴的なステップや動きと組み方で仲間と楽しく踊ることができるようにすることをねらいとしています。

　　フォークダンスは，他の二つのダンスとは異なり，伝承された踊りを身に付けて，特定の踊り方を再現して踊る定形の学習で進められるのが特徴です。

　　フォークダンスには，「例えば，日本の民踊には，着物の袖口から出ている手の動きと裾さばきなどの足の動き，低く踏みしめ

るような足どりと腰の動き，(　①　)の動き，小道具を操作する
動き，輪踊り，男踊りや女踊り，歌や掛け声を伴った踊りなどの
特徴がある」。また「外国のフォークダンスには，靴で踏む軽快
なステップや(　②　)ステップ，輪や列になって手をつないで踊
る，パートナーと組んで踊る，(　③　)などのパートナーチェン
ジを伴って踊るなどの特徴的なステップや動きがある」と中学校
解説で説明されているように，その踊りが生まれた地域の風土や
歴史に根ざした独特の踊り方の特徴があります。

〈　中略　〉

　また，日本の民踊については，例示に挙げられている日本の代
表的な民踊だけでなく，学校のあるそれぞれの郷土で親しまれて
いる踊りを積極的に取り上げることも大切です。したがって，指
導する際には，ただ動きを覚えて踊ることができるようにするだ
けではなく，取り上げた踊りが伝承されてきた国や地域の風土や
風習，歴史などの踊りの(　④　)や，踊りに込められた心情など
を資料やVTRなどを使って説明したり，子どもたち自身が調べた
りすると良いでしょう。このように，フォークダンスの踊りは
(　⑤　)の影響を受けていることを理解して，踊り方の特徴をと
らえて踊るところにフォークダンスの特性や魅力があります。

(☆☆☆◎◎◎)

【14】次の表は，陸上競技について，中学校学習指導要領解説─保健体育
編─(平成29年7月)の陸上競技の「陸上運動・陸上競技の動きの例」か
ら抜粋したものである。あとの(1)，(2)の問いに答えなさい。

表1

種目	小学校5・6年	中学校1・2年	中学校3年
短距離走・リレー	・スタンディングスタートから，素早く走り始める ・体を軽く前傾させて全力で走る ・テークオーバーゾーン内で，減速の少ないバトンの受渡しをする	・（ ① ）スタートから徐々に上体を起こしていき加速すること ・自己に合った（ ② ）とストライドで速く走ること ・リレーでは，次走者がスタートするタイミングやバトンを受け渡すタイミングを合わせること	・（ ③ ）では地面を力強くキックして，徐々に上体を起こしていき加速すること ・後半でスピードが著しく低下しないよう，力みないリズミカルな動きで走ること ・リレーでは，次走者はスタートを切った後スムーズに加速して，スピードを十分に高めること
走り高跳び	・5～7歩程度のリズミカルな助走をする ・上体を起こして力強く踏み切る ・はさみ跳びで，足から着地する	・リズミカルな助走から力強い踏み切りに移ること ・跳躍の頂点とバーの位置が合うように，自己に合った（ ④ ）で踏み切ること ・脚と腕のタイミングを合わせて踏み切り，大きなはさみ動作で跳ぶこと	・リズミカルな助走から真上に伸び上るように踏み切り，a はさみ跳びや背面跳びなどの（ ⑤ ）で跳ぶこと ・背面跳びでは踏み切り前の3～5歩で弧を描くように走り，体を内側に倒す姿勢を取るようにして踏み切りに移ること

(1) 表1の(①)～(⑤)に当てはまる語句を答えなさい。

(2) 中学校学習指導要領解説で記載されている，下線部a〜〜〜〜の走り高跳びにおける「はさみ跳び」については，「バーに対して斜め後方や正面から助走し，踏み切った後，振り上げ足から順にバーをまたいで越える(ア)や，両足を交差させて大きく開き，上体を横に倒しながらバーを越える(イ)などの跳び方のことである。」との説明がある。

上記で説明されている(ア)(イ)の跳び方の名前を答えなさい。

(☆☆☆◎◎◎)

【15】次の文は，第1学年及び第2学年の球技について，中学校学習指導要領解説―保健体育編―(平成29年7月)の解説から抜粋したものである。下の(1)，(2)の問いに答えなさい。

---

(1)　知識及び技能
　　球技について，次の事項を身に付けることができるよう指導する。
(1)　次の運動について，勝敗を競う楽しさや喜びを味わい，球技の特性や成り立ち，技術の名称や行い方，その運動に関連して高まる体力などを理解するとともに，基本的な技能や仲間と連携した動きでゲームを展開すること。
　ア　ゴール型では，ボール操作と_a空間に走り込む動きによってゴール前での攻防をすること。

---

(3)　学びに向かう力，人間性等
(3)　球技に積極的に取り組むとともに，フェアなプレイを守ろうとすること，_b作戦などについての話合いに参加しようとすること，一人一人の違いに応じたプレイなどを認めようとすること，仲間の学習を援助しようとすることなどや，健康・安全に気を配ること。

---

(1)　下線部a＿＿＿について，守備の際には，どのような動きとなるか，説明しなさい。
(2)　下線部b＿＿＿について，意思決定する際には，生徒にどのようなことを通じて，何を理解し，取り組めるようにしなければならないか，説明しなさい。

(☆☆☆◎◎◎)

【16】次の文は，体育理論について，中学校学習指導要領解説―保健体育編―(平成29年7月)の解説から抜粋したものである。あとの(1)，(2)の問いに答えなさい。

(イ) 運動やスポーツへの多様な関わり方

　運動やスポーツには,「する,見る,支える,知る」などの多様な関わり方があることを理解できるようにする。

　運動やスポーツには,直接「行うこと」に加えて,「見ること」には,例えば,テレビなどのメディアや競技場等での観戦を通して(①)を味わったり,研ぎ澄まされた(②)の高い動きに感動したりするなどの多様な関わり方があること,「支えること」には,運動の学習で仲間の学習を支援したり,大会や競技会の(③)をしたりするなどの関わり方があること,「知ること」には,例えば,運動やスポーツの歴史や(④)などを書物やインターネットなどを通して調べる関わり方があること,などの多様な関わり方があることを理解できるようにする。

---

(1) 文中の(①)～(④)に当てはまる語句を答えなさい。

(2) 上記の内容は,体育分野における運動の実践や保健分野との関連を図りつつ,豊かなスポーツライフを実現するための資質・能力を育成するため,中学校第何学年で構成される内容であるか,答えなさい。

(☆☆☆○○○)

解答・解説

【中学校】

【1】① キ　　② オ　　③ ア　　④ イ　　⑤ ス　　⑥ コ(ト)
　　⑦ ト(コ)　　⑧ タ　　⑨ ソ　　⑩ ケ　　⑪ サ　　⑫ シ
　　⑬ ク　　⑭ ツ　　⑮ テ

〈解説〉①～⑩　今回の改訂で，保健分野の内容「(1)健康な生活と疾病の予防」は，全ての学年で学習をし，(ア)健康の成り立ちと疾病の発生要因，(イ)生活習慣と健康は第1学年で，(ウ)生活習慣病などの予防，(エ)喫煙，飲酒，薬物乱用と健康は第2学年で，(オ)感染症の予防，(カ)健康の保持増進や疾病の予防のための個人や社会の取組は第3学年でそれぞれ取り扱うこととなった。生活習慣病の予防として，心臓病，脳血管疾患，歯周病などを取り上げることや，生活習慣病の主な原因としては偏った食事，喫煙と飲酒，運動不足，睡眠不足，ストレスなどがあることは，特に押さえておく必要がある。　⑪～⑮　「(ア)交通事故や自然災害などによる傷害の発生要因」は，保健分野の「(3)傷害の防止」の内容で，第2学年で取り扱う。交通事故などの発生要因には，人的要因と環境要因があることは，確実に押さえておく必要がある。　学習指導要領解説には，文末が「～理解できるようにする。」「～触れるようにする。」「～配慮するものとする。」「～できるようにする。」で区別されていることに留意する。

【2】(1)　① 内分泌腺　　② 血液　　③ 神経　　④ 免疫
(2)　適応能力　　(3)　一酸化炭素　　(4)　① リサイクル　　② リユース　　③ リデュース　　(5)　a 周囲の安全　　b 反応
c　AED(自動体外式除細動器)　　d 回復体位　　e 死戦期呼吸(下顎呼吸，鼻翼呼吸，あえぎ呼吸)　　f 胸骨圧迫　　g 2　　h 心電図解析

〈解説〉(1)　ホルモンの種類には，ペプチドホルモン(成長ホルモンやインスリンなど大部分のホルモンのほかリンパ球などに作用するサイト

カインも含まれる)，ステロイドホルモン(副腎皮質ホルモン，性腺ホルモン，ビタミンD3など)，アミノ酸誘導体(アドレナリン，ノルアドレナリン，甲状腺ホルモンなど)，プロスタグランジンなどがある。
(2)　適応能力には限界があり，それを越えると，熱中症や凍傷，低体温症などになる場合がある。　(3)　血液中のヘモグロビンは酸素と結びついて全身に酸素を運ぶ役割をするが，一酸化炭素は酸素に比べて250〜300倍，ヘモグロビンと結びつきやすい性質を持っている。
(4)　「資源有効利用促進法」(平成13年施行)で，天然資源の消費量を減らして，環境負荷をできるだけ少なくした社会を循環型社会と定義した。　(5)　呼吸の観察には10秒以上かけないようにし，約10秒かけても判断に迷う場合は，普段どおりの呼吸がない，すなわち心停止とみなす。胸骨圧迫は強く(深さは約5cm)，速く(100〜120回／分)，絶え間なく行う。幼児は胸の厚みの約$\frac{1}{3}$で行う。

【3】(1)　①　ピロリ菌　　②　肝炎ウイルス　　(2)　①　飲酒
②　バランスのよい食事　　③　適正体重
〈解説〉(1)　①　ピロリ菌は胃の粘膜に生息しているらせん形をした細菌である。上下水道が十分に普及していなかった時代の生水摂取などによるものとされ，高齢者に多く見られる。　②　B型およびC型肝炎ウイルス感染が主な原因だが，最近では非ウイルス性の脂肪性肝疾患の患者が肝臓がんを発症するケースも増えている。　(2)　国立がん研究センターをはじめとする研究グループでは，日本人を対象としたこれまでの研究を調べ，日本人のがんの予防にとって重要な「喫煙」「飲酒」「食事」「身体活動」「体形」「感染」の6つの項目を取りあげ，「日本人のためのがん予防法」を定めた。

【4】(1)　内臓肥満に高血圧・高血糖・脂質代謝異常が組み合わさり，心臓病や脳卒中などの動脈硬化性疾患をまねきやすい病態のこと。
(2)　運動器の障害のために移動機能の低下をきたした状態のこと。
〈解説〉(1)　日本では，ウエスト周囲径(おへその高さの腹囲)が男性

85cm，女性90cmを超え，高血圧・高血糖・脂質代謝異常の3つのうち2つに当てはまるとメタボリックシンドロームと診断される。　(2)　加齢に伴う筋力の低下や関節，脊椎の病気，骨粗しょう症などによって運動器の機能が衰え，要介護や寝たきりになってしまったり，そのリスクの高い状態を表す。骨粗しょう症の影響を受けやすい女性に比較的に多い。

【5】薬物乱用をやめてしばらくたった後でも，何らかのきっかけで幻覚などの症状が突然現れること。

〈解説〉治療を受けて，薬物を使わない生活をつづけ，表面上は回復した状態になったとしても，何かの刺激によって再び幻覚・妄想などの精神異常が再燃することがある。覚せい剤でよくみられる症状である。

【6】①　清潔　　②　生　　③　加熱済み　　④　加熱　　⑤　温度　　⑥　水　　⑦　原材料

〈解説〉世界保健機関は，1990年代初めに作成した「安全な食品のための十大原則」をもとに，2001年「食品をより安全にするための5つの鍵」を発表した。各項目の詳細については，WHOのホームページに公表されているので，確認しておきたい。

【7】(1)　握力，ハンドボール投げ　　(2)　生活習慣

〈解説〉(1)　種目別に見ると，平成20(2008)年度の調査開始以降，長座体前屈，反復横とびで男女ともにゆるやかな向上傾向が見られる一方，握力，ハンドボール投げでは低下傾向が見られる。　(2)　調査の目的は3点あり，他の2点は次のとおりである。　○国が全国的な子供の体力の状況を把握・分析することにより，子供の体力の向上に係る施策の成果と課題を検証し，その改善を図る。　○各教育委員会が子供の体力の向上に係る施策の成果と課題を把握し，その改善を図るとともに，子供の体力の向上に関する継続的な検証改善サイクルを確立する。

【8】(1) ① 合理的 ② 課題 ③ 協働 (2) 障害の有無
〈解説〉(1) ① 知識及び技能に関する目標(1)である。「運動の合理的な
実践」とは，発達の段階や運動の特性や魅力に応じて，運動に関わる
一般原則や運動に伴う事故の防止等の科学的な知識を理解するととも
に，それらを活用して運動を実践することが示されている。 ② 思
考力，判断力，表現力等に関する目標(2)である。提示された動きなど
のポイントと自己の動きを比較して課題を発見したり，仲間との関わ
り合いや健康・安全についての課題を発見したりすることなどができ
るようにすることが大切である。 ③ 学びに向かう力，人間性等に
関する目標(3)である。今回改訂の学習指導要領の基本的な考え方にお
いては，運動や健康に関する課題を発見し，その解決を図る主体的・
協働的な学習活動を通して，『知識・技能』，『思考力・判断力・表現
力等』，『学びに向かう力・人間性等』を育成することを目標としてい
る。 (2) 今回の学習指導要領の改訂方針の一つにある，「運動やス
ポーツとの多様な関わり方を重視する観点から，体力や技能の程度，
性別や障害の有無等にかかわらず，運動やスポーツの多様な楽しみ方
を共有することができるよう指導内容の充実を図ること。その際，共
生の視点を重視して改善を図ること」に対する記述の具体的な内容で
ある。

【9】(1) ① 柔らかさ ② 巧みな ③ 力強い ④ 持続す
る (2) ア 時間 イ 回数
〈解説〉今回の学習指導要領の改訂では，従前の「体力を高める運動」が
第3学年では「実生活に生かす運動の計画」に改められた。 (1) 文中
の「ねらいに応じて，(中略)それらを組み合わせること」とは，第1学
年及び第2学年の「体の動きを高める運動」の内容である。 (2) 実
生活に生かす運動の計画では，一部の能力のみの向上を図るのではな
く，総合的に体の動きを高めることで調和のとれた体力の向上が図ら
れるよう配慮する必要がある。

【10】(1)　技の名称…頭はねおき　　系…回転系　　技群…ほん転技群
グループ…はねおきグループ　　(2)　手の押し

〈解説〉(1)　回転系ほん転技群はねおきグループの技である。ほん転技
群は，手や足の支えで回転する技の集まりである。はねおきの練習に
は，回転力や体を反る柔軟性の不足を補うために，落差を利用すると
効果的である。　　(2)　頭はねおきで起き上がるためには，手で床をし
っかり押して，その動きと同時に足を前方に一気に伸ばす，体を伸ば
すのがポイントである。

【11】(1)　平泳ぎ　　(2)　ウ　　(3)　グライド

〈解説〉(1)　平泳ぎは，両手のひらを下に向けて胸の前からそろえて前
方に出し，円を描くように左右の水をかき，脚の動きは足の裏で水を
とらえ左右後方に水を押し挟み，顔を前に上げて呼吸をしながら泳ぐ。
(2)　平泳ぎのコンビネーションの練習法で，主に動きを獲得する段階
の例である。　　(3)　グライドはすべるという意味で，け伸びのような
動作である。水の抵抗を抑えるために肘と膝をまっすぐに伸ばし，水
中で体を水平に保つ。

【12】(1)　支え釣り込み足　　(2)　①　蹲踞　　②　引き手　　③　つ
り手　　(3)　袈裟固め　　(4)　取が脚を絡まれるなど受から拘束を受
けていない。

〈解説〉(1)　支え釣り込み足では，取は，受を右前すみに崩し，受の右
足首を左足裏で支え，引き手，釣り手で釣り上げるようにして，腰の
回転を効かせて受の前方に投げる。　　(2)　指導にあたっては，初歩の
段階から，2人1組で投げる，投げられるなど取と受の関係性を学びな
がら2人の協力で技を身に付けるという発想が大切である。そのため
には，投げ技との関連を重視した受け身の段階的な練習が特に重要と
なる。　　①　蹲踞は，つま先立ちで深く腰を下ろし，十分膝を開き上
体を正した姿勢で，相撲の基本姿勢の一つ。　　②・③　取は，投げた
後は安定した姿勢で立ち，受の片腕を長手でしっかりと保持すること

を「命綱」と呼んでいる。 (3) 仰向けに倒した相手の脇腹にのしかかり，その首と片腕を制して押さえ込む技。 (4) 抑え込み技には袈裟固め，上四方固め，横四方固めなどがある。

【13】① ナンバ ② ポルカ ③ グランド・チェーン ④ 由来 ⑤ 文化
〈解説〉日本の「民踊」では，各地域で伝承されてきた民踊や代表的な民踊の中から，軽快なリズムの踊りや力強い踊り，優雅な踊りなどの踊りの特徴や，難易度を踏まえて選び，躍動的な動きや手振り，腰を落とした動きなどの特徴をとらえて踊ることが大切である。外国のフォークダンスの組み方には，オープンポジション，クローズドポジション，プロムナードポジションがある。

【14】(1) ① クラウチング ② ピッチ ③ スタートダッシュ ④ 踏切位置 ⑤ 空間動作 (2) ア またぎ跳び イ 正面跳び
〈解説〉(1) ① スターティングブロックを利用して，両手を地面についた状態からスタートする方法である。立った状態のスタートよりも，より水平に力を加えられるため，素早く前方に進むことができる。② ピッチとは1歩に係る時間のことで，ストライドとは1歩の長さ(歩幅)を指している。 ③ スタート直後に勢いよく走りだすことで，短距離走においては重要な役割を担っている。 ④ 踏切位置は，遠くなりすぎないように注意する必要がある。 ⑤ 第3学年における走り高跳びでは，リズミカルな助走から力強く踏み切り滑らかな空間動作で跳ぶことが指導内容である。 (2) 学習指導要領解説(平成29年7月)においては，空間動作は，第1学年及び第2学年では大きなはさみ動作(はさみ跳び)，第3学年でははさみ跳びや背面跳びが，それぞれ例示で示されている。

【15】(1)　シュートやパスをされないように，ボールを持っている相手をマークする動きのことである。　　(2)　意思決定をする際には，話し合いを通して仲間の意見を聞くだけでなく自分の意見も述べるなど，それぞれの考えを伝え合うことが大切であることを理解し，取り組めるようにする。

〈解説〉(1)　攻撃の際のボールを持たないときに，得点をねらってゴール前の空いている場所に走り込む動きや，守備の際に，シュートやパスをされないように，ボールを持っている相手をマークする動きのことである。　　(2)　自己の課題の解決に向けた練習方法や作戦について話し合う場面で，自らの考えを述べるなど積極的に話合いに参加しようとすることである。

【16】(1)　①　一体感　　②　質　　③　企画　　④　記録　　(2)　第1学年

〈解説〉(1)　今回の学習指導要領改訂により，多様な関わり方として「する，見る，支える」の他に「知る」も加えられた。　　(2)　「運動やスポーツの多様性」は第1学年の指導内容であり，(ア)運動やスポーツの必要性と楽しさ，(イ)運動やスポーツへの多様な関わり方，(ウ)運動やスポーツの多様な楽しみ方の3つの指導事項がある。なお，「運動やスポーツの意義や効果と学び方や安全な行い方」は，第2学年の指導内容である。

2020年度　実施問題

【中学校】

【1】次の文は，「平成30年度全国体力・運動能力，運動習慣等調査結果」(スポーツ庁)に示されている内容である。下の(1)〜(2)の問いに答えなさい。

　平成30年度全国体力・運動能力，運動習慣等調査結果において，中学校における各種目の経年変化で，種目別に見ると，平成20年度の調査開始以降過去最高値を示したのは，男子では(a)，(b)，(c)，(d)であった。女子では(e)と(f)を除くすべての種目であった。体力合計点は，男女ともに過去最高値となった。

　新体力テスト項目と運動特性の関連について，運動特性のまとまりごとに示していくと，新体力テスト8項目の運動特性は，「すばやさ」，「ねばり強さ」，「タイミングのよさ」，「力強さ」，「体の柔らかさ」の五つの運動特性に整理することができる。この運動特性の観点から体力を捉え，指導に活用することができる。五つの運動特性ごとに見てみると，「すばやさ」は，(b)と(c)の測定値から評価することができる。同様に，「ねばり強さ」は上体おこし，20mシャトルラン・持久走の測定値から評価することができる。「タイミングのよさ」は，(b)，(d)，ボール投げの3項目の測定値から評価することができる。「力強さ」は，(e)，上体おこし，ボール投げ，(c)，(d)の5項目の測定値から評価できる。「体の柔らかさ」は(a)の測定値から評価できる。このように，新体力テスト項目の測定値から，これらの運動特性ごとの状況を把握することにより，保健体育科の学習や日常生活における運動やスポーツ活動における効果的な指導のあり方についての改善に役立てることができる。

(1)　文中の(a)〜(f)に当てはまるテスト項目を答えなさい。

(2)　児童生徒の体力・運動能力の向上のための取組では，体育科・保

健体育科の授業における体力・運動能力の向上の直接的な取組だけ
でなく，運動やスポーツの習慣化と運動やスポーツに対する何を高
めるような取組が重要であると述べられているか答えなさい。

(☆☆☆◎◎◎)

【２】次の文は，体つくり運動「体の動きを高める運動」について，中学
校学習指導要領解説－保健体育編－(平成29年7月)体育分野の内容につ
いて抜粋したものである。下の(1)～(2)の問いに答えなさい。
　…(前略)…

　また，体の動きを高める運動においては，（　①　），（　②　），
（　③　），（　④　）などを，それぞれ安全で合理的に高めることのでき
る適切な運動の行い方があることを理解できるようにする。

　体の動きを高める方法では，ねらいや体力の程度に応じて，適切な
　a　，　b　，　c　，　d　などを配慮した運動の組合せが大
切であることを理解できるようにする。

(1)　文中の(　①　)～(　④　)にあてはまる語句を答えなさい。また，
　その(　①　)～(　④　)にあてはまる語句と下記の体の動きを高め
　る運動の「行い方の例」とを結び付けて選び，記号で答えなさい。
「行い方の例」
ア　二人組で上体を起こしたり，脚を上げたり，背負って移動した
　りすること。
イ　体の動きを高めるために，自己の課題に応じた運動を選ぶこと。
ウ　走や縄跳びなどを，一定の時間や回数，又は，自己で決めた時
　間や回数を持続して行うこと。
エ　床やグラウンドに設定した様々な空間をリズミカルに歩いた
　り，走ったり，跳んだり，素早く移動したりすること。
オ　大きくリズミカルに全身や体の各部位を振ったり，回したり，
　ねじったり，曲げ伸ばしたりすること。
(2)　文中の　a　～　d　にあてはまる語句を答えなさい。

(☆☆☆◎◎◎)

【3】『学校体育実技指導資料(文部科学省)』の各領域における指導の手引に示されている内容について，次の(1)～(4)の問いに答えなさい。

(1) 次の表は，「水泳指導の手引(三訂版)平成26年3月」で水泳での泳法指導の要点として示されているクロールにおける各段階に応じた動きのポイントである。(a)～(e)にあてはまる動きを答え，表を完成させなさい。

		小学校高学年	中学校1・2年	中学校3年以降
		動きを獲得する段階	動きの質を高める段階1	動きの質を高める段階2
クロール	基本姿勢	基本姿勢を崩さない	(a)動作	より大きな(a)
	キック	リズミカルなばた足	強いキック（強弱）	(d)
	プル	左右交互に前に伸ばして,水をかくこと	(b)＊ハイエルボー	リラックスした(e)動作,加速しながらのプル動作
	呼吸	横に顔を上げた呼吸	(c)	呼吸方向,動きを小さく

(2) 次の文は，「器械運動指導の手引(平成27年3月)」で器械運動での跳び箱運動における技の指導についての留意点である。文中の(a)～(c)に当てはまる語句を答えなさい。また，この留意点の技は，何系の何グループの何という技か，答えなさい。

○基本となる動きや予備的な動きでは，
・助走から(a)踏み切りで，積み上げたマット上(50cm程度の幅になるよう二本のラインを引いて目印にします)にスムーズに前転を行うようにします。
○動き方のポイントとして，
・踏み切って腰を引き上げ，しっかり手で支えて(b)部を着きます。
・転がるスペースが確保できるよう，着手する位置を調節します。
○つまずきへの対応や安全確保については，
・踏み切りや腰の引き上げが不十分な場合は，跳び箱を少し低くして，踏み切り後にしっかりと腰を引き上げてスムースに前転できるようにします(補助者を付けてもよい)。
・初期の段階では，着地の際に顔を(c)にぶつけないよう，脚

を少し開いて着地するなどして，安全に注意して行います。

・児童生徒が恐怖心や痛さを訴える場合は，跳び箱の上にマットをかぶせ，跳び箱の下に(横に)マットを敷くなどの配慮が必要です。

(3)　次の文は，「柔道指導の手引(三訂版)　平成25年3月」での柔道の受け身の重要性に関するものである。文中の(a)～(e)に当てはまる語句を答えなさい。

　　柔道の安全指導の要は受け身の習熟といっても過言ではありません。まず，自分の身を守るための受け身と，相手にケガをさせないための合理的で適切な投げ方が何よりも大切であるという認識を養うことが重要です。「(a)を打たない」，「(a)を打たせない」ということを前提とし，学習段階に応じた受け身をしっかりと身に付けさせます。

　　取と受との関係からいえば，取はしっかりと立ち，(b)(受の袖)を引いて相手に受け身をとらせること，(c)姿勢や前のめりで技をかけるのは避けることが必要で，受は潔く自分から受け身をとる習慣を付けること，投げられまいと体を低くしたり，腰を引いたり，また，手をつくことを避けることが重要です。

　　受け身の重要性を理解させ，自他の安全を確保する取と受の関係性をしっかりと身に付けさせるためには，初歩の受け身の練習から，(d)で受け身の練習を繰り返し，「(a)を打たせない」ための取の姿勢や動作(しっかり立ち，(b)を引く)「(a)を打たない」ための受の姿勢や動作(安定した姿勢で(e)倒れて自ら受け身をとる)を習熟することが大切です。

(4)　次の文は，「表現運動系及びダンス指導の手引(平成25年3月)」から抜粋した表現運動系及びダンスの具体的な指導内容の中で，リズム系ダンスの技能のポイントについて示したものである。文中の(a)～(e)に当てはまる語句を答えなさい。

…(前略)…

①　技能のポイント

リズム系ダンスでは，ロックやサンバ，(a)などのリズムの特徴をとらえ，①リズムに乗って全身で自由に踊ることと，②(b)を付けて踊ること，の二つをねらいとしています。

まずはリズムに乗って全身で弾んで踊る楽しさを味わうことができるように，小学校のリズム遊び・リズムダンスでは，軽快でリズムのとりやすいロックと，ラテン系の陽気なリズムに乗って弾んで踊りやすいサンバのリズムを取り上げています。続いて，中学校・高等学校の現代的なリズムのダンスでは，小学校で学んだロックのリズムに加えて，まさに現代のリズム系ダンスの代表と言える(a)のリズムを取り上げています。

注意すべき点は，中学校解説において，指導に際しては，「既存の振り付けなどを模倣することに重点があるのではなく，変化と(b)を付けて，全身で自由に続けて踊ることを強調することが大切である」と示されているように，リズム系ダンスは表現系ダンスと同じく創造的な自由なダンスであり，振り付けされたダンスのステップを習い覚えて踊ったり，そろえて踊る練習に時間をかけたりするのではなく，音楽のリズムに身を委ねて友達と自由に関わって踊ることにねらいがあることです。

そのため，指導の際には，先生から児童生徒へという一方向の指導だけではなく，例えば，児童・生徒同士が二人組になって，相手と向かい合って自由に関わり合い，(c)ながら踊るような活動を早くから取り入れることなどが考えられます。また，リズム系ダンスは見せるよりも参加して踊る方が楽しめるダンスであるので，見せ合いも，踊る側と見る側が分かれている発表形式だけではなく，一曲の中で各グループが工夫した動きをメドレー形式や(d)形式で踊って見せ合ったり，参加して一緒に踊り合ったりするなどの交流を含んだ活動，すなわち「交流会」を取り入れることが効果的です。

…(中略)…

中学校第1・2学年では，ロックや(a)などの現代的なリズムの

特徴をとらえ，まずは，(e)を中心にリズムに乗って全身で自由に弾んで踊ることができるようにします。

　次に発展的な段階として，手拍子，足拍子，スキップ，片足とび，両足とび，蹴る，歩く，走る，ねじる，回る，転がる，振る，曲げるなどの動きを素早く動いてみたり，止まったりするなどの変化のある動きを組み合わせて踊ることができるようにします。

(☆☆☆◎◎◎)

【4】次の文は，体育理論について，中学校学習指導要領解説－保健体育編－(平成29年7月)から抜粋したものである。下の(1)～(3)の問いに答えなさい。

　体育理論の内容は，体育分野における運動の実践や保健分野との関連を図りつつ，豊かなスポーツライフを実現するための資質・能力を育成するため，第1学年では，(①)を，第2学年では，(②)を，第3学年では(③)を中心に構成されている。

　また，これらの内容は，主に，中学校期における運動やスポーツの合理的な実践や生涯にわたる豊かなスポーツライフを送る上で必要となる運動やスポーツに関する科学的知識等を中心に示している。

　これらの内容について学習したことを基に，思考し，判断し，表現する活動を通して，体育の見方・考え方を育み，現在及び将来における自己の適性等に応じた運動やスポーツとの多様な関わり方を見付けることができるようにすることが大切である。

　なお，運動に関する領域との関連で指導することが効果的な内容については，各運動に関する領域の「知識及び技能」で扱うこととしている。

(1)　文中の(①)～(③)にあてはまる語句を答えなさい。

(2)　(①)の領域の内容では，運動やスポーツへの関わり方には，「行うこと・見ること・支えること・知ること」などの関わり方があることを，理解できるように指導することとされている。「支えること」について，学校教育において，具体的にどのような関わり

120

方があるか答えなさい。

(3) 体育理論は，体育分野の他の運動に関する領域との関連を図りつつ，「思考力，判断力，表現力等」，「学びに向かう力，人間性等」を育成するものとされ，各学年で何単位時間程度行うものとされているか，答えなさい。

(☆☆☆◎◎◎)

【5】日本国内の競技団体から出されている競技規則に定められたルールについて，次の(1)〜(4)の問いに答えなさい。

(1) 公益財団法人日本バドミントン協会「バドミントン競技規則2018−2019」のバドミントンのダブルスにおいて，サービングサイドのスコアが，0か偶数のとき，サービングサイドのプレーヤーは，右か左かどちらのサービスコートからサービスをするか答えなさい。

(2) ソフトボールにおいて，塁間が短いため，一塁でのクロスプレーが多く，守備者と打者走者の接触が起こりやすく，衝突により大怪我をすることもあったため，1987年にカナダから事故防止を目的として「セーフティーベース」の名称で提案され，1997年から公益財団法人日本ソフトボール協会のルールにも採用されたものは何か，答えなさい。

(3) 一般財団法人全日本剣道連盟の剣道試合審判規則において，次の文の(　)にあてはまる語句を答えなさい。
　「有効打突とは，充実した気勢，適正な姿勢をもって，竹刀の打突部で打突部位を(　)正しく打突し，残心あるものとする。」とされている。

(4) 公益財団法人日本水泳連盟の競泳競技規則において，水泳競技の自由形において，スタート後，折り返し後は，体が完全に水没してもよい距離は何mか答えなさい。

(☆☆☆◎◎◎)

【6】次の文は，中学校学習指導要領解説－保健体育編－(平成29年7月)
から保健分野の内容について抜粋したものである。文中の(a)～
(t)にあてはまる語句をあとの語群から選び，記号で答えなさい。

(1) 身体機能の発達

　　身体の発育・発達には，(a)や筋肉，肺や(b)などの器官が
急速に発育し，(c)，(d)などの機能が発達する時期があるこ
と，また，その時期や程度には，人によって違いがあることを理解
できるようにする。

(2) 精神機能の発達と自己形成

　　自己形成については，思春期になると，自己を(e)に見つめた
り，他人の立場や考え方を理解できるようになったりするとともに，
物の考え方や興味・関心を広げ，次第に自己を認識し自分なりの
(f)をもてるようになるなど自己の形成がなされることを理解で
きるようにする。

　　その際，自己は，様々な経験から学び，悩んだり，試行錯誤を繰
り返したりしながら(g)の発達とともに確立していくことにも触
れるようにする。

(3) 飲料水や空気の衛生的管理

　　水は，人間の生命の維持や健康な生活と密接な関わりがあり重要
な役割を果たしていること，飲料水の水質については一定の(h)
が設けられており，水道施設を設けて(i)な水を確保しているこ
とを理解できるようにするとともに，飲料水としての適否は(j)
な方法によって検査し，管理されていることを理解できるようにす
る。

　　室内の二酸化炭素は，人体の呼吸作用や物質の燃焼により増加す
ること，そのため，室内の空気が汚れてきているという(k)とな
ること，定期的な換気は室内の二酸化炭素の濃度を(i)に管理で
きることを理解できるようにする。

(4) 生活習慣と健康

　　運動には，身体の各器官の機能を刺激し，その発達を促すととも

に，(l)が図られるなど，精神的にもよい効果があることを理解できるようにする。また，健康を保持増進するためには，年齢や(m)等に応じて運動を続けることが必要であることを理解できるようにする。

　食事には，健康な身体をつくるとともに，運動などによって消費されたエネルギーを補給する役割があることを理解できるようにする。また，健康を保持増進するためには，毎日適切な(n)に食事をすること，年齢や(o)等に応じて栄養素のバランスや食事の量などに配慮することが必要であることを理解できるようにする。

(5)　喫煙，飲酒，薬物乱用と健康

　飲酒については，酒の主成分のエチルアルコールが(p)の働きを低下させ，思考力，自制力，(q)を低下させたり，事故などを起こしたりすること，急激に大量の飲酒をすると急性中毒を起こし(r)や死に至ることもあることを理解できるようにする。

　喫煙，飲酒，薬物乱用などの行為は，好奇心，なげやりな気持ち，過度のストレスなどの(s)，断りにくい人間関係，宣伝・広告や入手し易さなどの(t)によって助長されること，それらに適切に対処する必要があることを理解できるようにする。

ア	消化器系	イ	基準	ウ	主観的	エ	時間
オ	条例	カ	生活環境	キ	心臓	ク	社会環境
ケ	末梢神経	コ	客観的	サ	価値観	シ	衛生的
ス	科学的	セ	腎臓	ソ	中枢神経	タ	呼吸器系
チ	発達段階	ツ	生物的	テ	疲労回復	ト	気分転換
ナ	指標	ニ	骨	ヌ	主体性	ネ	社会性
ノ	循環器系	ハ	心理状態	ヒ	意識障害	フ	家庭環境
ヘ	運動機能	ホ	運動量				

(☆☆☆◎◎◎)

【7】保健・安全の学習内容に関連した，次の(1)〜(3)の問いに答えなさい。

123

(1)　人の大脳の主な働きについて，A，B，C，Dの働きを行う大脳皮質の各部分をそれぞれ何というか，答えなさい。

A．触覚，感覚

B．運動，思考，判断，推理，意志，言語を話す

C．記憶，聴覚，言語を理解する

D．視覚

(2)　社会性の発達とともに，他人に縛られたくない，自分らしさを明確にしたいというような気持ちが生まれくる。そのような気持ちのことを何というか，答えなさい。

(3)　人は暑さや寒さを気温，湿度，気流の組合せ(温熱条件)で感じ取っている。温熱条件には，体温を無理なく一定に保つことができ，生活や活動がしやすい範囲があるが，その範囲を何というか，答えなさい。

(☆☆☆◎◎◎)

【8】疲労の現れ方は，学習や運動，作業などの種類や量，環境条件などによって異なり，長時間の考え事や緊張状態などで脳が疲れを感じることがある。この疲労を何というか，答えなさい。

(☆☆☆◎◎◎)

【9】生活習慣病などの予防について，次の(1)～(2)の問いに答えなさい。

(1)　虚血性心疾患には，①心臓の血管が詰まって起こる病気と，②心臓の血管の内側が狭くなって起こる病気がある。①と②の病名をそれぞれ答えなさい。

(2)　次の文は，中学校学習指導要領解説－保健体育編－(平成29年7月)から保健分野の内容について抜粋したものである。生活習慣病を予防するために身に付けるべき生活習慣について，①～⑧に当てはまる語句を答えなさい。

・適度な(　①　)を(　②　)に行うこと。

・毎日の食事における(　③　)や(　④　)，栄養素のバランスを整

えること。

・(⑤)や過度の(⑥)をしないこと。

・(⑦)の(⑧)を保つこと。

(☆☆☆◎◎◎)

【10】喫煙と健康について，次の(1)～(3)の問いに答えなさい。

(1) たばこの煙には，人体に対する多くの有害物質が含まれており，その量は主流煙よりも副流煙の方が多いため，様々な健康影響が及ぼされる。健康への悪影響を及ぼす有害物質について以下の①②について，それぞれ答えなさい。

① 健康への悪影響を及ぼす有害物質の中で，血液中のヘモグロビンと結合し，体内の酸素運搬能力を低下させる作用のある有害物質の名称を答えなさい。

② 健康への悪影響を及ぼす有害物質の中で，依存性を高めたり，血管の収縮，血圧の上昇，心拍数の増加を引き起こす作用のある有害物質の名称を答えなさい。

(2) 世界保健機関(WHO)は，2005年に健康に関する初の国際条約を発効し，この条約は，たばこの健康被害の防止を目的としている。日本もこの条約を締約しており，包装及びラベルの表示面の30%以上を使って，健康被害の警告表示をするなど，様々な取り組みが行われている。この条約を何というか，答えなさい。略称は不可とする。

(3) 2018年に成立した改正健康増進法(2020年4月に全面施行)で行われる喫煙に関わる対策を何というか，答えなさい。

(☆☆☆◎◎◎)

【11】医薬品の利用について，医薬品には主作用が働いて副作用等が現れないように1日あたりの使用法が決められている。医薬品を正しく使用するために，中学校学習指導要領解説－保健体育編－(平成29年7月)で示されている医薬品の使用で守る3つの使用法について答えなさい。

(☆☆☆◎◎◎)

【12】熱中症を疑う症状が現れた場合，救急車が到着するまでの間に行う応急処置に関する内容について，次の(1)～(3)の問いに答えなさい。

(1) 傷病者を発見した際に，傷病者に対して呼び掛けや質問をすることによって，傷病者の何を確認するのか，答えなさい。

(2) 涼しい場所へ避難した後，衣服をゆるめ，体を冷やす必要がある。このときに集中的に冷やすべき体の部位を3箇所答えなさい。

(3) 集中的に冷やすべき，上記3箇所の体の部位について，共通した理由を答えなさい。

(☆☆☆◎◎◎)

解答・解説

【中学校】

【1】(1)　a　長座体前屈　　b　反復横とび　　c　50m走　　d　立ち幅とび(幅とび)　　e　握力　　f　ハンドボール投げ　　(2)　肯定的な意識

〈解説〉(1)　文部科学省は体力テストの見直しを行い，1998年より新体力テストを導入した。スポーツ庁は，新体力テストを用いて「全国体力・運動能力，運動習慣等調査」を実施している。調査の目的は，「運動習慣と基本的な生活習慣などの改善を促進することを通して，体力・運動能力の向上を図ること」とされている。　(2)「中学校学習指導要領(平成29年告示)解説　保健体育編」，「第2章　保健体育科の目標及び内容」，「第2節　各分野の目標及び内容」，「2　内容」，「H　体育理論」でも，「生涯にわたる豊かなスポーツライフを実現するためには，目的や年齢，性の違いを超えて運動やスポーツを楽しむことができる能力を高めておくことが有用であること，運動やスポーツを継続しやすくするためには，自己が意欲的に取り組むことに加えて，仲間，空間及び時間を確保することが有効である」と明記されている。

【2】(1) ① 体の柔らかさ　記号…オ　② 巧みな動き　記号…エ　③ 力強い動き　記号…ア　④ 動きを持続する能力 記号…ウ　(2) a 強度　b 時間　c 回数　d 頻度

〈解説〉(1)　①「体の柔らかさ」を高めるための運動とは,「全身や体の各部位を振ったり回したりすることや, 曲げたり伸ばしたりすることによって体の各部位の可動範囲を広げることをねらいとして行われる運動」のこと。　②「巧みな動き」を高めるための運動とは,「自分自身で, あるいは人や物の動きに対応してタイミングよく動くこと, 力を調整して動くこと, バランスをとって動くこと, リズミカルに動くこと, 素早く動くことができる能力を高めることをねらいとして行われる運動」のこと。　③「力強い動き」を高めるための運動とは,「自己の体重, 人や物などの抵抗を負荷として, それらを動かしたり, 移動したりすることによって, 力強い動きを高めることをねらいとして行われる運動」のこと。　④「動きを持続する能力」を高めるための運動とは,「一つの運動又は複数の運動を組み合わせて一定の時間に連続して行ったり, あるいは, 一定の回数を反復して行ったりすることによって, 動きを持続する能力を高めることをねらいとして行われる運動」のこと。　(2)「中学校学習指導要領(平成29年告示)解説保健体育編」には, 問題文の他に「(体の動きを高めるには), 安全で合理的に高める行い方があること」,「運動の組合せ方には, 効率のよい組合せとバランスのよい組合せがあること」が例示されている。

【3】(1) a ローリング　b S字プル　c キック・プルの調和　d 足首のしなやかさ　e リカバリー　(2) a 両足　b 後頭　c 膝　系…回転　グループ…回転跳び　技…台上前転

(3) a 頭　b 引き手　c 低い　d 2人1組　e ゆっくり

(4) a ヒップホップ　b まとまり　c 掛け合い　d バトル　e 体幹部(おへそ)

〈解説〉(1) aの「ローリング動作」とは, クロールや背泳ぎでのカラダの軸(頸椎)を中心に大きく傾く回転動作のことである。bについて「プ

127

ル」は手の動きのことで，「S字プル」は，「S字を書くようなプルの動作をすること」。eの「リカバリー」は，かきおわった腕を次のかきのため，再び前方に戻すこと。　(2)　回転系の技は，着手後に前転を行うもの(台上前転)，着手後に首や頭を跳び箱上に着いて腰の曲げ伸ばしを行うもの(首はね跳び，頭はね跳び)，手で支えて倒立回転跳びを行うもの(前方倒立回転跳び，側方倒立回転跳び)に分けられる。

(3)　柔道で，はじめに練習する後ろ受け身は，すべての受け身の基礎となるものなので，受け身の3要素(「しっかり畳をたたく」「ゆっくり回転する」「瞬間的に筋肉を緊張させる」)を体得させ，「しっかりと受け身の基礎を身に付けさせることが大切」とされている。　(4)　リズム系ダンスは，1998年告示の学習指導要領で新たに導入された。『表現運動系及びダンス指導の手引』では，「小学校低学年の「リズム遊び」や中学年の「リズムダンス」では，軽快なロックやサンバの曲に乗って全身で弾んで自由に踊ったり，友達と関わって踊ったりすることが中心であり，中学・高校では，ややスローなテンポのヒップホップも加えて，「全身で自由に踊る」初歩的な段階と，「まとまりをつけて踊る」発展的な段階がある」としている。

【４】(1)　①　運動やスポーツの多様性　　②　運動やスポーツの効果と学び方　　③　文化としてのスポーツの意義　　(2)　運動の学習で仲間の学習を支援する。大会や競技会の企画をしたりする。

(3)　3単位時間程度

〈解説〉(1)　「中学校学習指導要領(平成29年告示)解説　保健体育編」では，体育理論について，「第1学年で指導していた「(1)ウ　運動やスポーツの学び方」の内容を第2学年で指導する内容に整理する」とある。それとともに「第1学年において「ア(ウ)　運動やスポーツの多様な楽しみ方」を新たに示すなどした」とある。　(2)　体育の学習の中では，グループ内で役割分担をして，自分の責任を果たすこともグループを支えることの一つと考えられる。学校行事においては，体育祭や駅伝大会で実行委員をしたり，給水係になったり，準備や後片付けをした

りといったことも「支えること」と考えられる。 (3) 体育理論は，「各学年において，全ての生徒に履修させるとともに」，「授業時数を各学年で3単位時間以上配当すること」とされている。

【5】(1) 右 (2) ダブルベース (3) 刃筋 (4) 15m
〈解説〉(1) サービングサイドのスコアが，奇数のときは左サービスコートからサービスする。混同しないようにしたい。 (2) 公益財団法人日本ソフトボール協会によると，「ダブルベースは，38.1×76.2cmの大きさで，白色の部分(白色ベース)をフェア地域に，オレンジ色の部分(オレンジベース)をファウル地域に固定する」とされ，「打者が内野ゴロを打ったり，一塁でプレーが行われるときは，打者走者は原則としてオレンジベースを走り抜け，守備者は白色ベースを使用することによって，一塁での打者走者と守備者の接触する危険を回避することができる」としている。 (3) 問題文は「剣道試合審判規則」第12条である。なお，『平成30年度 中学校部活動における剣道指導の手引き』によると，「残心」とは，「打突した後に油断せず，相手のどんな反撃にも直ちに対応できるような身構えと気構え」のこと。「剣道試合・審判規則および細則では，残心のあることが有効打突の条件になっている」とある。 (4) 「競泳競技規則」の「第5条 自由形」からの出題である。背泳ぎ，バタフライも同様に15mまでである。

【6】(1) a ニ b キ c タ又はノ d タ又はノ
(2) e コ f サ g ネ (3) h イ i シ j ス
k ナ (4) l ト m カ n エ o ホ (5) p ソ
q ヘ r ヒ s ハ t ク
〈解説〉保健分野の内容については，「(2)心身の機能の発達と心の健康」を第1学年で，「(3)傷害の防止」を第2学年で，「(4)健康と環境」を第3学年で指導する。改訂されて大きく変わったのは，「(1)健康な生活と疾病の予防」を第1学年から第3学年のそれぞれの学年で指導することである。問題文の「(1)身体機能の発達」，「(2)精神機能の発達と自己形

成」は，「心身の機能の発達と心の健康」で，「(3)飲料水や空気の衛生的管理」は，「健康と環境」で，「(4)生活習慣と健康」，「(5)喫煙・飲酒・薬物乱用と健康」は，「健康な生活と疾病の予防」で取り扱う内容である。

【7】(1)　A　頭頂葉　　B　前頭葉　　C　側頭葉　　D　後頭葉
(2)　自立(自立心)　　(3)　至適範囲
〈解説〉(1)　大脳皮質は，頭頂葉，前頭葉，側頭葉，後頭葉に分けられる。問題のように機能の諸中枢が特定の部分に分布していることを大脳皮質の機能局在という。　(2)　知的機能，情意機能，社会性などの精神機能は，生活経験などの影響を受けて発達する。思春期においては，自己の認識が深まり，自己形成がなされる。　(3)　気温などが至適範囲から外れると体温調節に負担がかかり，学習や作業の効率やスポーツの成績の低下が見られるようになる。

【8】精神的疲労
〈解説〉心身に蓄積された疲労によって体の抵抗は衰え，様々な病気を引き起こす原因となる。疲労を蓄積させないためには，休養や睡眠が大切である。

【9】(1)　①　心筋梗塞　　②　狭心症　(2)　①　運動　　②　定期的　③　量　　④　頻度　　⑤　喫煙　　⑥　飲酒　　⑦　口腔　⑧　衛生
〈解説〉(1)　虚血性心疾患は，心筋に血液を送る3本の動脈(冠状動脈)が狭くなったり，塞がったりして，そこから先の心筋が酸素不足に陥る状態をいう。　(2)　日本人の大きな死亡原因となっている，がん・心臓病・脳卒中は，1950年代にはすでに成人病として注目されていたが，その後，喫煙・食生活・運動不足が強く関連していることが明らかとなり，1990年代以降からは生活習慣病と呼ばれるようになった。生活習慣病の予防には，一次予防から三次予防まである。

【10】(1) ① 一酸化炭素 ② ニコチン (2) たばこの規制に関する世界保健機関枠組条約(FCTC) (3) 受動喫煙対策

〈解説〉(1) たばこの煙のおもな有害物質には，問題の「一酸化炭素」や「ニコチン」のほかに，タール，シアン化物がある。タールは，健康な細胞をがん細胞に変化させ(発がん作用)，増殖させる(がん促進作用)ことで各種のがんを引き起こす。シアン化物は，組織吸収を妨げたり，気道の線毛を破壊したりして，慢性気管支炎や肺気腫を引き起こす。 (2) この条約は，次の6つの内容から構成されている。「職場等の公共の場所におけるたばこの煙にさらされることからの保護を定める効果的な措置をとる(受動喫煙の防止)」，「たばこ製品の包装及びラベルについて，消費者に誤解を与えるおそれのある形容的表示等を用いることによりたばこ製品の販売を促進しないことを確保し，主要な表示面の30％以上を健康警告表示に充てる」，「たばこの広告，販売促進及び後援(スポンサーシップ)を禁止し又は制限する」，「たばこ製品の不法な取引をなくするため，包装に最終仕向地を示す効果的な表示をさせる等の措置をとる」，「未成年者に対するたばこの販売を禁止するため効果的な措置をとる」，「条約の実施状況の検討及び条約の効果的な実施の促進に必要な決定等を行う締約国会議を設置する。締約国は，条約の実施について定期的な報告を締約国会議に提出する」。 (3) 「健康増進法の一部を改正する法律」の改正の趣旨は，「望まない受動喫煙の防止を図るため，多数の者が利用する施設等の区分に応じ，当該施設等の一定の場所を除き喫煙を禁止するとともに，当該施設等の管理について権原を有する者が講ずべき措置等について定める」ことである。基本的考え方として，「望まない受動喫煙をなくす」「受動喫煙による健康影響が大きい子ども，患者等に特に配慮」「施設の類型・場所ごとに対策を実施」が示されている。

【11】使用回数，使用時間，使用量

〈解説〉「中学校学習指導要領(平成29年告示)解説 保健体育編」，「第2章 保健体育科の目標及び内容」，「第2節 各分野の目標及び内容」，「2

内容」，「(1)　健康な生活と疾病の予防」に，「医薬品には，主作用と副作用があること及び，使用回数，使用時間，使用量などの使用法があり，正しく使用する必要がある」と明記されている。薬は，決められた用量以下では効果があらわれず，反対に用量以上では人体に影響を及ぼす場合もある。医薬品は，決められた用法・用量を守らなければならない。

【12】(1)　意識の有無　　(2)　首，脇の下，太腿のつけ根　　(3)　3箇所の部位の体表近くにある太い静脈を冷やすことにより，冷やされた大量の血液がゆっくり体内に戻っていくことで，体内を冷やすことができる。

〈解説〉熱中症は，暑熱環境において身体適応の障害によって生じる障害の総称である。学校の管理下における熱中症死亡事故のほとんどが，体育・スポーツ活動によるもので，それほど高くない気温(25～30℃)でも湿度が高い場合に発生している。体温の冷却はできるだけ早く行い，救命できるかどうかは，いかに早く体温を下げられるかにかかっている。

2019年度　実施問題

【中学校】

【1】次の文は，中学校学習指導要領解説－保健体育編－(平成29年7月)保健分野の内容についての解説から抜粋したものである。文中の(a)～(y)に当てはまる語句をあとの語群から選び，記号で答えなさい。( )の同じアルファベットには同じ語句が入る。

(1) 交通事故や自然災害などによる傷害の発生要因

　交通事故や自然災害などによる傷害は，(a)，(b)及びそれらの相互の関わりによって発生すること，(a)としては，人間の心身の状態や行動の仕方について，(b)としては，生活環境における施設・設備の状態や(c)などについて理解できるようにする。

(2) 交通事故などによる傷害の防止

　交通事故などによる傷害を防止するためには，(a)や(b)に関わる危険を予測し，それぞれの要因に対して適切な対策を行うことが必要であることを理解できるようにする。(a)に対しては，心身の状態や周囲の状況を把握し，判断して，安全に行動すること，(b)に対しては，環境を安全にするために，道路などの(d)などの整備，改善をすることがあることなどについて理解できるようにする。また，交通事故を防止するためには，自転車や自動車の特性を知り，(e)を守り，車両，道路，(c)などの周囲の状況に応じ，安全に行動することが必要であることを理解できるようにする。

　その際，自転車事故を起こすことによる(f)についても触れるようにする。

　なお，必要に応じて，通学路を含む地域社会で発生する(g)が原因となる傷害とその防止について取り上げることにも配慮するものとする。

(3)　自然災害による傷害の防止

　　自然災害による傷害は，例えば，地震が発生した場合に家屋の倒壊や家具の落下，転倒などによる危険が原因となって生じること，また，地震に伴って発生する，津波，土砂崩れ，地割れ，火災などの（　h　）によっても生じることを理解できるようにする。

　　自然災害による傷害の防止には，日頃から災害時の安全の確保に備えておくこと，緊急地震速報を含む（　i　）を正確に把握すること，地震などが発生した時や発生した後，周囲の状況を的確に判断し，（　j　）の安全を確保するために冷静かつ（　k　）に行動する必要があることを理解できるようにする。

　　また，地域の実情に応じて，気象災害や（　l　）災害などについても触れるようにする。

(4)　感染症の予防

　　感染症は，病原体が環境を通じて主体へ感染することで起こる疾病であり，適切な対策を講ずることにより感染のリスクを軽減することができることを，例えば，結核，コレラ，ノロウイルスによる（　m　），麻疹，風疹などを適宜取り上げ理解できるようにする。

　　病原体には，細菌やウイルスなどの微生物があるが，温度，湿度などの（　n　），住居，人口密度，交通などの（　o　），また，主体の（　p　）や栄養状態などの条件が相互に複雑に関係する中で，病原体が身体に侵入し，感染症が発病することを理解できるようにする。その際，病原体の種類によって（　q　）が異なることにも触れるものとする。

　　感染症を予防するには，消毒や殺菌等により発生源をなくすこと，周囲の環境を衛生的に保つことにより（　q　）を遮断すること，栄養状態を良好にしたり，予防接種の実施により（　r　）を付けたりするなど身体の（　p　）を高めることが有効であることを理解できるようにする。

　　また，感染症にかかった場合は，疾病から回復することはもちろん，周囲に感染を広げないためにも，できるだけ早く適切な治療を

受けることが重要であることを理解できるようにする。

(5) エイズ及び性感染症の予防

　　エイズ及び性感染症の増加傾向と青少年の感染が社会問題になっていることから，それらの疾病概念や(q)について理解できるようにする。また，感染のリスクを軽減する効果的な予防方法を身に付ける必要があることを理解できるようにする。例えば，エイズの病原体はヒト(s)ウイルス(HIV)であり，その主な(q)は(t)であることから，感染を予防するには(t)をしないこと，(u)を使うことなどが有効であることにも触れるようにする。

　　なお，指導に当たっては，発達の段階を踏まえること，学校全体で共通理解を図ること，(v)の理解を得ることなどに配慮することが大切である。

(6) 健康を守る社会の取組

　　健康の保持増進や疾病の予防には，健康的な(w)など個人が行う取組とともに，社会の取組が有効であることを理解できるようにする。社会の取組としては，地域には保健所，保健センターなどがあり，個人の取組として各機関が持つ機能を有効に利用する必要があることを理解できるようにする。その際，住民の健康診断や健康相談などを適宜取り上げ，健康増進や疾病予防についての地域の保健活動についても理解できるようにする。

　　また，心身の状態が不調である場合は，できるだけ早く医療機関で受診することが重要であることを理解できるようにする。さらに，医薬品には，主作用と(x)があること及び，使用回数，(y)，使用量などの使用法があり，正しく使用する必要があることについて理解できるようにする。

ア	免疫不全	イ	一次災害	ウ	二次災害
エ	保護者	オ	副作用	カ	感染経路
キ	免疫	ク	交通環境	ケ	生活行動
コ	自然環境	サ	環境要因	シ	物的要因
ス	人的要因	セ	迅速	ソ	使用時間

タ	自他	チ	感染性胃腸炎	ツ	歩行
テ	交通法規	ト	制動距離	ナ	抵抗力
ニ	社会環境	ヌ	危険行動	ネ	抵抗力不全
ノ	加害責任	ハ	性的接触	ヒ	気象条件
フ	地震	ヘ	火山	ホ	コンドーム
マ	犯罪	ミ	災害情報	ム	早急

(☆☆☆◎◎◎)

【2】保健・安全の学習内容について，次の(1)～(5)の問いに答えなさい。

(1) 思春期になると，性腺刺激ホルモンの作用により，生殖器の機能が発達するとともに男子は射精が，女子は月経が起こってくる。視床下部から分泌されるホルモンによりコントロールされて，性腺刺激ホルモンが分泌される器官を何というか，答えなさい。

(2) 心の健康を保つためには，自分に合ったストレスへの対処方法を身に付けることが大切である。対処方法の一つにアサーションがあるが，アサーションとはどのように自己表現を行うことか，2つ答えなさい。

(3) 教室内における二酸化炭素の濃度は，0.15%以下であることが望ましいとされていることや，一酸化炭素の許容濃度は，0.001%以下であることとされている文部科学省が定める基準を何というか，答えなさい。

(4) 水道水は法律で定められた基準(有害金属，化学物質，細菌，臭味などで50項目以上を規定)を満たしていることを科学的な方法で検査したうえで，供給されている。この検査の基準を何というか，答えなさい。

(5) 未成年の飲酒による影響として，

① 学習能力，集中力，記憶力が低下する原因は何であるか，答えなさい。

② 生殖器官のはたらきが妨げられる原因は何であるか，答えなさい。

(☆☆☆◎◎◎)

【3】薬物乱用とは，1回の使用でも乱用というが，薬物乱用の悪循環は次のような仕組みで進んでいく。薬物依存には2つあるが，何依存というか2つ答えなさい。

薬物乱用 → 薬がきれる → 依存症状 → 精神的苦痛，
身体的苦痛 → 薬物探索活動 → さらなる薬物乱用

(☆☆☆◎◎◎)

【4】応急手当について，次の(1)～(2)の問いに答えなさい。

(1) 厚生労働省の救急蘇生法の指針では，傷病者の命を救い，社会復帰に導くために必要となる一連の行いを「救命の連鎖」といい，4つの輪で成り立っている。①の輪から③の輪までは，その場に居合わせた人により行われることであり，④と⑤の輪は救命救急士や医師が行うことである。①～⑤の輪の項目を答えなさい。

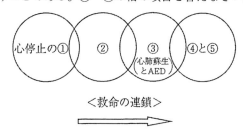

＜救命の連鎖＞

(2) AEDを使用することが適切な場合の心臓の状態について，心停止している原因とともに答えなさい。また，AEDを使用する目的には，無脈性電気活動(PEA)以外の原因で，正常に動いていない心臓に何を行うことが重要であるのか，答えなさい。

(☆☆☆◎◎◎)

【5】「六つの基礎食品と三色食品群」(農林水産省－実践食育ナビー)によると，栄養素には6つの食品群があり，食事によっていろいろな栄養素を取り入れることができる。

①～③にあてはまる語句を答えなさい。

1・2類	赤（　　①　　）もとになる
3・4類	緑（　　②　　）もとになる
5・6類	黄（　　③　　）のもとになる

(☆☆☆◎◎◎)

【6】アレルギーについて，次の(1)～(2)問いに答えなさい。
  (1) アレルギー物質が体内に入ると，どんな反応に基づき全身的または局所的にさまざまな症状を起こすのか，反応の名称を答えなさい。
  (2) アレルギー反応により，皮膚症状，消化器症状，呼吸器症状が複数同時かつ急激に出現した状態を何というか，答えなさい。

(☆☆☆◎◎◎)

【7】次の文は，中学校学習指導要領解説－保健体育編－(平成29年7月)の体育分野の目標「第3学年」から抜粋したものである。文中の(a)～(z)に当てはまる語句をあとの語群から選び，記号で答えなさい。(　　)の同じアルファベットには同じ語句が入る。

> (1) 運動の(a)的な実践を通じて，運動の(b)や喜びを味わい，(c)にわたって運動を豊かに実践することができるようにするため，運動，体力の必要性について理解するとともに，基本的な技能を身に付けるようにする。
> (2) 運動についての自己や仲間の(d)を発見し，(a)的な解決に向けて思考し判断するとともに，自己や仲間の考えたことを(e)に伝える力を養う。
> (3) 運動における競争や(f)の経験を通して，(g)に取り組む，(h)に協力する，自己の(i)を果たす，(j)する，一人一人の(k)を大切にしようとするなどの意欲を育てるとともに，健康・安全を確保して，(c)にわたって運動に親しむ態度を養う。

  この目標は，中学校第3学年における「知識及び技能」，「思考力，

138

判断力，表現方等」，「学びに向かう力，人間性等」の育成を目指す資質・能力を示したものであるが，生徒が運動の(a)的な実践を通して，運動の(b)や喜びを味わうとともに，これまで学習した知識や技能を身に付け，義務教育の修了段階において，(c)にわたって運動を豊かに実践することができるようにすることを目指したものである。

次に，第3学年の体育分野の目標で新たに示された部分を解説すると次のとおりである。

(1)の運動の(b)や喜びを味わいとは，それぞれの運動が有する特性や(l)に応じて，運動を楽しんだり，その運動の特性や(l)に触れたりすることが大切であることを示したものである。第3学年では，第1学年及び第2学年での全ての領域の学習の経験を踏まえ，更に(m)したい領域，新たに挑戦したい領域，(d)を克服したい領域など，選択した領域に応じて運動の(b)や喜びを味わうことが大切であることを示している。

(c)にわたって運動を豊かに実践することができるようにするとは，高等学校との(n)の段階のまとまりを踏まえて，卒業後も運動やスポーツに(o)な形で関わることができるようにすることを目指し，第3学年では，自己に適した運動の経験を通して，義務教育の修了段階においての「(c)にわたって運動を豊かに実践する」ための基礎となる知識や技能を身に付け，選択した運動種目等での運動実践を深めることができるようにすることを示している。

体力の必要性について理解するとは，第3学年では，興味，関心，運動習慣等の個人差を踏まえ，運動に積極的に取り組む者とそうでない者，それぞれに応じて体力の向上を図る能力を育てることの大切さを示したものである。義務教育の修了段階においては，体力の向上を図る能力として，運動に関連して高まる体力やその高め方を理解するとともに，(p)に適した運動の計画を立て取り組むことができるようにすることが大切である。

　(2)の運動についての自己や仲間の(d)を発見しとは，各領域特有の特性や(l)に応じた自己や仲間の(d)を発見することを示している。第3学年では，よい動きやつまずきのある動きの(q)と自己の動きを比較して(d)を発見したり，活動を振り返るなどして(d)を発見したりすることなどができるようにする。

　(a)的な解決に向けて思考し判断するとは，運動の行い方や練習の仕方，仲間との関わり方，健康・安全の確保の仕方，運動の継続の仕方など，これまで学習した運動に関わる一般原則や運動に伴う事故の防止等の(r)的な知識や技能を，自己や仲間の(d)に応じて，学習場面に適用したり，応用したりすることを示している。第3学年では，これまで学習した知識や技能を活用して，自己や仲間の(d)に応じた運動の取り組み方を工夫することができるようにする。

　(3)の(g)に取り組むとは，運動独自のルールや仲間を(s)するなどのマナーを大切にしようとする意思をもつことが大切であることを示している。

　(h)に協力するとは，(t)的な学習を進めるため，仲間と助け合ったり教え合ったりするなど仲間や組んだ相手と(t)的に関わり合おうとする意思をもつことが大切であることを示している。

　自己の(i)を果たすとは，記録会や試合，発表会などを(t)的に進める上で，仲間と合意した役割に(i)をもって(t)的に取り組もうとする意思が大切であることを示している。

　(j)するとは，グループの(d)などの話合いなどで，自らの意思を伝えたり，仲間の(u)を聞き入れたりすることを通して，仲間の(v)に配慮して(w)形成を図ろうとするなどの意思をもつことが大切であることを示している。

　一人一人の(k)を大切にしようとするとは，体力や技能の程度，性別や(x)の有無等にかかわらず，人には違いがあることに配慮し，よりよい環境づくりや活動につなげようとすることに(t)的に取り組もうとする意思をもつことが大切であることを示したものである。

健康・安全を確保してとは，(t)的に取り組む(c)スポーツの実践場面を(y)して，体調に応じて運動量を調整したり，仲間や相手の技能・体力の程度に配慮したり，用具や場の安全を確認するなどして，自己や仲間のけがや事故の危険性を最小限にとどめるなど自ら健康・安全を確保できるようにする態度の育成が重要であることを示したものである。

(c)にわたって運動に親しむ態度を養うとは，第3学年で義務教育段階が修了となることから，これまでの学習を踏まえて身に付けさせたい運動への(z)的な態度を示したものである。

ア	多様	イ	追求	ウ	参画	エ	合理	オ	課題
カ	自主	キ	論理	ク	愛好	ケ	事例	コ	称賛
サ	楽しさ	シ	互い	ス	個性	セ	協働	ソ	生涯
タ	目的	チ	意欲	ツ	合意	テ	公正	ト	魅力
ナ	責任	ニ	科学	ヌ	意見	ネ	想定	ノ	感情
ハ	障害	ヒ	他者	フ	基礎	ヘ	違い	ホ	発達

(☆☆☆◎◎◎)

【8】スポーツの競技規則に定められた内容について，次の(1)～(5)の問いに答えなさい。

(1) バスケットボールにおいて，コート上のプレーヤー同士の体のふれあいによる反則を何というか，答えなさい。

(2) 陸上競技のリレーにおいて，バトンを受け渡すことができる場所の正式な名称を答えなさい。また，4名×200mまでのリレーでは，次の走者は，バトンを受け渡すことができる場所の手前何m以内の地点からスタートしてもよいか，答えなさい。

(3) 走り幅跳びの計測の仕方は，砂場に残ったあとのうち，ふみ切り線に最も近いところからふみ切り線に対してどのように計測するか，答えなさい。

(4) ソフトテニスのサービスが，直接正しくサービスコートに入らなかった場合や，サービスを行う時に，トスしたボールを打たなかっ

た場合の反則名を答えなさい。

(5)　柔道で，技並びに動作等に関する禁止事項と反則の判定基準の中で，相手と取り組まず勝負をしようとしない(約20秒間)場合や，組んでも切り離す動作を繰り返すことをした場合など，軽微な禁止事項を犯した場合には，どのような罰則が与えられるか，答えなさい。

(☆☆☆◎◎◎)

【9】柔道について，次の(1)～(2)の問いに答えなさい。

(1)　「柔道指導の手引き(三訂版)」(文部科学省　平成25年3月)に示された，系統別の投げ技の分類で，a～cの技に当てはまる全ての技を下の語群より選び，記号で答えなさい。

　　a　支え系の技　　b　刈り系の技　　c　まわし系の技
　　　　ア　大腰　　　　　　イ　ひざ車　　　ウ　大内刈り
　　　　エ　体落とし　　　　オ　払い腰　　　カ　大外刈り
　　　　キ　背負い投げ　　　ク　小内刈り　　ケ　支えつり込み足

(2)　「柔道指導の手引き(三訂版)」(文部科学省　平成25年3月)に示された，柔道のかかり練習の方法について，どのような姿勢や体の状態で練習を行うのか，2つ答えなさい。

(☆☆☆◎◎◎)

【10】マット運動の技能について，中学校学習指導要領解説－保健体育編－(平成29年7月)に示されている内容から，次の(1)～(2)の問いに答えなきい。

(1)　図の技の技群とグループを何というか，答えなさい。

　図

技の進行方向　⟶

(2)　上の図の「基本的な技」から「姿勢，手の着き方や組合せの動き

などの条件を変えた技」を経た後に「4分の1ひねりを加える発展技」の名称を答えなさい。

(☆☆☆◎◎◎)

【11】スポーツの技能について，次の(1)～(4)の問いに答えなさい。
 (1) 水泳授業におけるスタートの指導での留意点について，どのような点に配慮するのか，2つ答えなさい。
 (2) バレーボールのアンダーハンドパスで，ボールを前方にとばせない技術的な原因は何か，答えなさい。
 (3) バスケットボールにおいて，チームメイトのためにかべとなって相手プレーヤーをさえぎり，その隙にスペースを利用して攻撃する方法の名前を答えなさい。
 (4) 創作ダンスにおいて，個性を生かした作品をつくるうえで，展開例として個と何の動きを組み合わせて表現するか，答えなさい。

(☆☆☆◎◎◎)

【12】文化としてのスポーツの意義について，中学校学習指導要領解説－保健体育編－(平成29年7月)で示されている内容から，次の(1)～(3)に当てはまる語句を答えなさい。
 オリンピック・パラリンピック競技大会や国際的なスポーツ大会などは，世界中の人々にスポーツのもつ(1)的な意義や(2)的な価値を伝えたり，人々の(3)を深めたりすることで，国際親善や世界平和に大きな役割を果たしていることを理解できるようにする。

(☆☆☆◎◎◎)

【13】フライングディスクやブラインドサッカーやユニカールなどのユニバーサルスポーツでは，どのような点に工夫がされているか，対象者やねらいを含めて答えなさい。

(☆☆☆◎◎◎)

【14】保健分野の内容である「欲求やストレスの対処と心の健康」につい
　　ては，体育分野と関連を図って指導するものである。関連を図る体育
　　分野の運動内容について，次の(1)及び(2)の問いに答えなさい。
　(1)　上の保健分野の単元と関連を図る，手軽な運動や律動的な運動を
　　　行う体つくり運動の中の運動名を答えなさい。
　(2)　(1)の運動内容には，どのようなねらいがあるか，指導内容を3つ
　　　答えなさい。

　　　　　　　　　　　　　　　　　　　　　　　　(☆☆☆◎◎◎)

解答・解説

【中学校】

【1】(1) a　ス　　b　サ　　c　ヒ　　(2) d　ク　　e　テ　　f　ノ
g　マ　　(3) h　ウ　i　ミ　j　タ　k　セ　l　ヘ
(4) m　チ　　n　コ　　o　ニ　　p　ナ　　q　カ　　r　キ
(5) s　ア　　t　ハ　　u　ホ　　v　エ　　(6) w　ケ　　x　オ
y　ソ
〈解説〉(1)(2)(3)　学習指導要領解説(平成29年7月)の保健分野の「2内容
(3) 傷害の防止」の解説内容である。「傷害の防止」の内容は，交通事
故や自然災害などによる傷害は人的要因，環境要因及びその相互の関
わりによって発生すること，交通事故などの傷害の多くはこれらの要
因に対する適切な対策を行うことによって防止できること，また，自
然災害による傷害の多くは災害に備えておくこと，災害発生時及び発
生後に周囲の状況に応じて安全に行動すること，災害情報を把握する
ことで防止できること，及び迅速かつ適切な応急手当は傷害の悪化を
防止することができることなどの知識及び応急手当の技能と，傷害の
防止に関する課題を解決するための思考力，判断力，表現力等を中心
として構成していることが示されている。　(4)(5)(6)　同解説の「2内

容 (1) 健康な生活と疾病の予防 (オ) 感染症の予防」の解説内容である。「健康な生活と疾病の予防」の中で「感染症の予防」に関連した解説としては，疾病は主体と環境が関わりながら発生するが，それらの要因に対する適切な対策，例えば，感染症への対策や保健・医療機関や医薬品を有効に利用することなどによって予防できること，社会的な取組も有効であることなどの知識と健康な生活と疾病の予防に関する課題を解決するための思考力，判断力，表現力等を中心として構成していることが示されている。前後の文脈からも判断できそうであるが，学習指導要領解説及び教科書をよく読み理解を深めておくことが大切である。

【2】(1)　下垂体(脳，視床下部は不可)　　(2)　・自分の気持ちを率直に表現する。　　・自分の気持ちを感情的にならずに表現する。
(3)　学校環境衛生基準　　(4)　水質基準　　(5)　①　脳の萎縮
②　性ホルモンの分泌異常

〈解説〉(1)　性腺刺激ホルモンは，視床下部から命令が出ることにより下垂体から分泌される。　(2)　アサーションとは，自分の意見や気持ちを率直に表現するとともに，相手の意見や気持ちも大切にして，コミュニケーションを図ることで，コミュニケーションスキルの一つである。　(3)　学校環境衛生基準は学校の空気，照明，騒音，室温などを適切に保つために文部科学省が定めた基準である。学校保健安全法第6条第1項の規定に基づき，平成21(2009)年から施行された。
(4)　学校の水道水は学校の責任において管理を行い，学校環境衛生基準に定める飲料水としての水質基準に適合するように努めなければならない。　(5)　脳が成長している未成年の時期に飲酒をすると，脳の発達に影響し，脳の神経細胞を破壊し，脳の萎縮を早くもたらす危険がある。また，多量飲酒によって二次性徴に必要な性ホルモンの分泌異常をもたらすことがある。

【3】　・精神依存　　　・身体依存

〈解説〉薬物に対する強烈な摂取欲求が生じることを「精神依存」，手の
　　ふるえや下痢等の離脱症状が発現することを「身体依存」と言う。身
　　体の苦痛や不快な状態(身体依存)から逃れるために，薬物の摂取欲求
　　(精神依存)が増強されてしまう。学習指導要領解説　保健体育編　保
　　健分野　2　内容　(1)「健康な生活と疾病の予防(1)　ア　(エ)　喫煙，
　　飲酒，薬物乱用と健康」の内容に係る知識についての出題である。教
　　科書や資料等で内容に関する基礎的な知識を学習しておきたい。

【4】(1)　①　予防　　　②　心停止の早期認識と通報　　　③　一次救命
　　処置　　　④　二次救命処置　　　⑤　心拍再開後の集中治療
　　(2)　状態…心臓がふるえて(心室細動)，血液を送ることができなくな
　　った状態である。　　　目的…心臓がふるえる(心室細動)ことを取り除
　　き，心臓を正常な状態に戻す(除細動)。

〈解説〉(1)　救命の連鎖は4つの輪が途切れることなくすばやくつながる
　　ことで救命効果が高まる。　　(2)　突然の心停止は心臓がブルブルと細
　　かくふるえる「心室細動」によって生じることが多い。AEDは自動体
　　外式除細動器のことで，心臓に電気ショックを与えて心臓のふるえを
　　取り除く「除細動」を行う。厚生労働省の「救急蘇生法の指針2015」
　　からの出題である。概略だけでも確認しておく必要がある。

【5】①　からだをつくる　　　②　からだの調子を整える　　　③　エネル
　　ギー

〈解説〉六つの基礎食品は，第1類が魚，肉，卵，大豆。第2類が牛乳・乳
　　製品，骨ごと食べられる魚。第3類が緑黄色野菜。第4類がその他の野
　　菜，果物。第5類が米，パン，めん類，いも。第6類が油脂類である。
　　三色食品群は，第1類・第2類が赤(からだをつくるもとになる)，第3
　　類・第4類が緑(からだの調子を整えるもとになる)，第5類・第6類が黄
　　(エネルギーのもとになる)である。学習指導要領解説　保健体育編
　　保健分野　2　内容　(1)「健康な生活と疾病の予防(1)　ア　(ウ)生活

習慣と健康」の指導内容に係り，農林水産省の実践食育ナビからの出題である。

【6】(1) 免疫反応(からだの抵抗力)　(2) アナフィラキシー
〈解説〉(1) 免疫反応とは，ウイルスや細菌などの異物が身体に侵入してきたときに，体内に抗体が作られ，それらの異物を排除しようとする仕組みのことである。しかしアレルギー反応では，ヒトの身体に害を与えない食べ物や花粉などの物質に対しても反応してしまい，逆に身体を傷つけてしまうのである。　(2) アナフィラキシーとは，アレルギー物質が体内に入ることにより，皮膚・粘膜症状(発疹など)，呼吸器症状(呼吸困難など)，循環器症状(血液低下など)，消化器症状(嘔吐など)のうち，二つ以上の重い症状を同時にひき起こしたものを指す。血圧が下がり，意識がもうろうとした症状が見られたら，アナフィラキシーショックという生命に危険が生じた状態で，速やかな処置と治療が必要となる。

【7】a エ　b サ　c ソ　d オ　e ヒ　f セ　g テ　h シ　i ナ　j ウ　k ヘ　l ト　m イ　n ホ　o ア　p タ　q ケ　r ニ　s コ　t カ　u ヌ　v ノ　w ツ　x ハ　y ネ　z ク
〈解説〉学習指導要領解説(平成29年7月)からの出題である。「運動の合理的な実践」「生涯にわたって運動を豊かに実践」「自己や仲間の課題」「他者に伝える力」「運動における競争や協働の経験」「公正に取り組む，互いに協力する，自己の責任を果たす，参画する，一人一人の違いを大切にしようとする」「科学的な知識や技能」などのキーワードとなる言葉は覚えておくとともに，その内容の理解を深めておくことが大切である。また，第1学年及び第2学年との違いも明確にしておきたい。(以下にその対比を示す。)

　　　　　　「第3学年」　　　　　　　　　　　「第1学年及び第2学年」
○「生涯にわたって運動を豊かに実践」⇔「運動を豊かに実践」

147

○「自己や仲間の課題」　　　　　　⇔「自己の課題」
○「自己の責任を果たす，参画する」　⇔「自己の役割を果たす」
○「生涯にわたって運動に親しむ態度」⇔「自己の最善を尽くして運動する態度」

【8】(1)　パーソナルファウル　　(2)　名称…テークオーバーゾーン
地点…10m以内の地点　　(3)　直角に計測する。または最短で計測す
る。　　(4)　フォールト　　(5)　指導
〈解説〉(1)　パーソナルファウルとは，プレーヤー同士の接触によるフ
ァウルの総称である。　　(2)　2017年度の日本陸上競技連盟競技規則で
は，テークオーバーゾーンは20mでその10m前からブルーゾーン(加速
ゾーン)が認められている。なお，2018年度からは，ブルーゾーンがな
くなりテークオーバーゾーンが30mとなっている。　　(3)　日本陸上競
技連盟競技規則では，走り幅跳びの計測は，踏切線もしくはその延長
線に対して直角に行うと示されている。　　(4)　ソフトテニスでは，サ
ービスが相手のサービスコートに入らなかった時，トスを上げて打た
なかった時，ラケットにボールが当たる前に足がベースラインを踏ん
でいた時などがフォールトとなり，サービスのやり直しとなる。2回
失敗するとダブルフォールトで，失点する。　　(5)　「指導」となる基
準には，約20秒間相手と取り組まず勝負をしようとしない場合や，極
端な防御姿勢を6秒以上取り続ける場合などがある。国際柔道連盟が
定めるルールでは，「指導」を受けた回数によって，2度目は「有効」，
3度目は「技あり」の得点が相手に入り，4度重ねると「反則負け」と
なる。

【9】(1)　a　イ，ケ　　b　ウ，カ，ク　　c　ア，エ，オ，キ
(2)　姿勢…立ったままでいる相手に技をかける固定姿勢
体の状態…押す，引き出すなど移動をしながら技をかける。
〈解説〉(1)　「刈り系の技」には他に，送り足払い，「まわし系の技」に
は他に，つり込み腰，跳ね腰，内股がある。　　(2)　「固定姿勢」では，
立ったままでいる相手に技をかける。最初はゆっくりと正確にかけて

要点と技のかたちを覚え，次第に速さと強さを増していく。「移動し
ながら」では，相手を1，2歩押し，あるいは引き出す移動の中で技を
かける。正確さとスピードを高め，技をかけるタイミングとそれに伴
う体の動きを身に付けるようにする。次の段階では，歩み足や継ぎ足
を利用して，移動範囲を広げ，約束練習に近づけるようにする。「学
校体育実技指導資料集第2集　柔道指導の手引(三訂版)」(文部科学省)，
第4章「技能指導の要点」及び第5章「練習法と試合」からの出題であ
る。学習指導要領解説の考え方に基づき，崩しや体さばき，受け身の
とり方が同系統の技を，支え技系，まわし技系，刈り技系，払い技系，
捨て身技系として示しているので，読んで理解を深めておきたい。

【10】(1)　技群…ほん転　　グループ…倒立回転・倒立回転跳び
(2)　側方倒立回転跳び1／4ひねり(ロンダート)
〈解説〉(1)　「ほん転」とは，ひっくり返るという意味で，手や足だけマ
ットに接して回転する技群をほん転技群と言う。背中をマットに接し
て回転する接転技群と区別している。また，グループは「接転」，「ほ
ん転」，「平均立ち」のそれぞれの技群の最も基本的な技でグループ分
けしている。　(2)　側方倒立回転跳び1／4ひねりは，ほん転技群の倒
立回転・倒立回転跳びグループの発展技の1つである。この技の基本
的な技は側方倒立回転である。「系」，「技群」，「グループ」といった
言葉の理解と，それぞれの技の名称や内容について理解をしておくこ
とが大切である。

【11】(1)　・水中からのスタートのみを指導する。　　・跳び込みによ
るスタート指導は，行わない。　　(2)　体がのけぞるようにして，両
手を振り上げる。　　(3)　スクリーンプレイ　　(4)　群(小群，大群)
〈解説〉(1)　スタートについては，安全の確保が重要となることから，
「水中からのスタート」を取り上げることとしている。　(2)　体がの
けぞり，体重移動ができない，ボールの芯にあたっていない，サーブ
トスが高すぎるなどの原因が考えられる。　(3)　スクリーンプレイと

149

は，オフェンスの選手が味方の選手のために，自分の体を壁(スクリーン)となって攻撃する方法である。　(4)　創作ダンスにおける個や群での動きとは，即興的に表現したり作品にまとめたりする際のグループにおける個人や集団の動きを示している。

【12】(1)　教育　　(2)　倫理　　(3)　相互理解

〈解説〉学習指導要領解説(平成29年7月)において，「H　体育理論」の第3学年　文化としてのスポーツの意義　ア　知識「ア　文化としてのスポーツの意義について理解すること」の「(イ)　オリンピックやパラリンピック及び国際的なスポーツ大会などは，国際親善や世界平和に大きな役割を果たしていること」についての解説文である。文化としてのスポーツが世界中に広まっていることによって，現代生活の中で重要な役割を果たしていることなどの現代スポーツの価値について理解できるようにする必要があることが同解説に示されている。

【13】高齢者，障がい者やスポーツの不得意な人など，全ての人々が一緒に参加し活動できるようにルールや用具などを工夫する。

〈解説〉ユニバーサルスポーツとは，障がいの有無や年齢，スポーツの得意不得意などに関係なく，すべての参加者が一緒に活動できるスポーツである。体力や体格などで有利な人だけが活躍するのではなく，だれでも同じように得点獲得や勝敗にかかわることができるようルールや用具などを工夫している。

【14】(1)　体ほぐしの運動　　(2)　「手軽な運動」，「心と体の関係や心身の状態に気付き」，「仲間と積極的に関わり合う」

〈解説〉(1)　「欲求やストレスの対処と心の健康」については，学習指導要領解説(平成29年7月)の「(保健分野)　3　内容の取扱い」に，「体育分野の内容の「A体つくり運動」の(1)のア(体ほぐしの運動)の指導との関連を図って指導するものとする」と明記されている。　(2)　学習指導要領(平成29年3月告示)の「第2章第7節第2の2　内容 A 体つくり運

動(1)ア」には,「体ほぐしの運動では,手軽な運動を行い,心と体との関係や心身の状態に気付き,仲間と積極的に関わり合うこと」と明記されている。保健分野と体育分野の両方に関わる問題であるが,関連を図って指導する内容として双方を学習指導要領及び同解説で確認して関連性を明らかにしておくことが大切である。

2018年度　実施問題

【中学校】

【１】次の文は，中学校学習指導要領解説―保健体育編―(平成20年9月)
「第2章　保健体育科の目標及び内容　第1節　教科の目標及び内容
1　教科の目標」から抜粋したものである。各問いに答えなさい。

　　次に，保健体育科の目標に示された各部分を解説すると次の
とおりである。

　　「心と体を一体としてとらえ」とは，生徒の心身ともに健全
な発達を促すためには心と体を一体としてとらえた指導が重
要であることから，引き続き強調したものである。すなわち，
心と体の発達の状態を踏まえて，運動による心と体への効果
や健康，特に心の健康が運動と密接に関連していることなど
を理解することの大切さを示したものである。そのためには，
「体ほぐしの運動」など具体的な活動を通して心と体が深くか
かわっていることを体得するよう指導することが必要である。

　　「【　①　】」とは，運動の特性とその特性に応じた行い方や
運動することの(a)と効果，運動の原則などについて
(b)に理解できるようにすることである。また，心身の機
能の発達と心の健康，健康と環境，傷害の防止及び健康な生
活と疾病の予防など，心身の健康の保持増進について(b)
な原理や原則に基づいて理解できるようにすることである。

　　「【　②　】」とは，発達の段階や運動の特性や魅力に応じて，
運動にかかわる一般原則や運動に伴う事故の防止等などを
(b)に理解し，それらを(c)して運動を実践することを
意味している。

　　「【　③　】」とは，それぞれの運動が有する特性や魅力に応
じて，その楽しさや喜びを味わおうとするとともに，(d)

152

に取り組む，互いに協力する，自己の責任を果たす，参画するなどの(e)や健康・安全への(f)，運動を合理的に実践するための運動の(g)や知識，それらを運動実践に(c)するなどの思考力，判断力などを指している。これらの資質や能力を育てるためには，体を動かすことが，(h)や知的な発達を促し，集団的活動や身体(i)などを通じてコミュニケーション能力を育成することや，(j)を立てて練習や作戦を考え，改善の方法などを互いに話し合う活動などを通じて(k)思考力をはぐくむことにも資することを踏まえ，運動の楽しさや喜びを味わえるよう基礎的な運動の(g)や知識を確実に身に付けるとともに，それらを(c)して，自らの運動の課題を解決するなどの学習をバランスよく行うことが重要である。

　このことにより，学校の教育活動全体に運動を積極的に取り入れ，実生活，実社会の中などで生かすことができるようにすることを目指したものである。

　「【 ④ 】」とは，健康・安全について(b)に理解することを通して，心身の健康の保持増進に関する内容を単に知識として，また，記憶としてとどめることではなく，生徒が現在及び将来の生活において健康・安全の課題に直面した場合に，(b)な思考と正しい判断の下に(l)決定や(m)選択を行い，適切に実践していくための思考力・判断力などの資質や能力の基礎を育成することを示したものである。

　「【 ⑤ 】」とは，運動を適切に行うことによって，自己の状況に応じて体力の向上を図る能力を育て，心身の(n)発達を図ることである。そのためには，体育分野で学習する運動を継続することの意義や体力の高め方などや保健分野で学習する心身の健康の保持増進に関する内容をもとに，自己の体力の状況をとらえて，目的に適した運動の計画を立て取り組むことができるようにすることが必要である。

　「【　⑥　】」とは，生涯にわたる豊かなスポーツライフを実現するための資質や能力，健康で安全な生活を営むための思考力・判断力などの資質や能力としての実践力及び健やかな心身を育てることによって，現在及び将来の生活を健康で活力に満ちた明るく豊かなものにするという教科の究極の目標を示したものである。

(1)　文中の【　①　】～【　⑥　】に当てはまる語句を下記から選び，記号で答えなさい。

ア　運動の合理的な実践

イ　健康の保持増進のための実践力の育成

ウ　明るく豊かな生活を営む態度を育てる

エ　生涯にわたって運動に親しむ資質や能力

オ　運動や健康・安全についての理解

カ　体力の向上を図り

(2)　文中の(　a　)～(　n　)に当てはまる語句を次の語群から選び，記号で答えなさい。(　　)の同アルファベットは同じ語句である。

ア　意欲	イ　関心	ウ　態度	エ　思考
オ　判断	カ　科学的	キ　物理的	ク　個人的
ケ　論理的	コ　社会的	サ　調和的	シ　総合的
ス　活動的	セ　心	ソ　身体	タ　意思
チ　活用	ツ　体力	テ　意義	ト　公正
ナ　公平	ニ　表現	ヌ　行動	ネ　情緒面
ノ　心理面	ハ　精神面	ヒ　知識	フ　技能
ヘ　言語	ホ　筋道		

(☆☆☆◎◎◎)

【２】次の文は，中学校学習指導要領解説―保健体育編―(平成20年9月)保健分野の内容についての解説から抜粋したものである。文中の(　①　)～(　⑫　)に当てはまる語句を後の語群から選び，記号で答え

なさい。(　　　)の同数字は同じ語句である。

---

(1)　(イ)　欲求やストレスへの対処と心の健康

　　心の健康を保つには，欲求やストレスに適切に対処することが必要であることを理解できるようにする。

　　欲求には，(　①　)な欲求と(　②　)，(　③　)な欲求があること，また，精神的な安定を図るには，欲求の実現に向けて取り組んだり，自分や周囲の状況からよりよい方法を見付けたりすることなどがあることを理解できるようにする。

　　また，ここでいうストレスとは，外界からの様々な(　④　)により心身に負担がかかった状態であることを意味し，ストレスを感じることは，自然なことであること，個人にとって(　⑤　)なストレスは，精神発達上必要なものであることを理解できるようにする。

　　ストレスへの適切な対処には，コミュニケーションの方法を身に付けること，体ほぐしの運動等でリラクゼーションの方法を身に付けること，趣味をもつことなど自分自身でできることがあること，また，友達や周囲の大人などに話したり，相談したりするなどいろいろな方法があり，自分に合った対処法を身に付けることが大切であることを理解できるようにする。

(2)　ア　健康の成り立ちと疾病の発生要因

　　健康は，(　⑥　)と(　⑦　)を良好な状態に保つことにより成り立っていること，また，健康が阻害された状態の一つが疾病であることを理解できるようにする。

　　また，疾病は，(　⑥　)の要因と(　⑦　)の要因とが相互にかかわりながら発生することを理解できるようにする。その際，(　⑥　)の要因には，年齢，性，免疫，遺伝などの(　⑧　)と，生後に獲得された食事，運動，休養及び睡眠を

含む生活上の様々な(⑨)や(⑩)などがあること理解できるようにする。(⑦)の要因には，温度，湿度や有害化学物質などの(⑪)・化学的環境，ウイルスや細菌などの(⑫)環境及び人間関係や保健・医療機関などの(③)環境などがあることを理解できるようにする。

ア	主体	イ	人的	ウ	環境	エ	生物学的
オ	生理的	カ	物理的	キ	社会的	ク	心理的
ケ	調和的	コ	原因	サ	要因	シ	素因
ス	刺激	セ	問題	ソ	行動	タ	思考
チ	表現	ツ	適応	テ	活動	ト	健康
ナ	快	ニ	不快	ヌ	適度	ネ	過度
ノ	習慣						

(☆☆☆◎◎◎)

【3】「救急蘇生法の指針2015(市民用)　監修：日本救急医療財団心肺蘇生法委員会　厚生労働省」の市民による心肺蘇生法の主な変更点についての資料である。文中の(①)～(⑧)に当てはまる語句や数字を，答えなさい。(　)の同数字は同じ語句である。

主に市民による心肺蘇生法の主な変更点

・119番通報により，救急車を呼ぶだけではなく，電話で(①)の判断についての助言や(②)の指導を受けることの大切さを強調した。

・(③)をしているかどうかわからないなど，(①)かどうかの判断に自信が持てなくても，(①)でなかった場合を恐れずに，直ちに心肺蘇生と(④)の使用を開始することを強調した。

・すべての市民が，(①)の疑われるすべての傷病者に対して(②)を行うこととしたうえで，訓練を受けておりその

技術と意思のある場合は，（　⑤　）も行うべきとした。

・良質な（　②　）を重視し，約（　⑥　）cmの深さと1分間に（　⑦　）～（　⑧　）回のテンポで絶え間なく行うこととした。

・小児と成人の差異を意識させないことを明確にした。一方，乳児についての記載を充実し，乳児に接する機会の多い市民が（　⑤　）の技能も習得することの重要性に言及した。

(☆☆☆○○○)

【4】保健・安全の学習内容に関連した，各問いに答えなさい。

(1)　平成27年10月から施行された「京都市廃棄物の減量及び適正処理等に関する条例」の愛称名を答えなさい。

(2)　次の図のように，1件の大きな事故・災害の裏には，29件の軽微な事故・災害，そして300件のヒヤリ・ハットがあるとされる。事故災害防止の考え方である法則の名称を答えなさい。

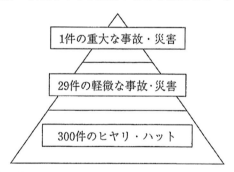

1件の重大な事故・災害

29件の軽微な事故・災害

300件のヒヤリ・ハット

(3)　次の①～④に該当する略称を，例にならってアルファベットで答えなさい

例　性感染症→解答：STD・STI

①　ヒト免疫不全ウイルス

②　心的外傷後ストレス障がい

③　慢性閉塞性肺疾患

④　世界保健機関

(4)　感染症において，感染から発病するまでの期間を何というか，答えなさい。

(5)　「自分自身の健康に責任を持ち，軽度の身体の不調は自分で手当てをすること。」と世界保健機関が定義している考え方を何というか，答えなさい。

(6)　突然の心停止直後に，しゃくりあげるような途切れ途切れの呼吸が見られることが多くあります。この呼吸を何というか，答えなさい。

(☆☆☆◎◎◎)

【5】次の表は中学校学習指導要領解説―保健体育編―(平成20年9月)の体育分野の「陸上競技」の「第1学年及び第2・第3学年　1　技能」について抜粋したものである。各問いに答えなさい。

[第1学年及び第2学年]

(1)　短距離走・リレー

短距離走・リレーでは，自己の最大スピードを高めたり，スピードを生かしたバトンパスでリレーをしたりして，個人やチームのタイムを短縮したり，競走したりできるようにする。

「【　①　】」とは，腕振りと脚の動きを(　a　)させた全身の動きである。

～中略～

〈例示〉

・(　b　)スタートから徐々に上体を起こしていき(　c　)すること。

・自己に合った(　d　)と(　e　)で速く走ること。

・リレーでは，前走者の渡す前の合図と，次走者のスタートの(　f　)を合わせて，バトンの受け渡しをすること。

158

(2) 長距離走

〜略〜

(3) ハードル走

　　ハードル走では，ハードルを越えながら(g)を一定の
リズムで走り，タイムを短縮したり，競走したりできるよ
うにする。

　　「【 ② 】」とは，(g)における素早い(d)の走りの
ことである。

　　「【 ③ 】」とは，(g)で得たスピードで踏み切って，
余分な(h)をかけずそのままのスピードでハードルを走
り越えることである。

　　〜中略〜

〈例示〉

・(g)を3〜5歩で(i)に走ること。

・(j)から踏み切り，勢いよくハードルを走り越すこと。

・(k)の膝を折りたたんで横に寝かせて前に運ぶなどの
　動作でハードルを越すこと。

[第3学年]

(1) 短距離走・リレー

　　短距離走・リレーでは，(l)的な(m)を身に付けた
り，個人やリレーチームのタイムを短縮したり，競走した
りできるようにする。

　　「【 ④ 】」とは，スタートダッシュでの(c)を終え，
ほぼ定速で走る区間の走りのことである。

　　「【 ⑤ 】」とは，スタートダッシュからの(c)に伴っ
て動きを変化させ滑らかに【 ④ 】につなげることであ
る。

　　〜中略〜

〈例示〉

・スタートダッシュでは地面を(n)キックして，徐々に

　　　　上体を起こしていき(c)すること。
・後半でスピードが著しく低下しないよう，力みのない
　(i)な動きで走ること。
・リレーでは，次走者のスピードが十分に高まったところ
　でバトンの受け渡しをすること。

(2) 長距離走
　〜略〜

(3) ハードル走
　　ハードル走では，ハードルを低く素早く越えながら
(g)を(i)にスピードを維持して走り，タイムを短縮
したり，競走したりできるようにする。
　　「【 ⑥ 】からハードルを低く越す」とは，(g)を
(i)にスピードを維持して勢いよくハードルを走り越す
ことである。
　〜中略〜
〈例示〉
・スタートダッシュから1台目のハードルを勢いよく走り越
　すこと。
・(j)から踏み切り，(o)をまっすぐに振り上げ，ハ
　ードルを低く走り越すこと。
・(g)では，3〜5歩のリズムを最後のハードルまで維持
　して走ること。

(1)　文中の【 ① 】〜【 ⑥ 】に当てはまる語句を下記から選び，
　記号で答えなさい。【　】の同数字は同じ語句である。
　　ア　スピードを維持した走り　　イ　滑らかな動き
　　ウ　素早く踏み切って　　　　　エ　ペースを守り一定の距離を走る
　　オ　リズミカルな助走　　　　　カ　滑らかにハードルを越す
　　キ　中間走　　　　　　　　　　ク　リズミカルな走り
　　ケ　滑らかな空間動作　　　　　コ　つなぎを滑らかにする

160

(2) （　a　）～（　o　）に当てはまる語句を次の語群から選び，記号で
答えなさい。（　　　）の同アルファベットは同じ語句である。

ア　バランス	イ　リズミカル	ウ　タイミング
エ　スムーズ	オ　ダイナミック	カ　ストライド
キ　インターバル	ク　リラックス	ケ　ピッチ
コ　ブレーキ	サ　リズム	シ　フォーム
ス　テンポ	セ　調和	ソ　連動
タ　理想	チ　合理	ツ　助走
テ　負荷	ト　加速	ナ　走り
ニ　近く	ヌ　遠く	ネ　滑らか
ノ　素早く	ハ　力強く	ヒ　クラウチング
フ　スタンディング	ヘ　抜き脚	ホ　振り上げ脚

(☆☆☆◎◎◎)

【6】スポーツの競技規則に定められたルールに関して，各問いに答えな
さい。

(1)　バドミントンのシングルスにおいて，次の図の A の位置からサー
ビスをするとき，相手コートのサービスゾーンを塗りつぶし示し
なさい。

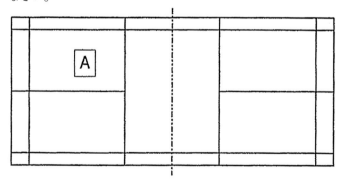

(2)　ソフトボールにおいて，7回終了時，同点で延長戦となったとき，
勝敗を早く決定するためのルールの名称を答えなさい。

(3)　水泳において，メドレーリレーの泳法の順番を答えなさい。

(4)　陸上競技スタートにおいて，「用意」の姿勢後，合図の前にスタート動作を開始することを何というか，答えなさい。

(5)　バスケットボールにおいて，ファウルを除くすべての違反をまとめて，何というか答えなさい。

(☆☆☆◎◎◎)

【7】次の各文は，各スポーツの技能について書かれたものである。各問いに答えなさい。

(1)　跳び箱で図Aの技を何というかその名称を答えなさい。
この技からの発展系の技の名称(中学校学習指導要領解説—保健体育編—記載)を答えなさい。

図A

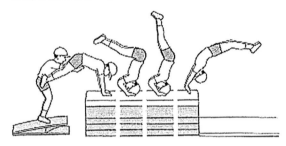

(2)　走り高跳びで図Bの跳び方を何というかその名称を答えなさい。

図B

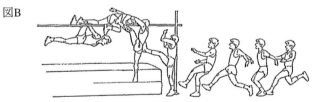

(3)　水泳指導で，二人一組をつくり，互いに相手の安全を確かめたり，学習の効果を高めたりするための方法を何というか。答えなさい。

(4)　現代的なリズムのダンスの指導に際して，拍子の強弱を逆転させたり変化させたりすることを何というか，答えなさい。

(5)　「柔道指導の手引き(三訂版)」(文部科学省　平成25年3月)に示さ

れた，系統別の投げ技の分類で，まわし技系(取が前回り(後ろ図り)さばきを使って受を前に崩す)に当てはまる技を1つ答えなさい。

(☆☆☆◎◎◎)

【8】陸上競技「走り幅跳び」における，「踏切前の2歩」のリズムとストライドについて，指導上の留意点を答えなさい。

(☆☆☆◎◎◎)

【9】柔道において，図1，図2のように「取」は投げた後安定した姿勢で立ち，「受」の片腕をしっかり保持する，また，「受」が「取」の襟を保持する理由をそれぞれの立場から説明しなさい。

図1　　　　　　　　　　　　　　図2

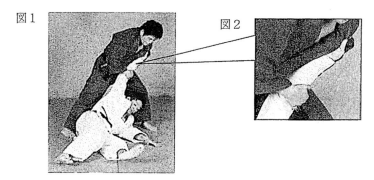

(☆☆☆◎◎◎)

【10】保健と体育との関連を意識した指導を行うために，保健分野の学習項目を1つ挙げ，体育分野(運動)との関連からどのような指導を行うことができるか，その関連付けを簡単に説明しなさい。

　　例：ストレスへの適切な対処として，体ほぐし運動等でリラクゼーション方法を身に付ける。

(☆☆☆◎◎◎)

【11】 思考力・判断力等を育成する指導方法の一つであるブレインストーミングを実施するための4つのルール(自由に発言するための)のうち，2つを簡単に説明しなさい。

(☆☆☆◎◎◎)

【12】 次の文は，スポーツ基本計画(平成24年3月　文部科学省)「第2章　今後10年間を見通したスポーツ推進の基本方針」において設定された基本的な政策課題である。次の(1)～(3)の政策課題について，空欄に当てはまるスポーツ推進の取組を下記のア～キから選び，記号で答えなさい。

(1) 青少年の体力を向上させるとともに，他者を尊重しこれと協同する精神，公正さと規律を尊ぶ態度や克己心を培い，実践的な思考力や判断力を育むなど人格の形成に積極的な影響を及ぼし，次代を担う人材を育成するため，(　　　)。

(2) 人と人との交流及び地域と地域との交流を促進し，地域の一体感や活力を醸成し，人間関係の希薄化等の問題を抱える地域社会の再生に貢献するため，(　　　)。

(3) 国際競技大会における日本人選手の活躍が，国民に誇りと喜び，夢と感動を与え，国民のスポーツへの関心を高め，我が国の社会に活力を生み出し，国民経済の発展に広く寄与するため，(　　　)。

ア　住民が主体的に参画する地域のスポーツ環境を整備する

イ　国際競技力の向上に向けた人材の養成やスポーツ環境の整備を行う

ウ　子どものスポーツ機会を充実する

エ　スポーツ界の透明性，公平・公正性を向上させる

オ　ライフステージに応じたスポーツ活動を推進する

カ　オリンピック・パラリンピック等の国際競技大会の招致・開催等を通じた国際貢献，交流を推進する

キ　スポーツ界の好循環を創出する

(☆☆☆◎◎◎)

解答・解説

【中学校】

【1】(1) ① オ ② ア ③ エ ④ イ ⑤ カ ⑥ ウ
(2) a テ b カ c チ d ト e ア f ウ g フ
h ネ i ニ j ホ k ケ l タ m ヌ n サ

〈解説〉平成20年に公示された中学校学習指導要領において，保健体育の科目では，生涯にわたって健康を保持増進し，豊かなスポーツライフを実現することを重視して改善が図られた。それに伴って，心と体をより一体としてとらえることが求められるようになった。教科目標においても，それが明確に示されている。学習指導要領に関する問題で，教科目標と学年目標は，最頻出の部分である。文言の穴埋め問題も多いので，本文を熟読して全文暗記が望ましい。その際，改訂の意図や要点もふまえて，「なぜそうする必要があるのか」という観点で趣旨を理解すれば，覚えやすくなる。

【2】① オ ② ク ③ キ ④ ス ⑤ ヌ ⑥ ア
⑦ ウ ⑧ シ ⑨ ノ ⑩ ソ ⑪ カ ⑫ エ

〈解説〉学習指導要領解説によれば，保健体育の内容は「生活習慣の乱れやストレスなどが健康に影響することを学ぶことができるよう，健康の概念や課題などの内容を明確に示す」という方向に改訂された。保健分野の内容は「心身の機能の発達と心の健康」，「健康と環境」，「傷害の防止」及び「健康な生活と疾病の予防」の4つで構成されている。本問では，「心身の機能の発達と心の健康」のうちの，ストレスと疾病に関する内容について聞かれている。選択肢の中には「原因」「要因」「素因」など，混同しやすいものもあるので，解説を読み込んで頭に入れておくこと。

【3】 ① 心停止　② 胸骨圧迫　③ 呼吸　④ AED　⑤ 人工呼吸　⑥ 5　⑦ 100　⑧ 120

〈解説〉「救急蘇生法の指針」は、「JRC(日本蘇生協議会)蘇生ガイドライン」に準拠し、心肺蘇生用の要点をまとめたものである。「JRC蘇生ガイドライン」は5年毎に改定されており、2010年版に続いて2015年版が作成された。2015年版では、すべての心停止傷病者に、質の高い胸骨圧迫が行われることが最重要視されている。そのため、仮に傷病者が心停止ではなかったとしても、胸骨圧迫を開始することが強調されることになった。また、2010年版から、成人と小児の「生命の連鎖」の概念が統一され、市民が行う心肺蘇生の手順は共通のものとなったが、2015年版でもこれを引き継いでいる。この理由は、市民が反応のない傷病者を前にしたとき、何もできないことを回避し、勇気を持って、例えば胸骨圧迫などの「何か」の行動を開始しやすいように、という方針からである。やり方がわからないときは、119番通報時に教えてもらうこともできる。一方、ライフセーバーなどの熟練救助者や心停止に遭遇する可能性が高い市民は、医療従事者と同様に人工呼吸を含む心肺蘇生を実施してもらうのが理想的である。また、子どもに接する機会の多い職業(保育士、幼稚園・学校教諭)や養育者(高齢の親などを世話する人たち)についても、胸骨圧迫とともに人工呼吸を含む心肺蘇生を習得することが望まれる。2015年版では、胸骨圧迫とAEDの使い方に内容を絞った短時間の講習、小学校から始まる学校教育への普及や、119番通報時の口頭指導の充実に関することが強調されている。中学校の保健体育では、AED等を使った心肺蘇生の実習が重視されるようになっており、「救急蘇生法の指針」についても、その内容をしっかり把握しておく必要がある。

【4】 (1)　しまつのこころ条例　(2)　ハインリッヒの法則

(3)　① HIV　② PTSD　③ COPD　④ WHO　(4)　潜伏期間(潜伏期)　(5)　セルフメディケーション　(6)　死戦期呼吸

〈解説〉(1)　平成9(1997)年に京都で開催されたCOP3と、そこで採択され

166

た京都議定書を受け，京都市は翌年度から「世界の京都・まちの美化市民総行動」を実施してきた。ごみを減らす取り組みを続けた結果，ピーク時には82万t(平成12(2000)年度)だったごみの量が，平成27(2015)年には4割以上が削減された。さらにこの取り組みを進めるため，ピーク時からの「ごみ半減」に向けて，平成27(2015)年10月から新たな条例が施行された。それが「しまつのこころ条例」である。「2R(Reduce＝発生抑制・Reuse＝再利用)」と「分別の促進」を2つの柱としている。「2R」については，事業者・市民などの実施義務と努力義務が定められた。「分別」についても，「協力」から「義務」に引き上げられている。　(2)　1929年，米国の損害保険会社に勤務していたハーバード・ウイリアム・ハインリッヒ氏が労働災害の発生確率を調査したもので「1：29：300の法則」ともいわれる。1件の重大事故の背景には，29件の軽微な事故と，300件の傷害にいたらない問題があるという，経験則のひとつである。重大事故は突然起こるのではなく，小さな予兆に気を配っていれば，事前に防ぐことができることを示している。　(3)　①　HIV(Human Immunodeficiency Virus)は，免疫細胞であるTリンパ球やマクロファージに感染するウイルスのこと。感染すると，免疫細胞が減っていき，さまざまな病気を発症する。この状態をエイズという。　②　PTSD(Post Traumatic Stress Disorder)は，強烈なトラウマ(心的外傷)体験によって生じる，特徴的なストレス症状群のこと。外傷的出来事から4週間以内に発症した場合には，別に「急性ストレス障害(Acute Stress Disorder：ASD)」の基準が設けられており，PTSDとは区別される。　③　COPD(chronic obstructive pulmonary disease) は，これまで慢性気管支炎や肺気腫と呼ばれてきた病気の総称。喫煙習慣のある中高年に発症例が多い，生活習慣病といえる。
④　WHO(World Health Organization)は，国連システムの中にあって，健康に関する研究課題を作成し，保健について規範や基準を設定する機関。1948年に設立された。その政策決定は世界保健総会で行われるが，これは毎年開かれており，194全加盟国の代表が出席する。
(4)　潜伏期間は，病原体の量や毒力，感染した人の健康状態などによ

って個人差があるが，病原体の種類によってほぼ一定となっている。例を挙げると，インフルエンザウイルスの潜伏期間は，通常1〜2日である。　(5)　セルフメディケーションは，セルフケアの一分野として，平成10(1998)年にWHOによって定義されている。日本では，平成25(2013)年に閣議決定された「日本再興戦略」において，「国民の健康寿命の延伸」がテーマとして掲げられた。それを受けて，セルフメディケーションが推し進められ，平成29(2017)年からは，医療費控除制度の特例として「セルフメディケーション税制」が始まっている。

(6)　死戦期呼吸は，顎が動いているだけで，通常の呼吸はできていないため，胸骨圧迫(心臓マッサージ)を行い，AEDを使用する必要がある。しかし，医療関係者以外が見分けることは難しく，呼吸していると判断されてしまうことが多い。2017年8月，野球部のマネージャーをしていた女子高生が倒れ，指導教員が「呼吸がある」と判断し，AEDを使用せず，低酸素脳症で死亡する事故が起こった。2011年にも，小学6年生の女児が課外練習中に倒れて死亡したが，このときも「死戦期呼吸」が誤認され，AEDが使用されなかった。そのため，「JRC蘇生ガイドライン2015」では，正常な呼吸か判断がつかない場合は，胸骨圧迫，AEDの使用をすぐに始めることが推奨されている。

【5】(1)　①　イ　　②　ク　　③　カ　　④　キ　　⑤　コ
　　　⑥　ア　　(2)　a　セ　　b　ヒ　　c　ト　　d　ケ　　e　カ
　　f　ウ　　g　キ　　h　コ　　i　イ　　j　ヌ　　k　ヘ　　l　チ
　　m　シ　　n　ハ　　o　ホ
〈解説〉中学校の体育分野の領域は，「体つくり運動」，「器械運動」，「陸上競技」，「水泳」，「球技」，「武道」，「ダンス」及び「体育理論」となっている。教員採用試験では，これらの領域からの問題が頻出するので，すべての内容をよく読んで理解しておくこと。今回出題の陸上競技に関しては，中学校では小学校で学習した幅広い走・跳の運動を発展させ，基本的な動きや効率のよい動きを学び，各種目特有の技能を身に付けることを目指す。学習指導要領解説によると，第1学年及び

第2学年では「記録の向上や競争の楽しさや喜びを味わい，基本的な動きや効率のよい動きを身に付けることに積極的に取り組めるようにする」，第3学年では「各種目特有の技能を身に付ける」ことを学習のねらいとしている。これを踏まえて，正しい選択肢が選べるように，ポイントをしっかり押さえておこう。なお，本問は出題文中[第3学年](3)　ハードル走の記述に学習指導要領の引用ミスがあったため，該当部については全員正解として採点された。本書では出題時のまま掲載した。該当部は以下の通りである。

出題文 "「【　⑥　】からハードルを低く越す」とは，（　g　）を（　i　）にスピードを維持して勢いよくハードルを走り越すことである。"

引用元 "「スピードを維持した走りからハードルを低く越す」とは，インターバルのスピードを維持して勢いよく低くハードルを走り越すことである。"

【6】(1)

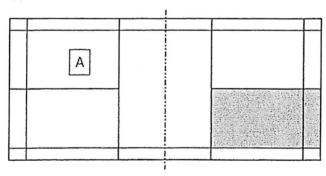

(2)　タイブレーカー　　(3)　背泳ぎ → 平泳ぎ → バタフライ → 自由形　　(4)　不正出発(フライング)　　(5)　バイオレーション

〈解説〉(1)　シングルスゲームのサーブは，横のラインはネットから一番近いラインから一番外側のライン。縦のラインは内側のライン。これがシングルスのサーブの有効範囲になる。ダブルスゲームのサーブの有効範囲は，横のラインが，ネットから1番近いラインから次に近

いラインまで。縦のラインは，一番外側のライン。「幅が広く，長さが短い」のが，ダブルスのサーブのコート範囲になる。　(2)　ソフトボールの正式な試合は7回までだが，同点の場合，8回の表からは前回最後に打撃を完了した選手を2塁走者とし，無死2塁の状況で，前回から続く打順の者が打席に入る。その裏も同様に継続し，勝負が決まるまでこれを続けていく試合方式である。　(3)　メドレーリレーと個人メドレーは，泳法の順番が違う。個人メドレーは，バタフライ・背泳ぎ・平泳ぎ・クロールとなっている。リレーが背泳ぎから始まるのは，背泳ぎのスタート時は飛び込み台が使えないためである。リレーの途中に背泳ぎを組み込んで，泳者が水中で待機すると，前の泳者とぶつかる危険があり，バトンタッチがスムーズにいかないので，背泳ぎからスタートすることになっている。　(4)　国際陸連(IAAF)は，平成22(2010)年からフライングのルールを改正した。IAAFの主催大会では，十種競技などの混成競技以外のトラック種目では，1回目のフライングで失格となる。日本国内ではまだ主催大会など一部での適用となっているが，オリンピックではこのルールが適用される。　(5)　バスケットボールにおける違反には，ファウルとバイオレーションの2種類がある。ファウルは，プレーヤー同士の接触によるものや，スポーツマンらしくない行為や言動によるものを指す。バイオレーションは，トラベリングやダブルドリブルなどのボールの扱い方や，3秒ルールなどの時間に関する違反のこと。

【7】(1)　技…頭はね跳び　　発展…前方屈腕倒立回転跳び または 前方倒立回転跳び　　(2)　ベリーロール　　(3)　バディシステム　(4)　シンコペーション　　(5)　体落とし，大腰，釣り込み腰，背負い投げ，跳ね腰，払い腰，内また　など

〈解説〉　(1)　跳び箱運動の回転系の回転グループの基本的な技として，主に小学校第5・6学年で「頭はね跳び」が挙げられている。中学校第1・2学年では，回転系の発展技として，「前方屈腕倒立回転跳び」「前方倒立回転跳び」が例示されている。　　(2)　走り高跳びの跳び方には，

はさみ跳び，背面跳び，ベリーロールがある。ベリーロールは，バーの上をお腹から飛び越え，回転しながらマットへ降りていく。踏み切り脚は，バーに近い方の脚で踏み切る。身体がマットに沈む前に，身体をひねって背中からマットに向かえるよう回転を加える。　(3)　安全管理法のひとつ。常に二人が組になって，お互いの安全を確かめ合うだけでなく，相手の欠点を矯正したり進歩を確認したりして，学習効果を高める手段としても有効である。水泳実習のみならず，海浜実習やダイビングなどにおいても取り入れられている。　(4)　平成24(2012)年度から，中学校の体育でダンスが必修となった。学習指導要領解説によれば，ダンスの種類には「創作ダンス」，「フォークダンス」，「現代的なリズムのダンス」があり「イメージをとらえた表現や踊りを通した交流を通して仲間とのコミュニケーションを豊かにすることを重視する運動」とされている。ダンスの授業では，チームワークや生徒同士のコミュニケーションが，主なねらいとなっている。(5)　ダンスと同様に，武道もまた，平成24(2012)年度から中学校で必修となった。「柔道」，「剣道」，「相撲」の中から1種目を選択する。柔道におけるまわし技系とは，取が前回り（後ろ回り）さばきを使って受を前に崩し，受が右足を支点に横受け身，または宙を舞うように前回り受け身を取る技のまとまりである。

【8】踏切前の2歩は「タン・タ・ターン」「タン・タ・ターン」というリズムで，2歩前のストライドは長く(広く)，1歩前は短く(狭く)する。
〈解説〉走り幅跳びでは，踏み切るときに重心が高いままだとジャンプの効率が下がる。踏切の2歩前くらいから重心を落とすように意識すること。重心を落とした際に，助走の踏切スピードは落とさないように注意することが大切である。走り幅跳びにおいては，高い助走スピードを保ち，ブレーキのかからない効率のよい踏切動作と着地動作を身に付けることが，記録を伸ばす大切なポイントである。

171

【9】　・取が受の右腕(引き手)を引き上げ保持することで，受けが頭を打たずに受け身を取りやすい状態にすることができる。　・受も右手で握っている取の襟(つり手)を離さずに自分から受け身をとることで安定した受け身をとることができる。

〈解説〉武道の授業では，怪我や事故に対して十分な注意が必要である。初歩の段階から，取と受の安全と安心を確保するために，協力して練習に取り組むことの大切さを強調すること。

【10】　・呼吸器・循環器の発育・発達において，陸上競技(長距離走)等で，中学生期は持久力を高めるのに最も適した時期であることを意識させる。　・社会性の発達と自己形成において，球技等で競技規則やルールを守ることの大切さを身に付けさせる。　・環境への適応で熱中症など，授業等で季節に応じた実施において，健康に対する影響を意識させる。　・傷害の防止で，あらゆる種目において，その種目におけるその特有の怪我とその応急処置を身に付けさせる。　など

〈解説〉運動やスポーツは，身体の発達やその機能の維持，体力の向上など，からだの健康を目的にするほか，ストレス解消などの精神の健康，ルールやマナーやチームワークを学ぶなど社会性を身に付ける効果も期待できる。保健分野においては，生活習慣病の主な要因は，運動不足，食事の量や質の偏り，生活習慣の乱れなどにあること，知的機能，情意機能，社会性などの精神機能は，生活経験などの影響を受けて発達することを学ぶ。思春期は，自己の認識が高まり自己形成がなされる時期であり，欲求やストレスが心身に与える影響についても理解する必要がある。そのため，日頃から体育と保健を分けて考えるのではなく，関連づけて指導方法を工夫する必要がある。

【11】　・自由奔放：どのような突飛なアイディアでもよい。アイディアを思いつくままに出し合うことが大切である。　・批判厳禁：出されたアイディアに対しての批判などは一切してはいけない。　・相乗り歓迎：他のアイディアに乗って出されるアイディアも歓迎である。

・質より量：できるだけたくさんの多様なアイディアを出すことが望ましい。

〈解説〉中学校学習指導要領解説では，保健分野の知識を活用する学習活動において「事例などを用いたディスカッション，ブレインストーミング，心肺蘇生法などの実習，実験，課題学習などを取り入れること」というように，指導方法の工夫が求められている。ブレインストーミングは，集団でアイディアを出し合う技法で，米国の広告代理店の経営者A・F・オズボーンによって1938年に考案された。「ブレスト」と略されることも多い。ブレインストーミングで出されたアイディアを，付箋紙などを活用して整理し，統合していく手法は「KJ法」という。文化人類学者である元東京工業大学教授・川喜田二郎が考案し，氏のイニシャルからこの名がついている。

【12】(1)　ウ　　(2)　ア　　(3)　イ

〈解説〉平成23(2011)年，スポーツ基本法が施行された。これは，昭和36(1961)年に制定されたスポーツ振興法を50年ぶりに全部改正したもので，スポーツに関する施策の基本となる事項を定めたものである。スポーツ基本法の規定に基づいて，平成24(2012)年には「スポーツ基本計画」が策定された。これは，国や地方公共団体及びスポーツ団体等が，一体となって施策を推進していくための重要な指針である。そのうち，「今後10年間を見通したスポーツ推進の基本方針」は，全部で7項目ある。出題の3項目のほかは以下の通りである。(4)　国際競技大会における日本人選手の活躍が，国民に誇りと喜び，夢と感動を与え，国民のスポーツへの関心を高め，我が国の社会に活力を生み出し，国民経済の発展に広く寄与するため，国際競技力の向上に向けた人材の養成やスポーツ環境の整備を行う。(5)　国際相互理解を促進し，国際平和に大きく貢献するなどにより，我が国の国際的地位を向上させるため，オリンピック・パラリンピック等の国際競技大会の招致・開催等を通じた国際貢献・交流を推進する。(6)　才能ある若い世代が夢や希望を持ってスポーツ界に進めるなど，誰もが，安全かつ公正な環

境の下でスポーツに参画できる機会を充実させるため，スポーツ界の透明性，公平・公正性を向上させる。(7)　地域におけるスポーツを推進する中から優れたスポーツ選手が育まれ，そのスポーツ選手が地域におけるスポーツの推進に寄与するというスポーツ界の好循環を創出する。

2017年度　実施問題

【中学校】

【1】次の文は，中学校学習指導要領解説—保健体育編—(平成20年9月)第2章保健体育科の目標及び内容についての解説から抜粋したものである。文中の(①)～(⑩)に当てはまる語句を後の語群から選び，記号で答えなさい。(　)の同数字は同じ語句である。

> 　心と体を一体としてとらえ，運動や健康・安全についての理解と運動の合理的な(①)を通して，生涯にわたって運動に親しむ資質や能力を育てるとともに健康の保持増進のための(①)力の育成と(②)の向上を図り，明るく豊かな生活を営む態度を育てる。

　この目標は，保健体育科の究極的な目標である「明るく豊かな生活を営む態度を育てる」ことを目指すものである。この目標を達成するためには，運動に興味をもち活発に運動する者とそうでない者に(③)していたり，(④)の乱れや(⑤)及び不安感が高まったりしている現状があるといった指摘を踏まえ，引き続き，心と体をより一体としてとらえ，健全な発達を促すことが求められることから，体育と保健を一層関連させて指導することが重要である。

　また，(⑥)法において，「中学校は，小学校における教育の基礎の上に，心身の発達に応じて，義務教育として行われる普通教育を施すことを目的とする」とした義務教育修了段階であること，「生涯にわたり学習する基盤が培われるよう，基礎的な知識及び技能を(⑦)させることとともに，これらを(⑧)して課題を解決するために必要な思考力，判断力，表現力その他の能力をはぐくみ，(⑨)的に学習に取り組む態度を養うことに，特に意を用いなければならない」と規定されていること，「健康，安全で幸福な生活のために必要な習慣

175

を養うとともに，運動を通じて(　②　)を養い，心身の(　⑩　)的発達を図ること」と規定されていること等を踏まえ，「生涯にわたって運動に親しむ資質や能力の育成」，「健康保持増進のための(　①　)力の育成」及び「(　②　)の向上」の三つの具体的な目標が相互に密接に関連していることを示すとともに，保健体育科の重要なねらいであることを明確にしたものである。

ア	意欲	イ	思考	ウ	習得
エ	個人	オ	主体	カ	理解
キ	一体	ク	同一	ケ	生活行動
コ	生活様式	サ	生活習慣	シ	実践
ス	生涯	セ	学校保健安全	ソ	学校教育
タ	教育基本	チ	思春期	ツ	ストレス
テ	プレッシャー	ト	体力	ナ	二極化
ニ	分化	ヌ	調和	ネ	活用
ノ	知識				

(☆☆☆○○○)

【2】次の文は，中学校学習指導要領解説―保健体育編―(平成20年9月)保健分野の内容についての解説から抜粋したものである。文中の(　①　)～(　⑮　)に当てはまる語句を後の語群から選び，記号で答えなさい。(　)の同数字は同じ語句である。

(1)　(　①　)と(　②　)には，密接な関係があり，互いに様々な影響を与え合っていることを理解できるようにする。また，心の状態が体にあらわれたり，体の状態が心にあらわれたりするのは，(　③　)などの働きによることを理解できるようにする。例えば，人前に出て緊張したときに(　④　)が速くなったり口が渇いたりすること，体に痛みがあるときに(　⑤　)できなかったりすることなどを適宜取り上げ理解するようにする。

(2)　室内の温度，湿度，気流の(　⑥　)条件には，人間が活動しやすい(　⑦　)範囲があること，(　⑥　)条件の(　⑦　)範囲は，(　⑧　)

を容易に一定に保つことができる範囲であることを理解できるようにする。その際，これらの範囲は，学習や作業及びスポーツ活動の種類によって異なること，その範囲を超えると，学習や作業の能率やスポーツの記録の(⑨)が見られることにも触れるようにする。

(3) 応急手当は，患部の保護や固定，(⑩)を適切に行うことによって傷害の(⑪)を防止できることを理解できるようにする。ここでは，包帯法，止血法としての(⑫)法などを取り上げ，実習を通して理解できるようにする。

　また，心肺停止に陥った人に遭遇したときの応急手当としては，(⑬)，人工呼吸，(⑭)などの(⑮)法を取り上げ，実習を通して理解できるようにする。

　なお，必要に応じてAED(自動体外式除細動器)にも触れるようにする。

ア	感覚	イ	自然	ウ	温熱
エ	脈拍	オ	呼吸	カ	体温
キ	精神	ク	神経	ケ	通報
コ	止血	サ	心電図	シ	気道確保
ス	胸骨圧迫	セ	心肺蘇生	ソ	救急処置
タ	RICE	チ	回復体位	ツ	適応
テ	活動	ト	至適	ナ	回復
ニ	悪化	ヌ	向上	ネ	低下
ノ	集中	ハ	身体	ヒ	間接圧迫
フ	直接圧迫	ヘ	止血帯	ホ	心

(☆☆☆◎◎◎)

【3】次の図は，中学校保健教育参考資料「生きる力」を育む中学校保健教育の手引きに記載されている，保健学習の体系イメージである。【 ① 】～【 ⑥ 】に当てはまる語句を答えなさい。【　】の同数字は同じ語句である。

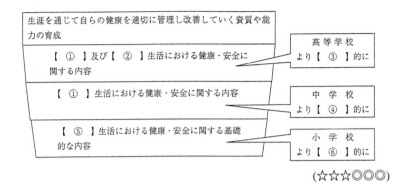

（☆☆☆◎◎◎）

【４】保健・安全の学習内容に関して，各問いに答えなさい。

(1)　うれしい，悲しいなどの気持ちと，また，目的のために行動しようとする気持ちを合わせた，心の働きを何というかを答えなさい。

(2)　自動車の自停止距離とは，ブレーキを踏み利き始めるまでに進む距離と，実際に止まるまでに進む距離で決まるが，それぞれを何というかを答えなさい。

(3)　平成26年　死亡原因の上位3因(厚生労働省：平成26年人口動態統計による)を答えなさい。

(4)　薬物乱用をやめてしばらくたった後でも，何らかのきっかけで幻覚などの症状が突然現れることを何というかを答えなさい。

(5)　21世紀における国民健康づくり運動の通称名を何と呼んでいるかを答えなさい。

（☆☆☆◎◎◎）

【５】中学校保健分野の学習内容について，各問いに答えなさい。

(1)　感染症で，新興感染症に当てはまらないものを，ア～オから1つ選び，記号を答えなさい。

ア　SARS(重症急性呼吸器症候群)

イ　エボラ出血熱

ウ　AIDS(後天性免疫不全症候群)

　　エ　デング熱

　　オ　鳥インフルエンザ

(2)　気温に対する適応能力に関して，寒いときの適応能力に当てはまらないものを，ア～オから1つ選び，記号を答えなさい。

　　ア　皮膚の血管が収縮する

　　イ　鳥肌が立つ

　　ウ　身ぶるいする

　　エ　汗が出る

　　オ　体を縮め，筋肉が緊張する

(☆☆☆◎◎◎)

【6】交通事故の原因にもなる，自動車の内輪差を説明しなさい。

(☆☆☆◎◎◎)

【7】ブレスローの7つの健康習慣の内容を4つ答えなさい。

(☆☆☆◎◎◎)

【8】スポーツ障害について簡単に説明しなさい。またスポーツ障害の症例を1つ挙げなさい。

(☆☆☆◎◎◎)

【9】次の表は中学校学習指導要領解説—保健体育編—(平成20年9月)の体育分野の「体つくり運動の行い方などの例」についての抜粋である。文中の【　①　】～【　⑧　】に当てはまる語句を答えなさい。また，(　⑨　)～(　⑭　)に当てはまる語句を後の語群から選び，記号で答えなさい。【　】及び(　)の同数字は同じ語句である。

179

ねらい	小学校5・6年 運動の行い方	中学校1・2年 運動の行い方	運動の計画の行い方	中学校3年 運動の計画の行い方
① の運動 （②調整 ③）	・のびのびとした動作で用具などを用いた運動 ・リズムに乗って（ ⑨ ）が弾むような動作での運動 ・互いの体に【 ② 】合いながらペアでのストレッチング ・動作や人数などの条件を変えて、歩いたり走ったりする運動 ・伝承遊びや集団による運動	・のびのびとした動作で用具などを用いた運動 ・リズムに乗って（ ⑨ ）が弾むような運動 ・ペアでストレッチングをしたり、緊張を解いて（ ⑩ ）したりする運動 ・いろいろな条件で、歩いたり走ったり跳びはねたりする運動 ・仲間と動きを合わせたり、対応したりする運動		・様々な【 ① 】の運動を組み合わせて行う
④ を高める運動 ⑤ 体の	・各部位を大きく広げたり曲げたりする姿勢を維持 ・全身や各部位を振ったり、回したり、ねじったりする	・大きく（ ⑪ ）に全身や体の各部位を振ったり、回したり、ねじったり、曲げ伸ばししたりする ・体の各部位をゆっくり（ ⑫ ）し、そのままの状態で約10秒間維持する	・一つのねらいを取り上げ、運動例を組み合わせて行う	・健康に生活するための【 ④ 】を高める運動の計画と実践
⑥ 動き	・短いなわや長なわを使ったなわ跳び ・投げ上げたボールを姿勢を変えて捕球 ・用具などを狭い間隔に並べたコースを（ ⑪ ）に走る。 ・器具で作った段差のあるコースで、物を持ったり姿勢を変えたりして移動	・人と組んだり、用具を利用したりして（ ⑬ ）を保持する ・様々な用具を投げたり、受けたり、持って跳んだり、転がしたりする ・様々な空間を歩いたり、走ったり、跳んだりして移動する		
⑦ 動き	・ぶら下がったり、登ったり下りたりする ・いろいろな姿勢での腕立て伏臥腕（ ⑭ ） ・押し、寄りを用いてのすもう ・二、三人組で互いに持ち上げる、運ぶなどの運動	・腕や脚を（ ⑭ ）したり、腕や脚を上げたり下げたりする ・二人組で上体を起こしたり、脚を上げたり、背負って移動したりする ・重い物を押したり、引いたり、投げたり、受けたり、振ったり、回したりする	・ねらいが異なる運動を組み合わせて行う	・運動を行うための【 ④ 】を高める運動の計画と実践
⑧ 動きを（ ⑧ ）能力	・短なわ、長なわを使っての全身運動を続ける ・無理のない速さでの5〜6分程度の持久走 ・一定のコースに置かれた固定施設などを越えながら移動するなどの運動を続ける	・走やなわ跳びを、一定の時間や回数、又は、自己で決めた時間や回数を【 ⑧ 】 ・複数の異なる運動例を組み合わせて、時間や回数を決めて【 ⑧ 】		

ア　バランス	イ　リズミカル	ウ　タイミング
エ　スムーズ	オ　ダイナミック	カ　スピーディー
キ　アドバイス	ク　脱力	ケ　筋力
コ　調整	サ　体力	シ　伸身
ス　伸展	セ　屈伸	ソ　伸脚

タ　収縮　　　　チ　心　　　　　　ツ　体
テ　補助　　　　ト　協調

(☆☆☆◎◎◎)

【10】次の文は中学校学習指導要領解説―保健体育編―(平成20年9月)の
　　体育分野の　H体育理論「第1学年及び第2学年」についての抜粋であ
　　る。文中の(　①　)～(　⑮　)に当てはまる語句を後の語群より選び,
　　記号で答えなさい。(　　)の同数字は同じ語句である。

1　運動やスポーツの多様性
　　ア　運動やスポーツの(　①　)と楽しさ
　　　運動やスポーツは,体を動かしたり,健康を維持したりする
　　(　①　)や,競技に応じた力を試したり,(　②　)と親しんだり,
　　(　③　)と交流したり,(　④　)を表現したりするなどの多様な楽
　　しさから生みだされてきたことを理解できるようにする。
　　　運動やスポーツは,人々の生活と深くかかわりながら,いろいろ
　　な欲求や必要性を満たしつつ発展し,その時々の社会の変化ととも
　　に,そのとらえ方も変容してきたことを理解できるようにする。
　　　また,我が国のスポーツ(　⑤　)などにおけるスポーツの理念を
　　踏まえながら,スポーツが,競技だけでなく,体つくり運動,ダン
　　スや野外活動などの身体的運動などを含めて,広い意味で用いられ
　　ていることについても触れるようにする。
　　イ　運動やスポーツへの多様なかかわり方
　　　運動やスポーツには,直接「(　⑥　)」,テレビなどのメディアや
　　競技場での(　⑦　)を通して,これらを「(　⑧　)」,また,地域の
　　スポーツクラブで指導したり,(　⑨　)として大会の運営や障がい
　　者の支援を行ったりするなどの「(　⑩　)」など,多様なかかわり
　　方があることを理解できるようにする。
　　　また,運動やスポーツの歴史・記録などを書物やインターネット
　　を通して調べるかかわり方があることについても触れるようにす
　　る。

ウ　運動やスポーツの(⑪)方

運動やスポーツには，その領域や種目に応じた特有の(⑫)や(⑬)，(⑭)，表現の仕方があり，特に運動やスポーツの課題を解決するための(⑮)な体の動かし方などを(⑫)といい，競技など対戦相手との競走において，(⑭)は(⑫)を選択する際の方針であり，(⑬)は試合を行う際の方針であることを理解できるようにする。また，(⑫)や(⑭)，表現の仕方などを学ぶにはよい動き方を見付けること，(⑮)な練習の目標や計画を立てること，実行した(⑫)や(⑭)，表現がうまくできたかを確認することなどの方法があることを理解できるようにする。

その際，運動やスポーツにおける(⑫)や(⑭)，表現の仕方を学習する必要性を一層理解できるよう，それらが長い時間をかけて多くの人々によって，その領域や種目に特有のものとして作られてきたことについても触れるようにする。

ア　行うこと　　　イ　見ること　　ウ　支えること
エ　協力すること　オ　効率性　　　カ　必要性
キ　可能性　　　　ク　実践的　　　ケ　合理的
コ　基本法　　　　サ　振興法　　　シ　教え
ス　学び　　　　　セ　観戦　　　　ソ　作戦
タ　技能　　　　　チ　技術　　　　ツ　戦術
テ　環境　　　　　ト　自然　　　　ナ　感情
ニ　動き　　　　　ヌ　仲間　　　　ネ　ボランティア
ノ　役員

(☆☆☆○○○)

【11】スポーツの競技規則に定められたルールに関して，各問いに答えなさい。

(1)　走り高跳びで次表のような結果の時の1位と4位を答えなさい。

	1m70	1m75	1m80	1m85	1m90	1m93	1m96	1m99	2m01	記録	順位
A	○	○	×	×○	—	○	×○	××○	×××		
B	○	○	○	××○	×○	×○	××○	××○	×××		
C	××○	××○	×○	×○	○	××○	××○	×○	×××		
D	—	—	—	××○	×○	×	×	×			
E	×○	○	○	○	×○	×○	××○	××○	×××		
F	—	—	—	×○	××○	×○	×○	××○	×××		
G	—	—	—	××	○	××	×				
H	○	○	○	○	×○	×○	××○	××○	×××		

(2) 陸上競技のオープンレーンのリレーで，コーナーに立てられた旗を前走者が通過した順に次走者は内側から並ぶことを何というかを答えなさい。

(3) 水泳において，ゴールや折り返し時に両手でタッチしなければならない泳法をすべて答えなさい。

(4) 中学生以上のバスケットボールの試合で使用されるゴールリングの高さを答えなさい。

(5) ハンドボールで，オーバータイムの反則となる時間を答えなさい。

(6) バレーボール(6人制)において，守備専門のプレーヤーの名称を答えなさい。

(7) サッカーで，守備側の選手が自陣のペナルティエリア内で，相手をつまずかせ，倒してしまった場合のゲームの再開方法を答えなさい。

(8) 柔道の国際柔道連盟試合審判規定において，一本となる抑え込みの時間を答えなさい。

(☆☆☆◎◎◎)

【12】後の各文は，各スポーツの技能について書かれたものである。各文の下線部が正しいものは○で，誤っているものは正しい語句を答えなさい。

（図1）

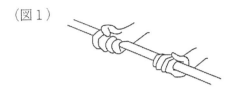

(1)　鉄棒で(図1)のような持ち方を，<u>順手</u>という。

(2)　クロールの腕の動作は，<u>S字</u>を描くイメージで動かす。

(3)　バスケットボールやハンドボールで相手をいろいろな動作で引きつけ，その逆をついてシュートやパスを行うことを<u>カットイン</u>という。

(4)　サッカーで動いているボールを足や胸などで<u>止め</u>たり，次のプレーにつながるようにコントロールすることを<u>トリッピング</u>という。

(5)　ソフトボールで足を踏み出すと同時に腕を大きく1回転させ手首のスナップを利かせて投げるピッチングモーションを，<u>スリングショット</u>という。

(6)　バドミントンでネット間近からシャトルを軽くはじき，相手のネット際にちょこんと落とす，他の競技ではあまり見られない打ち方を，<u>ヘアピン</u>という。

(7)　柔道で投げに入る前に，相手を不安定にすることを，<u>体さばき</u>という。

(☆☆☆◎◎◎)

【13】オリンピック旗に示されている五つの輪を組み合わせたマークを何と言いますか。
　　また，そのマークは何を表しているか，簡潔に説明しなさい。

(☆☆☆◎◎◎)

解答・解説

【中学校】

【1】① シ　② ト　③ ナ　④ サ　⑤ ツ　⑥ ソ
⑦ ウ　⑧ ネ　⑨ オ　⑩ ヌ

〈解説〉教科目標は学習指導要領関連の問題の中でも最頻出であるため，全文暗記はもちろん，本問のように目標の趣旨，文言の意味などを学習指導要領解説などで十分学習しておくこと。これは学年目標でも言える。学年目標・学習内容は第1～2学年，第3学年で分かれており，文言・内容が若干異なるので，その差異をおさえておくと同時にその意図を理解しておくことが重要である。

【2】(1)　① キ　② ハ　③ ク　④ エ　⑤ ノ
(2)　⑥ ウ　⑦ ト　⑧ カ　⑨ ネ　(3)　⑩ コ
⑪ ニ　⑫ フ　⑬ シ　⑭ ス　⑮ セ

〈解説〉(1)は「心と体のかかわり」，(2)は「温熱条件や明るさの至適範囲」，(3)は「応急手当の方法」からの出題であり，(1)は第1学年，(2)(3)は第2学年の学習内容である。なお，第3学年では「健康な生活と疾病の予防」について学習するので，内容を確認しておくこと。

【3】① 個人　② 社会　③ 総合　④ 科学　⑤ 身近な
⑥ 実践

〈解説〉中学校の保健学習におけるキーワードとして「個人生活」があげられるが，ここでいう「個人生活」とは，自分という特定の個人ではなく，一般の個人を指す。問題にあるとおり，小学校では自分にとっての「身近な生活」を学習するのに対し，中学校では一般論として捉える分，客観性などが強くなると考えられている。そのため，問題にあるように小学校の学習と比較して「より科学的」となっている。

【４】 (1)　情意機能　　(2)　空走距離，制動距離　　(3)　1位…悪性新生物(がん)　　2位…心疾患(心臓病)　　3位…肺炎　　(4)　フラッシュバック　　(5)　健康日本21

〈解説〉(2)　空走距離は危険を察知してからブレーキを踏むまでに走行した距離であり，自動車のスピードだけでなく，運転者の状況(わき見運転など)も大きく影響する。　　(3)　悪性新生物よる死亡者数は年々増加しており，平成26年の全死亡者に占める割合は28.9％と，およそ3.5人に1人となっている。なお，部位別に見ると男性は肺がんによる死亡が最も多く，女性では大腸がんが最も多い(平成27年)。　　(4)　薬物乱用による害には，幻覚や被害妄想などがあげられる。これらの精神病の症状がいったん生じると，治療などで表面上では回復しているように見えても，不眠やほんの小さなストレスがきっかけで再燃することがある(自然再燃)。このことから，薬物乱用の害は一生続くといわれている。　　(5)　健康日本21は「国民の健康の増進の総合的な推進を図るための基本的な方針」として，平成22年を目途に実現すべき具体的目標が示されていた。現在は2022年を目途とした方針・目標である健康日本21(第2次)が実施されている。

【５】 (1)　エ　　(2)　エ

〈解説〉(1)　新興感染症は最近新しく認知され，局知的にあるいは国際的に公衆衛生上の問題となる感染症を指す。デング熱は再興感染症の一つとされている。蚊に刺されることによって感染し，急激な発熱で発症，発疹，頭痛，骨関節痛，嘔気・嘔吐などの症状が見られる。　(2)　汗の主な役割として体温調節があり，皮膚表面から汗が蒸発することで冷却効果を生む。したがって，気温が高いとき，運動をした後などは汗を発散する。なお，汗100mlが蒸発すると，体重60kgの人で体温が1.2℃下がるといわれる。

【６】4輪ないしそれ以上の車輪を持つ車両がカーブを曲がる際に，回転中心側(＝内輪)の前輪と後輪が描く円弧の半径に生じる差のこと。(カ

ーブを曲がるときに，自動車の後輪は前輪よりも内側を通る。)

〈解説〉一般的な自動車を例にとると，ハンドルを回すことで自動車の向きを変えることができるが，実際には2つの前輪で自動車の向きを変えており，後輪は固定されたままである。それにより内輪差が生じる。

【7】・喫煙をしない　　・定期的に運動する　　・飲酒は適量を守るか，飲まない　　・1日7〜8時間睡眠をとる　　・適正体重を維持する　・朝食を食べる　　・間食をしない

〈解説〉アメリカ・カリフォルニア大学のブレスロー教授は，多くの人々についてこの7つの生活習慣を多く身に付けている人ほど，病気にかかる率が総じて少なく，寿命も長いことを明らかにした。なお，ブレスロー教授自身もこの習慣を実践し，長寿命であった。

【8】説明…やりすぎ(オーバーユース)たり，誤ったトレーニングで負担がかかったりして，体の様々な部位に特有の障害を起こすこと。

症例…サッカー足，野球肘，テニス肘，疲労骨折，オスグッド

〈解説〉野球肘は，ボールの投げすぎによって生じる肘の障害を指す。投球時や投球後に肘が痛くなる，肘の伸びや曲がりが悪くなり，急に動かせなくなることもある。オスグッドは，発育期のスポーツ少年に起こりやすい症状で，脛骨結節(お皿の下の骨)が徐々に突出してきて，痛みがでてくる。時には，赤く腫れたり，熱を持ったりする。両者ともスポーツの中止・安静が必要になる。

【9】①　体ほぐし　　②　気付き　　③　交流　　④　体力　　⑤　柔らかさ　　⑥　巧みな　　⑦　力強い　　⑧　持続する　　⑨　チ　⑩　ク　⑪　イ　⑫　ス　⑬　ア　⑭　セ

〈解説〉体つくり運動は，すべての学年で履修させることが示されており，授業時数については各学年で7単位時間以上配当するとしている。本問では小学校5・6年も出題されているが，これは学習指導要領では，小学校5年〜中学校2年を「多くの領域の学習を経験する時期」と位置

づけているためであり，受験生としてはまとめて学習しておきたい。また，「内容の取扱い」に，第3学年においては，日常的に取り組める運動例を取り上げるなど指導方法の工夫を図ることとされていることもおさえておくこと。

【10】　①　カ　　②　ト　　③　ヌ　　④　ナ　　⑤　サ　　⑥　ア
　　　　⑦　セ　　⑧　イ　　⑨　ネ　　⑩　ウ　　⑪　ス　　⑫　チ
　　　　⑬　ソ　　⑭　ツ　　⑮　ケ

〈解説〉「1　運動やスポーツの多様性」は第1学年の学習内容である。ここでは，単に運動やスポーツに親しむだけでなく，運動やスポーツの必要性，ライフステージに応じた運動やスポーツの親しみ方や学び方について学習する。特に「運動やスポーツには，する，みる，支えるなどの多様なかかわり方がある」ことを学習するため，具体的事例も含めて学習するとよい。なお，第2学年では運動やスポーツの意義や効果について学習する。

【11】　(1)　1位…C　　4位…EとF　　(2)　コーナートップ制　　(3)　平泳ぎ，バタフライ　　(4)　3m05cm　　(5)　3秒　　(6)　リベロプレーヤー　　(7)　ペナルティキック　　(8)　20秒

〈解説〉(1)　走り高跳びの順位決定の方法については，「①同記録になった高さでの試技数が少ない方を上位とする。②同記録までの無効試技数が少ない方を上位とする」とある。本問では1m99で6名の選手が並んでいるが，2回目に成功しているCが1位になる。他の5名の同記録までの無効試技数はAが2回，Bが6回，Eが5回，Fが5回，Hが4回であるため，Aが2位，Hが3位，EとFが4位，Bが6位となる。　　(2)　一度内側から並んだ後に，順位の変動による並び替えはできない。
(3)　なお，自由形(クロール)と背泳ぎは，体の一部がタッチすればよい。　　(4)　バックボードの下部までの高さは，コートから2.9mである。
(5)　3秒を越えてボールを保持していると相手ボールとなる。
(6)　リベロプレーヤーは，サービスやブロック，アタック(バックア

タックを含む)等をしてはならない。　(7)　キッカーは，ペナルティマークにボールを置いて前方へ蹴る。ボールが蹴られるまで，キッカーと守備側のゴールキーパー以外はペナルティエリアとペナルティアークの中に入れない。　(8)　抑え込みの合図から，10秒以上15秒未満が有効，15秒以上20秒未満が技ありとなる。

【12】(1)　逆手　　(2)　○　　(3)　フェイント(フェイク)　　(4)　トラッピング(トラップ)　　(5)　ウインドミル　　(6)　○　　(7)　くずし
〈解説〉(1)　順手は，上から鉄棒を握る握り方である。　(3)　カットインは，相手選手の内側へ切れ込んで抜く動きのことである。　(4)　トリッピングは，足でひっかけて，相手の動きを妨害する反則のことである。　(5)　スリングショットはボールを持った手を後ろに振り上げ，その反動で前に戻して投げるピッチングである。　(7)　体さばきは，技をかけるために自分の体を移動させる動きのことである。

【13】名称…オリンピック・シンボル　　意味…シンボルの5つの輪は世界の5大陸を表し，5つの輪が交差しているのは5大陸の団結と，さらにオリンピック競技大会に全世界の選手が集うことを表現している。
〈解説〉1914年，IOCの創立20周年記念式典で使うために作ったといわれている。IOC創始者のクーベルタンは，青，黄，黒，緑，赤の5色に，旗の地の白を加えた6色があれば，世界の国々の国旗がほとんど描けることから，世界の団結を表すためにこの色を選んだといわれている。

2016年度　実施問題

【中学校】

【１】次の文は，中学校学習指導要領解説―保健体育編―(平成20年9月)の保健分野の目標及び内容についての解説から抜粋したものである。文中の(①)～(⑧)に当てはまる語句を後の語群から選び，記号で答えなさい。( )の同数字は同じ語句である。

> 個人生活における健康・安全に関する理解を通して，(①)を通じて自らの健康を適切に管理し，改善していく資質や能力を育てる。

「個人生活における健康・安全に関する理解を通して」は，心身の機能の発達の仕方及び精神機能の発達や自己形成，欲求やストレスへの対処などの(②)の健康，自然環境を中心とした環境と心身の健康とのかかわり，健康に適した快適な(③)の維持と改善，傷害の発生要因とその防止及び応急手当並びに健康な生活(④)の実践と疾病の予防について，個人生活を中心として(⑤)的に理解できるようにすることを示したものである。

その際，学習の展開の基本的な方向として，小学校での(⑥)的に理解できるようにするという考え方を生かすとともに，(⑦)的な思考なども可能になるという発達の段階を踏まえて，心身の健康の保持増進に関する基礎的・基本的な内容について(⑤)的に思考し，理解できるようにすることを目指したものである。

「(①)を通じて自らの健康を適切に管理し，改善していく資質や能力を育てる」は，健康・安全について(⑤)的に理解できるようにすることを通して，現在及び将来の生活において健康・安全の課題に直面した場合に的確な思考・(⑧)を行うことができるよう，自らの健康を適切に管理し改善していく思考力・判断力などの資質や能力を育成することを目指している。

ア	意欲	イ	関心	ウ	思考	エ	判断
オ	技能	カ	理解	キ	心	ク	からだ
ケ	行動	コ	様式	サ	科学	シ	論理
ス	具体	セ	抽象	ソ	実践	タ	生涯
チ	思春期	ツ	経験	テ	環境	ト	自然

(☆☆☆☆◎◎◎◎)

【2】次の文は，中学校学習指導要領解説―保健体育編―(平成20年9月)の保健分野の内容の取扱いについての解説から抜粋したものである。文中の(①)～(⑩)に当てはまる語句を後の語群から選び，記号で答えなさい。( )の同数字は同じ語句である。

---

(6)　内容の(3)のエ〔注1〕については，包帯法，止血法など傷害時の応急手当も取り扱い，実習を行うものとする。また，効果的な指導を行うため，(①)など体育分野の内容との関連を図るものとする。

(7)　内容の(4)のイ〔注2〕については，(②)の観点も踏まえつつ健康的な生活習慣の形成に結び付くように配慮するとともに，必要に応じて，コンピュータなどの情報機器の使用と健康とのかかわりについて取り扱うことも配慮するものとする。

　　　　～～中略～～

(10)　保健分野の指導に際しては，知識を(③)する学習活動を取り入れるなどの指導方法の工夫を行うものとする。

〔注1〕応急手当　　〔注2〕生活行動・生活習慣と健康

～～中略～～

(10)は，知識の(④)を重視した上で，知識を(③)する学習活動を積極的に行うことにより，思考力・判断力等を育成していくことを示したものである。指導に当たっては，事例などを用いたディスカッション，(⑤)，心肺蘇生法などの実習，実験，課題学習などを

191

取り入れること，また，必要に応じてコンピュータ等を活用すること，地域や学校の実情に応じて養護教諭や栄養教諭，学校栄養職員など専門性を有する教職員等の参加・協力を推進することなど多様な指導方法の工夫を行うよう配慮することを示したものである。

実習を取り入れる際には，応急手当の意義や手順など，該当する指導(⑥)を理解できるようにすることに留意する必要がある。

また，実験を取り入れるねらいは，実験の方法を(④)することではなく，内容について(⑦)を設定し，これを(⑧)したり，解決したりするという(⑨)的な問題解決を自ら行う活動を重視し，科学的な事実や(⑩)といった指導(⑥)を理解できるようにすることに主眼を置くことが大切である。

ア	保育	イ	体育	ウ	食育	エ	経験	オ	論理
カ	仮説	キ	水泳	ク	陸上	ケ	体操	コ	理解
サ	活用	シ	習得	ス	原因	セ	結果	ソ	検証
タ	法則	チ	方法	ツ	内容	テ	実践	ト	実証
ナ	ディベート			ニ	ロールプレイング				
ヌ	ブレインストーミング								

(☆☆☆☆◎◎◎◎)

【3】中学校学習指導要領解説—保健体育編—(平成20年9月)における，第1章総説の保健分野の内容の構成，内容の改訂及び第2章保健体育科の目標及び内容の保健分野の内容の取扱いについて各問いに答えなさい。

(1) 保健分野の4つの内容を答えなさい。また，その内容はどの学年で取り扱われるか，学年を答えなさい。

(2) 新たに取り扱うことになった学習内容を2つ答えなさい。

(☆☆☆☆◎◎◎◎)

【4】次の(1)～(4)の語句には，3つの内容が含まれている。その内容を答えなさい。

(1) 犯罪機会を減らすための3要素

(2) 学校安全の3領域

(3) 健康の三原則

(4) たばこの3大有害物質

(☆☆☆☆◎◎◎)

【5】次の(1)，(2)の内容において，ア～オの語句で当てはまらないものが一つ含まれている。その語句を選び，記号で答えなさい。

(1) [下肢の骨格]

ア　大腿骨　イ　膝蓋骨　ウ　橈骨　エ　脛骨　オ　腓骨

(2) [メタボリックシンドロームの診断基準]

ア　内臓脂肪　イ　高血圧　ウ　高血糖　エ　脂質異常症
オ　動脈硬化

(☆☆☆☆◎◎◎)

【6】中学校保健分野の学習内容について述べた次のア～オの文章のうち，記述に誤りのあるものを一つ選び，記号で答えなさい。

(1) 適応機制に関連する記述

ア　欲求が満たされない時，似かよった別のもので満足しようとする適応機制を代償という。

イ　一見もっともらしい理由をつけて，自分を正当化しようとする適応機制を合理化という。

ウ　実現が困難な欲求や苦痛な体験などを心の中におさえこんでしまう適応機制を抑圧という。

エ　自分にない名声や権威に自分を近づけることによって，自らの価値を高めようとする適応機制を同一化という。

オ　直面している苦しくてつらい現実から逃げることにより，一時的に心の安定を求める適応機制を退行という。

(2)　熱中症の症状と症状から見た診断の組合せに関連する記述

　ア　症状：体に触っただけで，熱いという感覚であり呼びかけや刺激への反応がほとんどなく，軽度の錯乱が見られることもある。

　　　症状から見た診断：「熱ひはい」

　イ　症状：暑いところで立ったままの姿勢でいると，脳への血流が瞬間的に不十分になり，「立ちくらみ」を起こす。

　　　症状から見た診断：「熱失神」

　ウ　症状：暑さと疲労と脱水が重なって，血液中の塩分濃度が低下し，脚や腕など筋肉に痛みの伴う「こむら返り」を起こす。

　　　症状から見た診断：「熱けいれん」

　エ　症状：体がぐったりする，力が入らないなどがあり，「いつもと様子が違う」程度のごく軽い意識障害を起こすことがある。

　　　症状から見た診断：「熱疲労」

　オ　症状：発汗が悪くなり体温が上昇，意識がもうろうとし呼びかけへの反応もおかしく，「体がガクガクとひきつけ(全身けいれん)」を起こす。

　　　症状から見た診断：「熱射病」

(3)　性感染症に関連する記述

　ア　性感染症を予防するには，性的接触をしないことが最も有効であり，また，コンドームの使用も予防として有効な手段である。

　イ　性感染症は，感染しても無症状であることが多く，また，症状も比較的軽いため感染者が治療を怠りやすい。

　ウ　性感染症には免疫性があるので，感染しても治療により治癒すれば，同じ性感染症に感染することはない。

　エ　性感染症を治療しないで放置しておくと，男女ともに不妊の原因になることがあり，母子感染することもある。

　オ　性感染症は，早期発見・早期治療により治癒，重症化の防止，

感染拡大防止が可能であり，そのためには正しい知識とそれに基づく注意深い行動が大切である。

(☆☆☆◎◎◎◎)

【7】「早寝早起き朝ごはん」と言われていますが，朝食を取る意味を，下記のキーワードをすべて使って簡単に説明しなさい。

体温　　エネルギー　　噛むこと　　排便

(☆☆☆☆◎◎◎◎)

【8】この文章は中学校学習指導要領解説—保健体育編—(平成20年9月)の体育分野のB器械運動「第1学年及び第2学年」についての抜粋である。文中の①～⑱の(　　)にあてはまる語句を後の語群より選び，記号で答えなさい。(　　)の同数字は同じ語句である。

1　技能

---

(1)　次の運動について，技ができる楽しさや喜びを味わい，その技がよりよくできるようにする。

ア　マット運動では，(　①　)や(　②　)の基本的な技を滑らかに行うこと，条件を変えた技，発展技を行うこと，それらを組み合わせること。

イ　鉄棒運動では，(　③　)や(　④　)の基本的な技を滑らかに行うこと，条件を変えた技，発展技を行うこと，それらを組み合わせること。

ウ　平均台運動では，(　⑤　)や(　⑥　)の基本的な技を滑らかに行うこと，条件を変えた技，発展技を行うこと，それらを組み合わせること。

エ　跳び箱運動では，(　⑦　)や(　①　)の基本的な技を滑らかに行うこと，条件を変えた技，発展技を行うこと。

器械運動の各種目には多くの技があることから，それらの技を，(　⑧　)，(　⑨　)，(　⑩　)の視点によって分類した。(　⑧　)とは

195

各種目の特性を踏まえて技の運動課題の視点から大きく分類したものである。（　⑨　）とは類似の運動課題や運動技術の視点から分類したものである。（　⑩　）とは類似の運動課題や運動技術に加えて，運動の方向や運動の経過，さらには技の系統性や発展性も考慮して技を分類したものである。なお，平均台運動と跳び箱運動については，技の数が少ないことから（　⑧　）と（　⑩　）のみで分類した。この分類については，中学校と高等学校との一貫性を図ったものである。

〜〜中略〜〜

(1)　マット運動

　　「（　①　）や（　②　）の基本的な技」とは，（　①　）の（　⑪　）技群，（　⑫　）技群の基本的な技，（　②　）の（　⑬　）技群の基本的な技を示している。

　〈（　①　）の例示〉

　○　（　⑪　）技群((　⑭　)をマットに接して回転する)

　　・体をマットに順々に接触させて回転するための動き方，（　⑮　）を高めるための動き方で，基本的な技の一連の動きを滑らかにして回ること。

　　・開始姿勢や(　⑯　)姿勢，組合せの動きや手の着き方などの条件を変えて回ること。

　　・学習した基本的な技を発展させて，一連の動きで回ること。

　○　（　⑫　）技群(手や足の支えで回転する)

　　・全身を支えたり，突き放したりするための（　⑰　）の仕方，（　⑮　）を高めるための動き方，起き上がりやすくするための動き方で，基本的な技の一連の動きを滑らかにして回転すること。

　　・開始姿勢や(　⑯　)姿勢，手の着き方や組合せの動きなどの条件を変えて回転すること。

　　・学習した基本的な技を発展させて，一連の動きで回転すること。

　〈（　②　）の例示〉

　○　（　⑬　）技群(バランスをとりながら(　⑱　)する)

・バランスよく姿勢を保つための力の入れ方，バランスの崩れを復元させるための動き方で，基本的な技の一連の動きを滑らかにして(⑱)すること。

・姿勢，体の向きなどの条件を変えて(⑱)すること。

・学習した基本的な技を発展させて，バランスをとり(⑱)すること。

「それらを組み合わせる」とは，同じ(⑩)や異なる(⑩)の基本的な技，条件を変えた技，発展技の中から，いくつかの技を「はじめ－なか－おわり」に組み合わせて行うことを示している。

語群

ア	決めの	イ	終末	ウ	しまい
エ	おわり	オ	踏み切り	カ	着手
キ	静止	ク	筋力	ケ	瞬発力
コ	回転力	サ	グループ	シ	集合
ス	系	セ	技群	ソ	支持系
タ	体操系	チ	発展系	ツ	回転系
テ	切り返し系	ト	懸垂系	ナ	巧技系
ニ	バランス系	ヌ	ほん転	ネ	平均立ち
ノ	接転	ハ	後頭部	ヒ	背中
フ	軸足				

(☆☆☆☆◎◎◎◎)

【9】次の表は，中学校学習指導要領解説―保健体育編―(平成20年9月)のダンスの「表現・創作ダンスの題材・テーマと動きの例」の抜粋である。表中の①～⑩の(　)にあてはまる語句を後の語群より選び，記号で答えなさい。(　)の同数字は同じ語句である。

197

	中学校1・2年	中学校3年
題材・テーマ	・身近な生活や日常動作 ・（　①　）の動きの連続 ・多様な感じ ・（　②　）の動き ・ものを使う	・身近な生活や日常動作 ・（　①　）の動きの連続 ・多様な感じ ・（　②　）の動き ・ものを使う ・（　③　）とストーリー
即興的な表現 （ひと流れの動き で表現）	・多様なテーマからイメージをとらえる ・イメージを（　④　）に表現する ・変化を付けたひと流れの動きで表現する ・動きを（　⑤　）したり繰り返したりして表現する	・表したいテーマにふさわしいイメージをとらえる ・変化を付けたひと流れの動きで（　④　）に表現する ・主要場面を中心に表現する ・個や（　②　）で,（　⑥　）のある動きや（　⑦　）の使い方で変化を付けて表現する
簡単な作品創作 （ひとまとまりの 表現）	・変化と（　⑧　）のある「はじめ－なか－おわり」のひとまとまりの動きで表現する	・表したいイメージを一層深めて表現する ・変化と（　⑧　）のある「はじめ－なか－おわり」の簡単な作品に表現して踊る
発表の様子	・（　⑨　）発表する	・（　⑩　）発表する

ア　演技　　イ　はこび　　ウ　キレ　　エ　空間
オ　起伏　　カ　ストーリー　　キ　群　　ク　センス
ケ　対称　　コ　対極　　サ　創造的　　シ　即興的
ス　変更　　セ　緩急強弱　　ソ　強調　　タ　誇張
チ　皆で協力して　　　　　ツ　動きを見せ合って
テ　役割を分担して　　　　ト　踊り込んで仕上げて

(☆☆☆☆◎◎◎)

【10】次の文章は，新体力テストについて書かれたものである。(1)～(4)はそれぞれの文が示す測定項目の名称を，(5)～(7)はそれぞれの問いに答えなさい。

(1)　筋力を計る項目で，左右交互に2回ずつ計るもの。

(2)　柔軟性を計る項目。

(3)　スピードを計る項目。

(4)　全身持久力を計るもので，同じ間隔の2本の平行線の間を往復する項目。

(5)　ハンドボール投げで計る力は何か。(2つ挙げなさい)

(6)　立ち幅とびで計る力は何か。(1つ挙げなさい)

(7)　反復横とびで使用する3本のラインは何cm間隔で引かれているか。

(☆☆☆☆◎◎◎◎)

【11】次の各文は，(1)～(4)は陸上競技，(5)～(8)は卓球について書かれたものである。各文の下線部が正しいものは○で，誤っているものは正しい語句を答えなさい。

(1)　クラウチングスタートで，後ろ足と前足との間が1足長，前足とスタートラインまでの間が2足長のスタート法は，エロンゲーテッドスタートである。

(2)　頭部・首・肩・腕・脚を除いた胴体部分をツイストという。

(3)　ハードル走において，ハードルを越える瞬間に，足または脚がハードルをはみ出してバーの高さより低い位置を通ったとき，その競技者は失格となる。

(4)　背面跳びにおいて，右足踏み切りの場合，バーに向かって右側から助走を始めるとよい。

(5)　木質生地のラケット面でボールを打つことは，反則である。

(6)　サーブの際，ボールは手のひらから20cm以上ほぼ垂直に回転を与えずに投げ上げなければならない。

(7)　ボールに後進回転を与える打法をドライブ打法という。

(8)　使用するボールの直径は40mmである。

(☆☆☆☆◎◎◎◎)

【12】体育・スポーツの視点に立って，次の(1)，(2)の用語を簡潔に説明
　　しなさい。

　(1)　ニュースポーツ(具体例を2例挙げる)

　(2)　ランダウンプレイ(ベースボール型球技)

(☆☆☆☆◎◎◎)

解答・解説

【中学校】

【1】① タ　② キ　③ テ　④ ケ　⑤ サ　⑥ ソ
　　⑦ セ　⑧ エ

〈解説〉「中学校学習指導要領解説　保健体育編」(平成20年9月)の保健分
　　野の目標及び内容についての解説を参照のこと。語群の中には間違い
　　やすい語句も含まれているので，抜粋元を熟読して内容を理解してお
　　きたい。

【2】① キ　② ウ　③ サ　④ シ　⑤ ヌ　⑥ ツ
　　⑦ カ　⑧ ソ　⑨ ト　⑩ タ

〈解説〉「中学校学習指導要領解説　保健体育編」(平成20年9月)の保健分
　　野の「内容の取扱いについて」を参照のこと。キ・ク・ケ，ナ・ニ・
　　ヌなど同じカテゴリーの語句の選択については迷うところなので，抜
　　粋元を熟読して覚えておくこと。

【3】(1)　・心身の機能の発達と心の健康…1年　　　・健康と環境…2年
　　・傷害の防止…2年　・健康な生活と疾病の予防…3年　　(2)　・二次
　　災害によって生じる傷害に関する内容　　・医薬品に関する内容

〈解説〉(1)「中学校学習指導要領解説　保健体育編　3　内容の取扱い」
　　において，「心身の機能の発達と心の健康」を第1学年で，「健康と環

境」及び「傷害の防止」を第2学年で，「健康な生活と疾病の予防」を
第3学年で指導することを示している。　(2)「中学校学習指導要領解
説　第1章　2　保健体育科改訂の趣旨　イ　改善の具体的事項(オ)」
を参照すること。個人生活における健康・安全に関する内容を重視す
る観点から，二次災害によって生じる傷害，医薬品に関する内容につ
いて取り上げるなど，指導内容が改善された。

【4】(1)　領域性，監視性，抵抗性　　(2)　生活安全，交通安全，災害
安全(防災)　　(3)　調和のとれた食事(栄養)，適切な運動，十分な休
養・睡眠　　(4)　ニコチン，タール，一酸化炭素
〈解説〉(1)　地域安全マップづくりの理論的根拠として，犯罪機会を減
らすためには，「領域性」「監視性」「抵抗性」を高めることが必要で
ある。　(2)　平成26(2014)年5月20日に発表された文部科学省スポー
ツ・青少年局学校健康教育課「学校安全について」の資料において，
学校安全の3領域は，「生活安全」「交通安全」「災害安全」と記載され
ているので確認しておきたい。　(3)　平成14年9月30日の中央教育審
議会(第24回)配布資料「子どもの体力向上のための総合的な方策につ
いて(答申)」の中の「6　体力向上に資する子どもの生活習慣の改善」
において，健康3原則として「調和のとれた食事，適切な運動，十分
な休養・睡眠」と記載されているので確認しておきたい。　(4)　たば
こには約4000の物質が含まれており，その中の200種類程度が身体に
有害といわれている。なかでも「ニコチン」「タール」「一酸化炭素」
が代表的な3つの有害成分である。

【5】(1)　ウ　　(2)　オ
〈解説〉(1)　橈骨は，前腕にある骨である。　(2)　日本内科学会による
と，我が国ではウエスト周囲径(内臓脂肪の蓄積)が男性85cm・女性
90cmを超え，高血圧・高血糖・脂質異常症のうち2つに当てはまると
メタボリックシンドロームと診断される。

【6】(1)　オ　　(2)　ア　　(3)　ウ
〈解説〉(1)　退行ではなく逃避である。　(2)　「熱ひはい」は高温下の運
　　動などによって体温上昇がおこり，それに伴い発汗が起こるが，発汗
　　に見合うだけの水分補給が行われないと脱水症状をおこすことであ
　　る。　(3)　ほとんどの性感染症は，何度でも感染する恐れがある。治
　　療後も，性感染症の予防に気をつけなければならない。

【7】朝食をとることで，体温が上昇し血流が良くなります。また，寝て
　　いる間に消費したエネルギーの補給を行います。噛むことで脳に刺激
　　を与え，胃に食物が送り込まれると腸や大腸が動きはじめ，朝の排便
　　にもつながります。
〈解説〉朝食の効果として，①脳にエネルギーを補給する，②体温を上げ
　　る(食べ物を噛む→胃が動き始める→腸が活動する，という一連の動き
　　により身体が次第に温まり血流が良くなるため，身体が元気に動き出
　　す)，③肥満を防ぐ，④すっきり快腸(朝食が刺激となり，腸の働きが
　　活発となる)がある。以上を組み合わせて記述する。

【8】①　ツ　　②　ナ　　③　ソ　　④　ト　　⑤　タ　　⑥　ニ
　　⑦　テ　　⑧　ス　　⑨　セ　　⑩　サ　　⑪　ノ　　⑫　ヌ
　　⑬　ネ　　⑭　ヒ　　⑮　コ　　⑯　イ　　⑰　カ　　⑱　キ
〈解説〉「中学校学習指導要領解説　保健体育編」(平成20年9月)の体育分
　　野のB器械運動「第1学年及び第2学年」の内容を参照すること。語群
　　の中には間違いやすい語句も含まれているので，同解説を熟読して内
　　容を理解しておきたい。

【9】①　コ　　②　キ　　③　イ　　④　シ　　⑤　タ　　⑥　セ
　　⑦　エ　　⑧　オ　　⑨　ツ　　⑩　ト
〈解説〉「中学校学習指導要領解説　保健体育編」(平成20年9月)の第2章
　　第2節　体育分野の　2　内容Gダンス「表現・創作ダンスの題材・テ
　　ーマと動きの例」の内容を参照すること。語群の中には間違いやすい

語句も含まれているので，同解説を熟読して内容を理解しておきたい。

【10】(1)　握力　　(2)　長座体前屈　　(3)　50m走　　(4)　20mシャトルラン　　(5)　巧ち性・筋パワー(瞬発力)・投能力から2つ
(6)　筋パワー(瞬発力)・跳能力から1つ　　(7)　100
〈解説〉新体力テストは，体力・運動能力の状況を確かめるためのテストで，「握力(筋力)」「上体起こし(筋力・筋持久力)」「長座体前屈(柔軟性)」「反復横とび(敏捷性)」「持久走または20mシャトルラン(全身持久力)」「50m走(スピード)」「立ち幅とび(瞬発力)」「ハンドボール投げ(巧緻性・瞬発力)」の8項目(持久走と20mシャトルランはどちらかを選択)で構成されている。

【11】(1)　バンチ　　(2)　トルソー　　(3)　○　　(4)　左　　(5)　○
(6)　16　　(7)　カット　　(8)　○
〈解説〉(1)　クラウチングスタートには，ミディアム，バンチ，エロンゲーテッドと3種類のスタート方法がある。　　(2)　陸上競技のトラック競技では，フィニッシュラインをこの胴体部分(トルソー)が通過したときゴールとなる。　　(3)　ハードルを越えるときの失格について確認しておくこと。　　(4)　背面跳びの踏み切り足は，バーに対して外側の足で踏み切ることで助走方向が決まる。　　(5)　ラバーを貼っていない面で打球すると失点となる。　　(6)　16cm以上投げ上げること。
(7)　ドライブ打法とカット打法のボールの回転を確認すること。
(8)　使用するボールは，直径40mm・2.7gの重さでセルロイドまたはそれに性質が似ているプラスチック製のものを使う。

【12】(1)　レクリエーションの一環として気軽に楽しむことを主な目的として考案された運動。例：ペタンク，カーリング，ゲートボール，インディアカ，フットサルなどから2つ。　　(2)　走者を塁間にはさんで守備が連携してアウトを取りにいくプレイ。
〈解説〉(1)　競技スポーツとは違い，一般に勝敗に拘らず気軽に楽しめ

るスポーツであり，解答例の他にターゲットバードゴルフ，ネットボール，フライングディスク，ダーツなどがある。　(2)　塁間に立っている走者をアウトにしようとする守備側のプレイをいう。

2015年度　実施問題

【中高共通】

【1】次の(1)～(6)の文は，「中学校学習指導要領解説—保健体育編—(平成20年9月)」の保健分野の内容についての解説から抜粋したものである。文中の(①)～(⑳)に当てはまる語句を後の語群から選び記号で答えなさい。( )の同数字は同じ語句である。

(1) 思春期には，(①)から分泌される(②)ホルモンの働きにより生殖器の発育とともに生殖機能が発達し，男子では射精，女子では月経が見られ，(③)が可能となることを理解できるようにする。～中略～　なお，指導に当たっては，発達の段階を踏まえること，(④)全体で共通理解を図ること，(⑤)の理解を得ることなどに配慮することが大切である。

(2) 気温の変化に対する(⑥)調節の機能を例として取り上げ，身体には，環境の変化に対応した調整機能があり，一定の範囲内で環境の変化に適応する能力があることを理解できるようにする。また，(⑦)や山や海での遭難などを取り上げ，(⑥)を一定に保つ身体の適応能力には限界があること，その限界を超えると健康に重大な影響が見られることを理解できるようにする。

(3) 人間の生活に伴って生じたし尿やごみなどの(⑧)は，その種類に即して自然環境を汚染しないように(⑨)に処理されなければならないことを理解できるようにする。～中略～

　なお，(⑩)がみられる地域にあっては，イ，ウ{学習指導要領　保健分野　2内容　(2)　健康と環境について理解できるようにする。}　の内容と関連させて，その(⑩)と健康との関係を具体的に取り扱うことにも配慮するものとする。

(4) 交通事故や自然災害などによる傷害は，人的要因，環境要因及びそれらの相互のかかわりによって発生すること，人的要因としては，

人間の心身の状態や(　⑪　)の仕方について，環境要因としては，生活(　⑫　)における施設・整備の状態や(　⑬　)条件などについて理解できるようにする。

(5)　人間の健康は生活(　⑪　)と深くかかわっており，健康を保持増進するためには，(　⑭　)，生活(　⑫　)等に応じた食事，適切な運動，休養及び(　⑮　)の調和のとれた生活を続けることが必要であることを理解できるようにする。また，食生活の乱れ，運動不足，(　⑮　)時間の減少などの不適切な生活習慣は，やせや肥満などを引き起こしたり，また，(　⑯　)を引き起こす要因となったりし，生涯にわたる心身の健康に様々な影響があることを理解できるようにする。

(6)　飲酒については，酒の主成分エチルアルコールが(　⑰　)神経の働きを低下させ，(　⑱　)力や自制力を低下させたり運動障害を起こしたりすること，急激に大量の飲酒をすると急性中毒を起こし意識障害や死に至ることもあることを理解できるようにする。また，常習的な飲酒により，(　⑲　)や脳の病気など様々な病気をおこしやすくなることを理解できるようにする。特に，未成年の飲酒については，身体に大きな影響を及ぼし，エチルアルコールの作用などにより(　⑳　)になりやすいことを理解できるようにする。

1の語群

ア	環境	イ	経験	ウ	気象	エ	廃棄物
オ	汚染水	カ	生活	キ	行動	ク	入浴
ケ	睡眠	コ	学習	サ	思考	シ	体温
ス	生活習慣病	セ	肝臓病	ソ	腎臓病	タ	心臓病
チ	肥満	ツ	下垂体	テ	胸腺	ト	中枢
ナ	抹消	ニ	甲状腺	ヌ	交換	ネ	男女
ノ	年齢	ハ	妊娠	ヒ	子宮	フ	衛生的
ヘ	依存症	ホ	熱中症	マ	高山病	ミ	凍傷
ム	感染症	メ	男性	モ	女性	ヤ	性腺刺激
ユ	社会的	ヨ	生理的	ラ	効果的	リ	公害

　ル　学校　　　　レ　地域　　　ロ　学校長　　ワ　保護者

（☆☆☆○○○）

【2】次の(1)～(4)には，それぞれ3つの内容が含まれている。その内容を答えなさい。

(1)　暑さ・寒さを感じる条件(温熱条件)

(2)　ごみの発生を抑える条件(循環型社会)

(3)　地震時，屋内で大きな揺れに対して落下物等から身を守る場所(初期対応)の定義

(4)　感染症成立のための三大要因

（☆☆☆○○○）

【3】次の(1)～(4)の内容において，ア～オの語句で当てはまらないものが一つ含まれている。その語句を選び記号で答えなさい。

(1)　内分泌腺

　　ア　視床下部　　イ　甲状腺　　ウ　膵臓　　エ　副腎

　　オ　扁桃腺

(2)　体内での水分のはたらき

　　ア　栄養素の運搬　　イ　老廃物の運搬　　ウ　体温調節

　　エ　運動機能調節　　オ　血液濃度の調節

(3)　自転車安全五則

　　ア　車道が原則，歩道は例外

　　イ　歩道は歩行者優先，歩道よりを徐行

　　ウ　車道は左側通行

　　エ　安全ルールを守る

　　オ　子どもはヘルメット着用

(4)　社会的欲求

　　ア　所属　　イ　尊厳・承認　　ウ　優越　　エ　安全

　　オ　自己実現

（☆☆☆○○○）

【4】中学校保健分野の学習内容について述べた次のア～オの文章のうち，記述に誤りがあるものを一つ選び記号で答えなさい。

(1) 体の発育・発達に関連する記述

ア　子どもの発育・発達にはいくつかの原則がある。中学生の時期は，男女とも第二発育急進期に当たり，思春期の体の変化が最も著しい時期である。

イ　発育・発達は連続して進み，遺伝的に規定された一定の順序で秩序正しく進む。出生後は，特に早期には運動機能は定型的に発達する。

ウ　ヒトの発育・発達には基本的な方向性が見られる。すなわち，体の発達は①頭部から尾部方向へ，②中心部から周辺方向へ，③mass activityからspecific activityへといわれている。

エ　体の各器官の発育・発達は，各器官とも均一に進むのではなく，その速度も一定ではない。また，各器官特有の組織学的構造についても，年齢による発育変化を示し，機能の発達と関係する。

オ　発育・発達にはだれでも生物学的一般原則に従って進むが，その程度には個人差はあるが性差はない。特に中学生の時期は，思春期の体の変化が著しい時期にあたり，個人差が顕著に現れる時期でもある。

(2) 生活に伴う廃棄物の衛生管理(自然の浄化作用)に関連する記述

ア　希釈・拡散―広い範囲に広がって非常に薄くなるが，ほとんどにおいや色が変わらない。

イ　沈殿とは―川や海の底に沈んでやがて分解されるために，濃度が低くなる。

ウ　太陽光線とは―紫外線の殺菌作用により，水中の有害・無害の細菌を殺す。太陽エネルギーは，水中の食物プランクトンが光合成するのに利用され，溶存酸素の量を増やす。

エ　溶存酸素―水中の酸素は，微生物や魚介類の呼吸に必要な酸素の源であり，同時にし尿などの汚れを酸化して無害なものにする。

オ　水中微生物―バクテリア，プランクトンなどの水中微生物は，

し尿などの汚れを栄養分として取り入れ，水に溶けやすい形にし，植物の栄養分になるよう変化させていく。

(3) 応急手当てに関連する記述

　ア　わたしたちは，いつどこで突然のけがや病気におそわれるか予測できない。急病や事故が発生した場合に救急車を呼ぶが，救急車が119番通報を受けてから現場に到着するまでの全国の平均時間は約8分である。

　イ　心肺蘇生法には一次救命処置と二次救命処置がある。一次救命処置は，だれもが行える処置であり，胸骨圧迫，人工呼吸，AEDなどが含まれる。

　ウ　けが人の扱い方で行ってはいけないこととして，不用意に動かさないことがあげられる。それは，あわてて体を揺さぶって，容態を悪化させないようにするためである。

　エ　止血の根本原則は出血部位の圧迫で，これは出血が動脈性であっても静脈性であっても変わらない。

　オ　骨折の可能性がある場合は，患部の部位に合わせた固定具のすき間にタオルなどを入れ，患部を動かさないように固定する。

(4) 運動と健康に関連する記述

　ア　心臓の場合，運動を繰り返すことによって，心筋の厚さが増すとともに，心臓自体の容量が増える。それによって，1回の拍動で送り出される血液の量が増加する。

　イ　筋肉を活発に働かせるためには，より多くの酸素や栄養物質を各器官に運び込むことが必要になる。運動を継続的に行うことによって，酸素や栄養物質を細胞に受け渡す役割を果たしている毛細血管の数が増加する。

　ウ　骨は，運動することによって，骨に多量のカルシウムが沈着して太くなる。あるいは骨の密度が高くなる。

　エ　運動不足の生活は，血管にコレステロールや老廃物などが沈着し，動脈硬化の大きな原因となる。運動，とりわけ無酸素運動を続けると，血液中のコレステロールが除去され，また老廃物を溶

かす酵素の働きが高まる。

　オ　現代人は肩こりやイライラ，熟睡ができないなどの症状を持つ
　　人が少なくないが，運動によってこれらの症状を防いだり和らげ
　　たりすることができる。運動には精神的な緊張を和らげる効果も
　　あり，ストレスが関係する病気の予防にも役立つ。

(5)　性感染症・エイズに関連する記述

　ア　性感染症とは，性行為によって人から人に直接接触感染する病
　　気の総称である。性感染症は，すべて性行為のみによって感染す
　　るものだけではなく，性行為以外の感染経路もあることに留意し
　　ておかなければならない。

　イ　主要な性感染症の動向として注意しなければならないのは，女
　　性の陰部クラミジアの増加傾向である。特に若い女性には将来の
　　不妊をもたらすばかりでなく，非感染者に比べてHIVの感染率が
　　高いことが明らかにされている。

　ウ　性感染症流行の背景としては，性行動の活発化が挙げられる。
　　活発化の内容は，性交経験の早期化とパートナーの多様化である。
　　したがって，特定の相手としか関係がなければ性感染症にかかる
　　ことはない。

　エ　健康で免疫力が正常な人では感染症を起こさないような，病原
　　性の弱い微生物が原因で発症する感染症のことを，日和見感染症
　　という。HIVに感染すると免疫力が低下するため，日和見感染が
　　発症しやすくなる。

　オ　HAART療法とは，複数の抗HIV薬を各患者の症状や体質に合わ
　　せて組み合わせながら投与し，HIVの増殖を抑え，エイズの発症
　　を防ぐ多剤併用療法で，いくつかの薬を組み合わせることから，
　　カクテル療法とも呼ばれている。

(☆☆☆◎◎◎)

【5】適応能力の高地順化において，体の働きはどのように変化し，どのような体力要素に影響するか，簡潔に答えなさい。

(☆☆☆◎◎◎)

【6】安全(防災)教育の視点で，自助，共助，公助について簡潔に説明しなさい。

(☆☆☆◎◎◎)

【7】この文章は，「中学校学習指導要領解説―保健体育編―(平成20年9月)」の体育分野の「A体つくり運動「第3学年」」についての抜粋である。文中の①～⑳の(　　)に当てはまる語句を後の語群から選び，記号で答えなさい。(　　)の同数字は同じ語句である。

1　運動

(1)　次の運動を通して，体を動かす楽しさや心地よさを味わい，体力を高め，目的に適した運動の計画を立て取り組むことができるようにする。

ア　体ほぐしの運動では，(　①　)は互いに影響し変化することに気付き，体の状態に応じて体の調子を整え，仲間と積極的に(　②　)するための手軽な運動や(　③　)運動を行うこと。

イ　体力を高める運動では，(　④　)に応じて，健康の保持増進や(　⑤　)のとれた体力の向上を図るための運動の計画を立て取り組むこと。

(1)　体ほぐしの運動

「(　①　)は互いに影響し変化することに気付く」とは，運動を通して，体がほぐれると心がほぐれ，心がほぐれると体が軽快に動き，仲間の心も一層解放されるように，自己や(　⑥　)の(　①　)は，互いに影響し合い，かかわり合いながら変化することに気付くことである。

「体の状態に応じて体の調子を整える」とは，運動を通して，人の体や心の状態には個人差があることを把握し，体の状態に合わせて

力を抜く，（　⑦　）を伸ばす，（　⑧　）に動くなどして，体の調子を整えるだけでなく，心の状態を軽やかにし，ストレスの軽減に役立つようにすることである。

「仲間と積極的に（　②　）する」とは，運動を通して，共に運動する仲間と進んで協力したり認め合ったりすることによって，仲間を大切に感じたり信頼で結ばれたりするように（　②　）することである。

　このように体ほぐしの運動は，「（　①　）は互いに影響し変化することに気付く」，「体の状態に応じて体の調子を整える」，「仲間と積極的に（　②　）する」ことを（　④　）として行われる運動である。なお，一つの行い方においても，（　⑨　）の（　④　）が関連している場合があるので，指導に際しては，これらの（　④　）をかかわり合わせながら指導することにも留意することが大切である。

「手軽な運動や（　③　）運動」とは，だれもが簡単に取り組むことができる運動，仲間と楽しくできる運動，心や体が弾むような軽快な運動を示している。指導に際しては，これらの運動を，自己や（　⑥　）の心や体は互いに影響し合っていることに気付かせたり，心や体によって（　⑩　）をとったりして行うようにすることが大切である。

〈行い方の例〉

　第3学年では，以下の例などから運動を組み合わせ，（　④　）に合うように構成して取り組み，実生活にも生かすことができるようにする。

・（　⑪　）とした動作で用具などを用いた運動を行うこと。
・リズムに乗って心が弾むような運動を行うこと。
・ペアでストレッチングをしたり，緊張を解いて（　⑫　）したりする運動を行うこと。
・いろいろな条件で，歩いたり走ったり跳びはねたりする運動を行うこと。
・仲間と動きを合わせたり，対応したりする運動を行うこと。

(2) 体力を高める運動

「(④)に応じて」運動を行うとは，健康に生活するための体力，運動を行うための体力を高めるなどの自己の体力に関する(④)を設定して，自己の健康や体力の実態と(⑬)に応じて，運動の計画を立て取り組むことである。

「健康の保持増進や(⑤)のとれた体力の向上を図るための運動の計画を立て取り組む」とは，第1学年及び第2学年で学習した「(④)に応じて，体の(⑭)，巧みな動き，(⑮)動き，動きを持続する能力を高めるための運動を行うとともに，それらを組み合わせて運動の計画に取り組む」ことを踏まえて，運動不足や(⑯)を解消する，体調を維持するなどの健康に生活するための体力や運動を行うための体力をバランスよく高めていく運動の計画を立て取り組むことである。指導に際しては，①だれのためか，何のためか，②どのような運動を用いるか，③いつ，どこで運動するか，④どの程度の(⑰)，時間，回数で行うかなどに着目させ，計画を立てさせることが大切である。また，一部の能力のみの向上を図るのではなく，(⑤)のとれた体力の向上が図られるよう配慮することが大切である。

その上で，新体力テストなどの測定結果を利用する際には，例えば，測定項目の(⑱)は体の(⑭)の一部を測定するものではあるが，これ以外にも体の(⑭)を高める必要があること，成長の段階によって発達に差があることなどを理解させ，測定項目の運動のみを行ったり，測定値の向上のために過度な競争をあおったりすることのないよう留意することなどが大切である。

〈運動の計画の行い方の例〉

○健康に生活するための体力を高める運動の計画と実践

　・食事や(⑲)などの生活習慣の改善も含め，(⑳)，運動部の活動及び家庭などで日常的に行うことができる運動例を用いて計画を立て取り組むこと。

○運動を行うための体力を高める運動の計画と実践

・新体力テストの測定結果などを参考にして自己の体力の状況を把握し，その結果を踏まえた(　⑤　)のとれた体力の向上を図るための運動の計画を立て取り組むこと。

7の語群

ア　脱力	イ　運動強度	ウ　リズミカル
エ　律動的な	オ　力強い	カ　交流
キ　筋肉	ク　長座体前屈	ケ　握力
コ　のびのび	サ　心と体	シ　運動と健康
ス　ねらい	セ　複数	ソ　疲労
タ　調和	チ　睡眠	ツ　実生活
テ　柔らかさ	ト　休憩時間	ナ　他者
ニ　コミュニケーション		

(☆☆☆◎◎◎)

【8】「次の表は，「中学校学習指導要領解説—保健体育編—(平成20年9月)」の水泳の「各泳法の動きの例」の抜粋である。表中の①～⑩の(　　)に当てはまる語句を後の語群から選び，記号で答えなさい。(　　)の同数字は同じ語句である。(編集部注：③と⑤は出題ミスにより，全員正解としている)

214

種目	小学校5・6年	中学校1・2年	中学校3年
クロール	・手を左右交互に前に伸ばして水に入れ、かくこと ・リズミカルなばた足 ・肩のローリングを用いて顔を横に上げて呼吸	・一定のリズムの強いキック ・S字を描くような（ ① ） ・（ ② ）とタイミングのよい（ ③ ）	・手を頭上近くでリラックスして動かす（ ① ） ・自己に合った方向での（ ⑤ ）
平泳ぎ	・両手を前方に伸ばし、円を描くように左右に開き水をかくこと ・足の裏全体での水の押し出し ・キックの後の伸びの姿勢 ・手を左右にかきながら、顔を前に上げて呼吸	・カエル足で長く伸びたキック ・（ ④ ）型を描くような（ ① ） ・キック動作に合わせた（ ⑤ ）	・（ ④ ）型を描くような強い（ ① ） ・1回のキック・（ ① ）・（ ③ ）で大きく進む
背泳ぎ		・両手を頭上で組んで、背中を伸ばし、水平に浮いたキック ・肘を肩の横で（ ⑥ ）度程度曲げた（ ① ） ・手・肘を高く伸ばした直線的な（ ⑦ ） ・（ ① ）とキック動作に合わせた呼吸	・肘を伸ばし、肩を支点にまっすぐ肩の延長線の小指側からの（ ⑦ ） ・肩のスムーズな（ ② ）
バタフライ		・（ ⑧ ） ・（ ⑨ ）の形を描くような（ ① ） ・呼吸と（ ① ）のかき終わりのタイミングをとる2キック目の（ ③ ）	・（ ⑨ ）の形を描くように水をかき、手のひらを（ ⑩ ）の近くを通るようにする動き ・キック2回ごとに（ ① ）1回と（ ③ ）を合わせたコンビネーション

8の語群

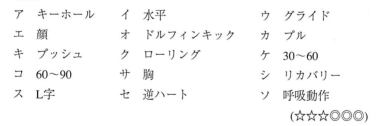

ア	キーホール	イ	水平	ウ	グライド
エ	顔	オ	ドルフィンキック	カ	プル
キ	プッシュ	ク	ローリング	ケ	30〜60
コ	60〜90	サ	胸	シ	リカバリー
ス	L字	セ	逆ハート	ソ	呼吸動作

（☆☆☆◎◎）

【9】次の表は，「中学校学習指導要領解説—保健体育編—（平成20年9月）」の体育理論からの抜粋である。表中の①〜⑥の（　）に当てはまる語句を後の語群から選び，記号で答えなさい。（　）の同数字は同じ語句である。

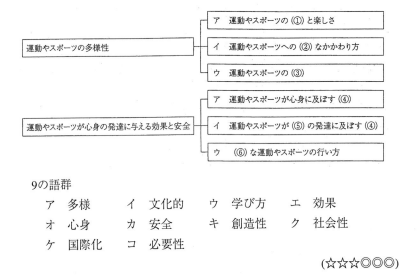

9の語群

ア　多様　　　イ　文化的　　ウ　学び方　　エ　効果
オ　心身　　　カ　安全　　　キ　創造性　　ク　社会性
ケ　国際化　　コ　必要性

(☆☆☆◎◎◎)

【10】次の各文はサッカーと柔道について書かれたものである。各文の下線部が正しいものは○で，誤っているものは正しい語句を答えなさい。

(1) サッカーで，味方のキックによる意図的なパスをゴールキーパーが手で扱ったときには，<u>ペナルティーキック</u>となる。

(2) サッカーで，ペナルティーエリア外で，相手に不当にチャージをした場合，<u>間接フリーキック</u>となる。

(3) サッカーで，スローインの際には，<u>両足</u>を地面に着けて行わなければならない。

(4) サッカーで，ペナルティマークからゴール(ゴールライン)までの距離は，<u>10m</u>である。

(5) 柔道で，自由練習のことを<u>乱取り</u>ともいう。

(6) 柔道で，<u>つり手</u>とは相手と組んだ姿勢で，相手のそでを持った手である。

(7) 柔道で，わざをかける者を<u>受(うけ)</u>という。

(8) 柔道がオリンピック正式種目になったのは，男子が1964年の東京

大会，女子が1992年の<u>アトランタ</u>大会からである。

(☆☆☆◎◎◎)

【11】体育・スポーツの視点に立って，次の(1)(2)の用語を簡潔に説明しなさい。

(1) 塵浄水(相撲)

(2) シンコペーション(ダンス)

(☆☆☆◎◎◎)

解答・解説

【中高共通】

【1】① ツ ② ヤ ③ ハ ④ ル ⑤ ワ ⑥ シ
⑦ ホ ⑧ エ ⑨ フ ⑩ リ ⑪ キ ⑫ ア
⑬ ウ ⑭ ノ ⑮ ケ ⑯ ス ⑰ ト ⑱ サ
⑲ セ ⑳ ヘ

〈解説〉(1) 女性の性周期は，性腺刺激ホルモンと卵巣から分泌される女性ホルモン(黄体ホルモンと卵胞ホルモン)によって調整されている。性周期は月経や基礎体温から確かめることができる。 (2) 身体は，気温の変化に対して諸器官をはたらかせて体温を一定に保とうとしている。また，気圧や酸素濃度に対しても，様々な機能をはたらかせて対応する。 (3) 公害については四大公害病などの事例，環境基本法や廃棄物処理法など，関連する法律についても確認しておく。

(5) 健康は，主体の要因と環境の要因がある。主体の要因としての不適切な生活習慣により，心臓病や脳卒中といった生活習慣病が引き起こされる。 (6) 特に，たばこについては含まれる有害物質の名称と効果について，おさえておきたい。未成年者の飲酒は「未成年者飲酒禁止法」で禁止されている。

【２】(1)　温度，湿度，気流　　(2)　リデュース，リユース，リサイクル　　(3)　移動してこない，倒れてこない，落ちてこない　　(4)　感受性のある人(体の抵抗力)，感染源(病原体)，感染経路

〈解説〉(2)　循環型社会形成推進基本法では，循環型社会について「廃棄物等の発生抑制，循環資源の循環的な利用及び適正な処分が確保されることによって，天然資源の消費を抑制し，環境への負荷ができる限り低減される社会」となるようなことが定義されている。同法で，廃棄物等の処理についての優先順位が初めて法定化された。　　(3)　文部科学省が作成した「学校防災のための参考資料『生きる力』を育む防災教育の展開」(平成25年3月)に，本問で出題されている定義が明記されている。　　(4)　感染症の具体策には，感受性者対策として予防接種，感染源対策として消毒，感染経路対策として検疫などがあげられる。

【３】(1)　オ　　(2)　エ　　(3)　イ　　(4)　エ

〈解説〉(1)　下垂体・視床下部・甲状腺・膵臓・副腎・卵巣などのホルモンを分泌する器官を内分泌腺(器官)という。分泌されたホルモンは，そのホルモンが標的とする器官まで運ばれ，その器官のはたらきを調節している。これらの中で，下垂体前葉は他の内分泌腺(器官)のはたらきを調節するホルモンを多く分泌しているため，内分泌系の中枢とされている。なお，扁桃腺については「免疫系」の器官にあたる。(2)　運動機能の調節は，神経系によって行われる。　　(3)　『歩道』よりを徐行ではなく，『車道』よりを徐行が正しい。　　(4)　欲求には，生まれながらに持っている一次的欲求である「生理的欲求」，成長の過程で発達する二次的欲求である「自我欲求」と「社会的欲求」がある。「社会的欲求」は，個人が社会の中で生活していくために必要な欲求であり，エの「安全欲求」のような生命維持に対する欲求は「生理的欲求」にあたる。

【4】(1) オ　　(2) ア　　(3) オ　　(4) エ　　(5) ウ

〈解説〉(1)　オについては，発育・発達は個人差だけでなく性差も現れ，一般的に女子の方が男子よりも早く第二発育急進期がくる。
(2)　ア　広範囲に物質移動が生じ，大気や水と混合されるため物質自体の濃度が変化し，それにともなって，においや色についても変化がある。　　(4)　エ　無酸素運動ではなく，有酸素運動を行うことが有効である。　　(5)　ウ　性感染症は性行為以外からも感染する可能性があるため，特定の相手としか関係がない場合でも注意が必要である。

【5】酸素運搬能力(心肺機能)を高めるために，赤血球(ヘモグロビン)が増加する。その結果，持久力の向上が期待できる。

〈解説〉身体の適応能力の1つである「高地順化」は，心肺機能が高まるためスポーツのトレーニング場面で取り入れられている。一般的に「高地トレーニング」や「高所トレーニング」と呼ばれている。他の適応能力として，暑熱環境へ適応する「暑熱順化」や寒冷環境へ適応する「寒冷順化」などがあげられる。「暑熱順化」が上手くいかなければ，熱中症にかかることがある。また，「寒冷順化」が上手くいかなければ，凍死する可能性がある。

【6】自助…自分の安全は自分で守る。自分自身や家族，財産を守ること。共助…地域の人が助け合うこと。　　公助…行政機関(警察，消防，市町村等)や公益企業(ボランティア)の災害支援活動のこと。

〈解説〉防災教育で目指している「災害に適切に対応する能力の基礎を培う」ということは，「『生きる力』を育む」ことと密接に関連している。今日，各学校等においては，その趣旨を活かすとともに，児童生徒等の発達の段階を考慮して，関連する教科，総合的な学習の時間，特別活動など学校の教育活動全体を通じた防災教育の展開が必要とされている。

【7】　①　サ　　②　カ　　③　エ　　④　ス　　⑤　タ　　⑥　ナ
　　　⑦　キ　　⑧　ウ　　⑨　セ　　⑩　ニ　　⑪　コ　　⑫　ア
　　　⑬　ツ　　⑭　テ　　⑮　オ　　⑯　ソ　　⑰　イ　　⑱　ク
　　　⑲　チ　　⑳　ト

〈解説〉中学校，高等学校ともに，体つくり運動と体育理論は全学年で履
　　　修するため，頻出となっているので，内容をよく学習しよう。特に，
　　　中学校では第1～2学年と第3学年ではねらいや内容が異なる場合があ
　　　るため，相違点を中心に学習するとよいだろう。

【8】　①　カ　　②　ク　　③　－　　④　セ　　⑤　－　　⑥　コ
　　　⑦　シ　　⑧　オ　　⑨　ア　　⑩　サ

〈解説〉水泳の「各泳法の動きの例」には，クロール，平泳ぎ，背泳ぎ，
　　　バタフライ以外に，「スタート」や「ターン」についても同じように
　　　例示されている。また，スタートについて，中学校では安全の確保が
　　　重要となることから，「水中からのスタート」を取り上げることとし
　　　ている。なお，③と⑤は出題ミスにより，全員正解としている。

【9】　①　コ　　②　ア　　③　ウ　　④　エ　　⑤　ク　　⑥　カ

〈解説〉体育理論の内容は，中学校期における運動やスポーツの合理的な
　　　実践や生涯にわたる豊かなスポーツライフを送る上で必要となる運動
　　　やスポーツに関する科学的知識などを中心に，「運動やスポーツの多
　　　様性」「運動やスポーツが心身の発達に与える効果と安全」「文化とし
　　　てのスポーツの意義」の3つで構成されており，「運動やスポーツの多
　　　様性」は第1学年，「運動やスポーツが心身の発達に与える効果と安全」
　　　は第2学年で学習するとしている。それぞれの内容をおさえておこう。

【10】(1)　間接フリーキック　　(2)　直接フリーキック　　(3)　○
　　　(4)　11　　(5)　○　　(6)　ひき手　　(7)　取　　(8)　バルセロナ

〈解説〉(1)　ゴールキーパーの反則は，ボールを持ってから，6秒を超え
　　　てボールをコントロールする。ボールを手から離して，他の競技者が

ふれる前に再び手で触れる。味方のキックによる意図的なゴールキーパーへのパスを手で扱う。味方のスローインのボールを直接手で触れた。意図的な遅延行為のあったときの5つあるが，反則があった場合はすべて「間接フリーキック」の権利が相手チームに与えられる。
(2)　「直接フリーキック」となる場合には，キッキングやジャンピングアット，プッシングなどがある。これらの反則をペナルティーエリア内で故意にしたときは，相手チームにペナルティーキックの権利が与えられる。　(6)　柔道では，相手のそでをとる手が「ひき手」，相手のえりをとる手が「つり手」とされている。　(7)　柔道の対人練習において，わざをかける人を「取」，わざを受ける人を「受」とされている。柔道で基本動作や技を身につけるためには，「取」が技のポイントをつかみやすいように「受」と協力して練習することが大切である。　(8)　柔道は，わが国で古くから武道として存在し，「柔術」とよばれていた。1882年に嘉納治五郎がそれぞれの流派を分析し長所を工夫し「講道館柔道」を確立した。1964年の東京オリンピックで男子が，1992年のバルセロナオリンピックで女子がオリンピック正式種目となった。

【11】(1)　土俵に上がった競技者同士が東西の徳俵の内側にそんきょし対面して行う相撲の礼法。所作の中に，対戦相手を敬う精神が込められる。　　(2)　拍子の強弱を逆転させたり，変化させたりする。
〈解説〉(1)　塵浄水(ちりじょうず)は，相撲特有の礼法である。相手を尊重し，真剣勝負を重んじる気持ちを込めて，一つ一つの動作を丁寧に行えるようにすることが大切である。また，塵浄水の動作の伝統的な意味は，「下草の露で手を清めた上で，自分が武器を持たずに正々堂々戦うことを天地に誓う」というものである。　(2)　シンコペーションとは，拍子の強弱を逆転させたり変化させたりすることであるが，リズムの特徴を強調して全身で自由に踊る際に用いられる。その他にも，ダウンビートやアップビートなどのロックやヒップホップのリズムの特徴を捉え，重心の上下運動や非対称の動きを強調して踊るものがある。

実施問題

【中高共通】

【１】次の(1)〜(5)の文は，中学校学習指導要領解説—保健体育編—(平成20年9月)の保健分野の内容についての解説から抜粋したものである。文中の①〜⑳に当てはまる語句を後の語群から選び，記号で答えなさい。

(1)　心は，知的機能，情意機能，社会性等の精神機能の総体としてとらえられ，それらは生活経験や学習などの影響を受けながら，(①)の発達とともに発達することを理解できるようにする。

その際，知的機能については認知，(②)，言語，判断など，情意機能については感情や意志などがあり，それらは人や社会との様々なかかわりなどの生活経験や学習などにより発達することを理解できるようにする。また，社会性については，家族関係や(③)関係などを取り上げ，それらへの依存の状態は，生活経験や学習などの影響を受けながら変化し，(④)しようとする傾向が強くなることを理解できるようにする。

(2)　室内の二酸化炭素は，人体の(⑤)作用や物質の燃焼により増加すること，そのため，室内の空気が汚れてきているという(⑥)となること，定期的な換気は室内の二酸化炭素の濃度を(⑦)に管理できることを理解できるようにする。

また，空気中の一酸化炭素は，主に物質の不完全燃焼によって発生し，吸入すると一酸化炭素中毒を容易に起こし，人体に(⑧)であることを理解できるようにするとともに，そのために基準が決められていることにも触れるようにする。

(3)　飲酒については，酒の主成分のエチルアルコールが(⑨)神経の働きを低下させ，思考力や自制力を低下させたり(⑩)障害を起こしたりすること，急激に大量の飲酒をすると急性中毒を起こし意識障害

や死に至ることもあることを理解できるようにする。また，(⑪)的な飲酒により，肝臓病や脳の病気など様々な病気を起こしやすくなることを理解できるようにする。特に，(⑫)の飲酒については，身体に大きな影響を及ぼし，エチルアルコールの作用などにより依存症になりやすいことを理解できるようにする。

(4) 薬物乱用については，覚せい剤や(⑬)を取り上げ，摂取によって幻覚を伴った激しい急性の錯乱状態や急死などを引き起こすこと，薬物の連用により依存症状が現れ，中断すると精神や身体に(⑭)を感じるようになるなど様々な障害が起きることを理解できるようにする。

　また，薬物乱用は，個人の心身の健全な発育や人格の形成を阻害するだけでなく，社会への適応能力や(⑮)の発達を妨げるため，暴力，性的非行，犯罪など家庭・学校・地域社会にも深刻な影響を及ぼすこともあることを理解できるようにする。

　喫煙，飲酒，薬物乱用などの行為は，好奇心，なげやりな気持ち，過度のストレスなどの心理状態，周囲の人々の影響や(⑯)の中で生じる断りにくい心理，宣伝・広告や入手のし易さなどの社会環境などによって助長されること，また，それらに適切に対処する必要があることを理解できるようにする。

(5) エイズ及び性感染症の増加傾向とその(⑰)が社会問題になっていることから，その(⑱)や感染経路について理解できるようにする。また，予防方法を身に付ける必要があることを理解できるようにする。例えば，エイズの病原体はヒト免疫不全ウイルス(HIV)であり，その主な感染経路は(⑲)であることから，感染を予防するには性的接触をしないこと，コンドームを使うことなどが有効であることにも触れるようにする。

　なお，指導に当たっては，発達の段階を踏まえること，学校全体で共通理解を図ること，(⑳)の理解を得ることなどに配慮することが大切である。

語群

ア　地域	イ　教職員	ウ　高齢化	エ　低年齢化
オ　感情	カ　精神	キ　神経	ク　血液感染
ケ　性的接触	コ　人間関係	サ　責任感	シ　独立
ス　自立	セ　友人	ソ　対人	タ　記憶
チ　経験	ツ　慢性	テ　苦痛	ト　MDMA
ナ　大麻	ニ　シンナー	ヌ　呼吸	ネ　女性
ノ　未成年者	ハ　基準	ヒ　指標	フ　常習
ヘ　末梢	ホ　中枢	マ　交感	ミ　運動
ム　脳幹	メ　影響	モ　有害	ヤ　大脳
ユ　脳幹	ヨ　阻害	ラ　疾病概念	リ　感染源
ル　病原体	レ　生徒	ロ　保護者	ワ　健康的
ヲ　衛生的			

(☆☆☆◎◎◎)

【２】次の(1)～(4)のア～オの語句には，[　　]内の語句を説明する際に用いるのに適切でないものが一つ含まれている。その語句を選び，記号で答えなさい。

(1)　[スキャモンの発育型]
　　　ア　発育パターン　　イ　内臓型　　ウ　神経型　　エ　生殖器型
　　　オ　発育率

(2)　[大腿四頭筋を構成する筋肉]
　　　ア　外側広筋　　イ　中間広筋　　ウ　内側広筋　　エ　縫工筋
　　　オ　大腿直筋

(3)　[免疫]
　　　ア　マクロファージ　　イ　ヘルパーT細胞　　ウ　ミトコンドリア
　　　エ　抗体　　　　　　　オ　B細胞

(4)　[虚血性心疾患]
　　　ア　大動脈　　イ　冠状動脈　　ウ　狭心症　　エ　心筋梗塞
　　　オ　動脈硬化

(☆☆☆◎◎◎)

【3】 中学校保健分野の学習内容である(1)～(5)の記述について述べたそ
れぞれのア～オの文章のうち，記述に誤りのあるものを選び，記号で
答えなさい。

(1) 喫煙の害と健康に関連する記述

　ア　喫煙を続けるとさまざまな部位のがんにかかりやすくなる。ま
　　た，脳卒中や心臓病など，さまざまな病気にもかかりやすくなる。
　　さらに，一日の喫煙本数が多いほど，心臓血管系，呼吸器系など，
　　ほとんどの死因についての死亡率が高くなっている。

　イ　ニコチンの生理的・薬理的作用には，血管の収縮，血圧の上昇，
　　心拍数の増加など多様なものがあり，大量の誤飲などの際には急
　　性中毒によって生命を失う危険がある。

　ウ　タールには，ベンツピレンをはじめとする多くの発がん物質や
　　発がん促進物質が含まれている。また，粘着性の微粒子であるた
　　め，気道の線毛の働きを阻害し，気道の持つ自浄作用を低下させ
　　る。タールには強い依存性があり，喫煙が習慣化すると禁煙が困
　　難になる。

　エ　受動喫煙では，副流煙だけではなく口から吐き出された主流煙
　　も吸うことになり，非喫煙者も喫煙しているのと同じことになる。
　　特に，副流煙にはアンモニアのような刺激物質が主流煙より多く
　　含まれていることから，眼症状や鼻症状が現れやすい。

　オ　肺気腫はCOPD(慢性閉塞性肺疾患)の代表的疾患である。長期
　　の喫煙や大気汚染により，気道を含む肺が蝕まれることにより発
　　症する。我が国のCOPDは確実に増加しつつあり，治療としては
　　禁煙が基本となる。一度失われた肺の機能は改善されないが，喫
　　煙を続けるとさらに肺機能が低下するからである。

(2) 感染症の予防に関連する記述

　ア　新興感染症は，かつて知られていなかった，新しく認識された
　　感染症で，局地的に，あるいは，国際的に，公衆衛生上問題とな
　　る感染症と定義されていて，近年ではSARSや高病原性鳥インフ
　　ルエンザなどが挙げられる。

イ　微生物の中で病気を引き起こすものを病原体といい，その微生物には病原性があるという。病原体が体内に侵入し増殖することを感染という。感染の結果，宿主に何らかの症状が出ることを発病または発症といい，感染から発病までの期間を潜伏期という。

ウ　再興感染症は，既知の感染症で，すでに公衆衛生上問題とならない程度にまで患者数が減少していた感染症のうち，ふたたび流行し始め，患者数が増加した感染症と定義され，近年では，結核やコレラ等が挙げられる。

エ　ノロウイルスは手指や食品などを介して経口で感染し，ヒトの腸管で増殖し，おう吐，下痢，腹痛などを引き起こす。健康な人は軽症で回復するが，子どもや高齢者などでは重症化することがある。日本における月別のノロウイルスによる食中毒の発生状況をみると，1年を通して発生は見られるが，5月頃から増加を始め，7〜8月が発生のピークになる傾向がある。

オ　麻しんは，一般にはしかとも呼ばれている。麻しんは患者の咳やくしゃみのしぶきに含まれる麻しんウイルスを他者が吸いこむことによって感染する。潜伏期間の後，発熱，咳，鼻水，だるさ等の症状が出始め，やがて発しんがからだ中に広がり，39〜40℃の高熱が3〜4日続く。

(3)　自然災害による傷害の防止に関連する記述

ア　自分の安全は自分で守るというのが防災教育の基本であり，自分で自分自身や家族，財産を守ることが大切で，それを自助と呼ぶ。

イ　少子高齢化が進んでいる現代においては，地域防災組織が結成され，各地域で防災訓練などが実施されている。大規模な地震災害等では，警察・消防などが現場に到着するまでは，救助や生活物資の確保などについて地域の助け合いが必要で，それが共助である。

ウ　学校における防災教育は，保健体育を含む教育活動全体を通じた安全教育の一環として行われるものであり，災害時における危

226

　　　険を認識し，日常の備えを行うとともに，状況に応じて的確な判
　　　断のもとに自らの安全を確保するための行動が出来るようにする
　　　という重要な意義を有している。

　エ　緊急地震速報とは，地震の発生直後に震源に近い地震計でとら
　　　えた観測データ(P波)を解析して，震源や地震の規模(マグニチュ
　　　ード)を直ちに推定し，これに基づいて各地での主要動(S波)の到
　　　達時刻や震度を予測し，可能な限り素早く知らせる地震動の予報
　　　及び警報のことである。これによって大きな揺れが到達する前に
　　　地震の発生を知ることにより，冷静な行動や安全を確保するため
　　　の避難行動が可能になるという利点がある。

　オ　地震が発生すると，家屋の倒壊や，家具の落下や転倒，津波な
　　　どの一次災害によって死傷者が出ることがある。また，地震によ
　　　って起こる土砂崩れ，地割れ，火災などの二次災害によっても死
　　　傷者が出ることがあり，自然災害による傷害は一次災害だけでな
　　　く二次災害でも発生する。

(4)　生活に伴う廃棄物の衛生的管理に関連する記述

　ア　水中の有機物の汚れの程度は，BOD(生物化学的酸素要求量)で
　　　推定できる。そのため生物処理の可能性，自浄作用を知る指標と
　　　される。日本ではBODは主に河川の水や下水・排水の汚れを測定
　　　するときに用いられる。

　イ　下水道により，し尿や生活雑排水による河川の汚染を防ぎ，蚊
　　　やハエなどの発生を抑制し，それらが媒介する感染症の発生を抑
　　　えることができる。また，おもに都市部では，側溝から下水管に
　　　雨水を導き，豪雨による道路の浸水等を防ぐ役割も果たしている。
　　　日本の下水道は，平成21年度末で90％を超える高い普及率となっ
　　　ている。

　ウ　ダイオキシン類は，塩化プラスチック系の物質が800℃以下の
　　　低温で不完全燃焼するとき生成され，排煙とともに排出されて大
　　　気，土壌，水に蓄積する。微量でも毒性が強く，生殖器，脳，免
　　　疫系などに対する影響が懸念されている。

エ　ごみ対策としては，リサイクルに注目することが多いが，循環
型社会の構築をすすめるには，まず廃棄物をできるだけ減らす
(リデュース)ことが最も重要である。リサイクルは有効な取組で
あるが，リサイクル製品に加工する過程で人手やエネルギーなど
が必要となるという問題もあり，リサイクルすればどんどん消費
してもよいという考え方は誤りである。

オ　微小粒子状物質(PM2.5)は，大気中に浮遊している2.5μm以下
の小さな粒子のことであり，従来から環境基準を定めて対策を進
めてきた浮遊粒子状物質(SPM:10μm以下の粒子)よりも小さな粒
子である。PM2.5は非常に小さいため，肺の奥深くまで入りやす
く，呼吸系への影響に加え循環器系への影響が心配されている。

(5)　保健・医療機関や医薬品の利用に関連する記述

ア　近年，高齢化の急速な進展や，生活習慣病の増加など疾病構造
の変化，QOL(Quality Of Life)の向上への要請等に伴って，自分自
身の健康に対する関心が高い生活者が多くなっている。そのよう
な中で，専門家による適切なアドバイスにより，身近にある一般
用医薬品を利用する「ヘルスプロモーション」という考え方が見
られるようになってきた。

イ　地域保健法第18条により，市町村保健センターは，住民に対し，
健康相談，保健指導及び健康診査その他地域保健に関し必要な事
業を行うことを目的とする施設とされている。

ウ　医療機関は，設備や規模などによって役割分担をしている。診
療所や医院，眼科，歯科などは，地域の人々の診療や健康相談を
行っており，かかりつけ医となっている場合もある。一方，総合
病院や大学病院などの大きな病院は，専門的な治療や手術，入院
などが必要な患者を担当している。

エ　医薬品の副作用には，予想しないような作用が現れる場合と，
薬の作用が予測したよりも強く現れる場合がある。副作用のない
薬というものはないが，副作用があるからといって薬を使わない
というのでは本来の治療ができなくなる。したがって，医師や薬

剤師の説明を聞いたり，薬の説明書の使用上の注意をよく読むなどして，正しい使い方をすることが必要である。

　オ　医師が出す処方箋による薬は医療用医薬品と言われ，一人一人の病気の症状や体質などに合わせたものである。また，その薬は一般用医薬品と違い，薬の効き目が強くなるように作られている。したがって，症状が似ているからといった判断で，他の人の薬を使用することは危険な場合がある。

(☆☆☆◎◎◎)

【4】心肺蘇生法について，次の(1)～(2)の問に答えなさい。

(1)　心肺停止の患者に対して，心肺蘇生法を行う際の手順を「救急蘇生法の指針2010(市民用)：厚生労働省平成23年」に基づいて正しい順序に並べ替えなさい(完全解答)。

　ア　呼吸の確認　　イ　胸骨圧迫　　ウ　人工呼吸

　エ　気道確保　　　オ　大声で助けを呼ぶ(119番通報とAEDの要請)

　カ　反応の確認

(2)　次のア～オの記述のうち，記述に誤りのあるものを全て選びなさい(完全解答)。

　ア　傷病者の呼吸を観察するためには，胸と腹部の動きをみる。胸と腹部が動いていなければ呼吸が止まっていると判断する。胸と腹部の動きが普段どおりでない場合は死戦期呼吸と判断し，これらの場合は，心停止とみなしてただちに次のステップに進む。

　イ　人工呼吸ができないか，手元に感染防護具がなく，口と口が直接接触することがためらわれる場合は，人工呼吸を省略して胸骨圧迫を続ける。ただし，窒息，溺れた場合，目撃がない心停止，心肺蘇生が長引いている場合，子どもの心停止などでは，人工呼吸と胸骨圧迫を組合せた心肺蘇生を行うことが望まれる。

　ウ　胸骨圧迫は，胸の真ん中を手の付け根で，胸が少なくとも3cm沈むほど強く，速く圧迫を繰り返す。圧迫のテンポは1分間に少なくとも100回で，胸骨圧迫は可能な限り中断せずに，絶え間な

229

く行う。

エ　一連の手順を行った後は，胸骨圧迫30回と人工呼吸1回を，救急隊または医師に引き継ぐまで継続する。

オ　AEDは心電図を自動的に解析し，電気ショックが必要である場合には，音声メッセージとともに自動的に充電を開始する。周囲の人に傷病者の体に触れないよう声をかけ，誰も触れていないことをもう一度確認する。充電が完了すると，連続音やショックボタンの点灯とともに電気ショックを行うように音声メッセージが流れるので，これに従ってショックボタンを押し電気ショックを行う。電気ショックのあとは，ただちに胸骨圧迫から心肺蘇生を再開する。

(☆☆☆◎◎◎)

【5】犯罪被害の防止における犯罪機会論について簡潔に説明しなさい。

(☆☆☆◎◎◎)

【6】危険予測学習について簡潔に説明しなさい。

(☆☆☆◎◎)

【7】この文章は中学校学習指導要領解説―保健体育編―(平成20年9月)の体育分野の目標「第1学年及び第2学年」についての抜粋である。文中の①～⑳の(　)に当てはまる語句を後の語群より選び，記号で答えなさい。(　)の同数字は同じ語句である。

(1)　運動の(①)な実践を通して，運動の楽しさや喜びを味わうことができるようにするとともに，知識や技能を身に付け，運動を(②)に実践することができるようにする。

この目標は，生徒が運動の(①)な実践を通して，運動の楽しさや喜びを味わうことができるようにするとともに，知識や技能を身に付け，それらをもとに運動を(②)に実践することを目指したものである。

今回の改訂で，教科の目標において「(③)にわたって運動に親しむ

(④)の育成」を目標の一つとして明確にしたこととの関連から，運動の楽しさや喜びを味わうことが引き続き，体育の重要なねらいであることを示した上で，小学校第5学年及び第6学年との(⑤)を踏まえ，運動を(②)に実践するための知識や技能を確実に身に付けることが大切であることを強調している。

次に，第1学年及び第2学年の体育分野の目標に示されている各部分を解説すると次のとおりである。

「運動の(①)な実践」とは，発達の段階や運動の(⑥)に応じて，運動にかかわる(⑦)や運動に伴う事故の防止等などの(⑧)な知識を理解し，それらを活用して運動を実践することを意味している。

「運動の楽しさや喜びを味わうことができるようにする」とは，それぞれの運動が有する(⑥)に応じて，運動を楽しんだり，その運動のもつ(⑥)に触れたりすることが大切であることを示したものである。

「知識や技能を身に付け」とは，(⑨)からの学習を踏まえ，発達の段階に応じて運動を(②)に実践するための基礎的な知識や技能を身に付けることを示している。

 (2) 運動を適切に行うことによって，(⑩)を高め，心身の(⑪)発達を図る。

「運動を適切に行う」とは，運動のねらいを明確にして運動そのもののよさを味わうとともに，運動の(⑫)を生徒一人一人の心身の発達の段階に即して適正なものとし，効果的に運動を行うことの大切さを示している。

「(⑩)を高め」とは，(⑬)や(⑩)の状況に応じて(⑩)を高める必要性を認識させ，学校の(⑭)や(⑮)で生かすことができるようにするとともに，(⑩)と運動の技能は相互に関連して高まることを意識させることで，それぞれの運動の(⑥)に触れるために必要となる(⑩)を生徒自らが高められるようにすることの大切さを示している。

 (3) 運動における(⑯)の経験を通して，公正に取り組む，互いに協力する，自己の役割を果たすなどの意欲を育てるとともに，(⑰)に留意し，自己の(⑱)を尽くして運動をする態度を育てる。

　この目標は，生涯にわたる豊かなスポーツライフの基礎をはぐくむ視点から，第1学年及び第2学年の段階では，(⑯)の経験を通してはぐくむ(⑲)から見た運動への愛好的な態度として，「自己の(⑱)を尽くして運動する態度」を育成することを目指したものである。

　「運動における(⑯)の経験を通して」とは，運動には，一定の条件の下で技を競い合ったり，身体を使って(⑳)をしたり，仲間と協同して作品を作ったり，作戦を立てたりする過程があるが，体育の学習が技能の獲得のみにとどまらず，社会生活における望ましい態度や行動にもつながることを示している。

語群

ア	調和的	イ	特性や魅力	ウ	教育活動全体
エ	ねらい	オ	小学校段階	カ	全人的
キ	健康・安全	ク	全力	ケ	つながり
コ	合理的	サ	質や量	シ	接続
ス	競争や協同	セ	創造性	ソ	情意面
タ	体力	チ	一般原則	ツ	課題克服
テ	バランス	ト	資質や能力	ナ	助長
ニ	豊か	ヌ	健康	ネ	科学的
ノ	演技や表現	ハ	最善	ヒ	実生活
フ	社会性	ヘ	生涯		

(☆☆☆○○○)

【8】次の表は，体育分野の領域及び内容の取扱いについてのものである。表の中の(1)～(6)の中に当てはまる語句を下の語群より選び，記号で答えなさい。( )の同数字は同じ語句である。

領域及び領域の内容	1・2年	内容の取扱い	領域及び領域の内容	3年	内容の取扱い
【E球技】			【E球技】		ア～ウから
ア ゴール型	必修	2年間で (1) 選択	ア ゴール型	E，Fから (4) 選択	(5) 選択
イ ネット型			イ ネット型		
ウ ベースボール型			ウ ベースボール型		
【F武道】			【F武道】		ア～ウから
ア 柔道	必修	2年間で (2) 選択	ア 柔道		(6) 選択
イ 剣道			イ 剣道		
ウ 相撲			ウ 相撲		
【Gダンス】			【Gダンス】	B器械運動	
ア (3)ダンス	必修	2年間で ア～ウから 選択	ア (3)ダンス	C陸上競技 D水泳 Gダンス から①以上選択	ア～ウから 選択
イ フォークダンス			イ フォークダンス		
ウ 現代的なリズムのダンス			ウ 現代的なリズムのダンス		

語群

ア ① イ ② ウ ③
エ アを含む② オ ア～ウから① カ ア～ウから②
キ ア～ウのすべてを ク ヒップホップ ケ ジャズ
コ 創作 サ ①以上 シ ②以上
ス ①～②

(☆☆☆◎◎◎)

【9】次の各文はバスケットボールとバレーボールについて書かれたものである。各文の下線部が正しいものは○で，誤っているものは正しい語句を後の語群より選び記号で答えなさい。

(1) バスケットボールで，ボールを保持し軸足を中心として方向転換するボールキープの技術をカットインという。

(2) 一般的にバスケットボールの5人のポジションは，リード(ポイント)ガード，シューティングガード，フォワードガード(スモールフォワード)，リバウンドフォワード，センターである。

(3)　バスケットボールで，ゴールの真下からスリーポイントラインまでは6.5mである。

(4)　バレーボールで，リベロプレイヤーは他の競技者と異なる色のユニフォームか「L」字の入ったベストを着用する。

(5)　バレーボールで，高く上げるオープントスをハイセットという。

(6)　バレーボールのルールで，ペネトレーションフォールトとは，オーバーネットとタッチネットのことである。

語群

ア　バックトス	イ　平行トス
ウ　パッシングザセンターライン	エ　スクリーン
オ　「R」	カ　6.25
キ　6.75	ク　7.0
ケ　スモールセンター	コ　パワーフォワード
サ　ピボット	シ　キャッチボール

（☆☆☆◎◎◎）

【10】次の各文は，バドミントンとソフトテニスの用語を説明したものである。それぞれ，何について書かれたものか，その用語名を答えなさい。

(1)　バドミントンでラケットの面が地面に平行になるグリップの持ち方。

(2)　ソフトテニスでネット際の相手の横を抜く打球。

(3)　ソフトテニスの技術で，ネット際に小さく勢いを殺して落とすボレー。

（☆☆☆◎◎◎）

【11】体育・スポーツの視点に立って，次の(1)～(2)の用語を簡潔に説明しなさい。

(1)　ボビング(水泳)

(2)　残心(剣道)

（☆☆☆◎◎◎）

解答・解説

【中高共通】

【1】① ヤ　② タ　③ セ　④ ス　⑤ ヌ　⑥ ヒ
⑦ ヲ　⑧ モ　⑨ ホ　⑩ ミ　⑪ フ　⑫ ノ
⑬ ナ　⑭ テ　⑮ サ　⑯ コ　⑰ エ　⑱ ラ
⑲ ケ　⑳ ロ

〈解説〉各解説は，(1)は「心身の機能の発達と心の健康」における「精神機能の発達と自己形成」，(2)は「健康と環境」における「飲料水や空気の衛生的管理」，(3)および(4)は「健康的な生活」における「喫煙，飲酒，薬物乱用と健康」，(5)は「健康的な生活」における「感染症の予防」である。各単元の目標や各文言の意味，内容の取扱いについてしっかりと把握しておくこと。

【2】(1)　イ　(2)　エ　(3)　ウ　(4)　ア

〈解説〉(1)　スキャモンは，子どもの発育・発達率を4つの発育・発達パターン(一般型・神経型・リンパ型・生殖器型)に分けて横軸を年齢，縦軸を発育率とし，グラフに示した。スキャモンの発育・発達曲線は，グラフ等より特徴を把握しておくこと。　(2)　大腿四頭筋は大腿直筋，外側広筋，内側広筋，中間広筋で構成される。縫工筋は大腿部の筋肉ではあるが，大腿四頭筋には属さない。　(3)　ミトコンドリアはDNAを含んでおり，真核生物における細胞小器官であるため，免疫とは関連しない。なお，マクロファージは，ヘルパーT細胞やB細胞が生産する抗体と抗原が結合したものを体内から除去する食細胞である。

(4)　虚血性心疾患とは，心筋に血液を送る冠状動脈が狭窄，または閉塞状態になることによって，心筋が酸素不足に陥る疾患の総称である。冠状動脈が細くなり，心筋が一時的に酸素不足に陥るのが狭心症で，冠状動脈が完全に詰まってしまうものが心筋梗塞である。その原因として，動脈硬化や冠状動脈の収縮(れん縮)があげられる。

【3】(1)　ウ　　(2)　エ　　(3)　オ　　(4)　イ　　(5)　ア
〈解説〉(1)　タールは多くの発がん性物質を含む粘着性の微粒子であり，長期間にわたって肺に残るため，肺の自浄作用を低下させる。しかし，たばこに含まれる物質の中で依存性があるのはニコチンである。
(2)　ノロウィルスの流行時期は年によって偏りがあるが，多くは冬期に流行する。　(3)　地震の発生によって家屋の倒壊や地すべりなどの直接的被害を一次災害，ライフライン寸断や火災などの直接的被害に連鎖して起こる災害を二次災害という。また，機能障害や経済的障害のようなものを三次災害という。　(4)　『平成21年度末の下水道整備状況について』(国土交通省，平成22年8月)によると，下水道の普及率は73.7％と報告されている。　(5)　ヘルスプロモーションとは，WHO(世界保健機関)が1986年のオタワ憲章において提唱した新しい健康観に基づく理念で，「人々が自らの健康とその決定要因をコントロールし，改善することができるようにするプロセス」と定義されている。専門家のアドバイスをもとに一般医薬品を購入するのは「セルフメディケーション」である。

【4】(1)　カ → オ → ア → イ → エ → ウ　　(2)　ウ，エ
〈解説〉(1)　心肺蘇生の一連の流れをまとめてCPR(Cardiopulmonary Resuscitation)という。また，心肺蘇生，AED(Automated External Defibrillator：自動体外式除細動器)を用いた除細動，異物で窒息をきたした場合の気道異物除去などをあわせた一次救命処置(Basic Life Support：BLS)についても確認しておくこと。　(2)　ウ　胸骨圧迫は，胸が少なくとも5cm沈むほど強く圧迫する。また，小児には両手または片手で，胸の厚さの約$\frac{1}{3}$沈み込む程度に圧迫する。　エ　胸骨圧迫を30回行ったあと，2回の人工呼吸を行う必要がある。

【5】犯罪の機会を与えないことによって，犯罪被害を未然に防止しようとする考え方。犯罪対策は物的環境の設計や人的環境の改善を通して，犯罪に都合の悪い状況を作り出すことが重要であり，犯罪性が高いも

のでも犯罪機会がなければ犯罪を実行しないと考えられている。

〈解説〉「犯罪機会論」は，犯罪の起きた環境に着目しているところに特徴がある。他の犯罪防止に関する考え方として，犯罪者が犯行に及んだ原因を究明し，それを除去することによって犯罪を防止しようと「犯罪原因論」もあわせて確認しておくこと。

【6】事故事例や場面設定を通して，周囲にどのような危険があるか，自分の行動によって生じる危険にはどのようなものがあるか，など主体や環境の要因に気付かせ，どのようにしたら危険を除くことができるかを考えることにより，危険予測・危険回避能力を身につけさせる学習方法。

〈解説〉危険予測学習は，欧州で交通安全教育に使われていたが，日本でも1970年代に工場の作業員向けに教育を行い，広まった。文部科学省は2002年，小学生向けに交通安全教育のための教材を作成している。警視庁でも交通安全において，危険予測学習を採用している。

【7】① コ　② ニ　③ ヘ　④ ト　⑤ シ　⑥ イ　⑦ チ　⑧ ネ　⑨ オ　⑩ タ　⑪ ア　⑫ サ　⑬ ヌ　⑭ ウ　⑮ ヒ　⑯ ス　⑰ キ　⑱ ハ　⑲ ソ　⑳ ノ

〈解説〉教科の，および各分野の目標は文言だけでなく，文言それぞれの意味を学習指導要領解説で十分に学習する必要がある。なお，保健体育科の目標は，「生涯にわたって運動に親しむ資質や能力の育成」，「健康の保持増進のための実践力の育成」及び「体力の向上」の3つの具体的な目標が相互に密接に関連していることもおさえておきたい。

【8】1 キ　2 オ　3 コ　4 サ　5 イ　6 ア

〈解説〉体つくり運動および体育理論については，すべての学年において必修となっている。球技については，第1学年と第2学年において，ゴール型(バスケットボール・ハンドボール・サッカー)，ネット型(バレ

ーボール・卓球・テニス・バドミントン)，ベースボール型(ソフトボール)にあたる種目を，すべての型から履修する必要がある。第3学年については，3つの型の中から2つを選択して履修する。

【9】(1)　サ　　(2)　コ　　(3)　キ　　(4)　○　　(5)　○　　(6)　ウ
〈解説〉(1)　正しくは「ピボット」である。バスケットボールにおいて，3歩以上歩くことまたは，軸足が動いてピボットを行うとトラベリングという反則になる。カットインとは，ボールを持っている状態，あるいは持っていない状態でディフェンスの中に切りこんでいくプレーのことをいう。ボールを持っている状態で，ドリブルしながらカットインすることは「ドライブ」といわれることもある。　(2)　正しくは，「パワーフォワード」である。一般的に，選手の体格や技能に応じて各ポジションにあてることが多い。　(3)　正しくは，6.75mである。日本バスケットボール協会はFIBA(国際バスケットボール連盟)Official Basketball Rules 2010の通り，2011年から新ルールを採用している。旧ルールと比べてスリーポイントラインが6.5mから6.75mに変更したことや，制限区域の変更，スローインサイドラインの新設，ノーチャージセミサークルの新設がある。　(6)　ペネトレーションフォールトとは，相手コートに侵入する反則の総称である。オーバーネットとパッシング・ザ・センターラインがあげられる。

【10】(1)　ウエスタングリップ　　(2)　パッシングショット
(3)　ストップボレー
〈解説〉(1)　ウエスタングリップ(バックハンドグリップ)に対して，バドミントンのラケットの面が地面に垂直になるグリップの持ち方は，イースタングリップ(フォアハンドグリップ)である。

【11】(1) 水中に立ったあと，水底を蹴ってジャンプし，水中に顔を入れたり，出したり上下運動すること。　(2) 打突した後も油断することなく相手の攻撃に対応できる身構え，心構え。

〈解説〉(1) ボビングは，息継ぎの練習で行われる。　(2) 剣道における有効打突とは，充実した気勢と適正な姿勢のもと，竹刀の刃部の前より3分の1で刃筋正しく瞬間的に強く打ち，打突した後も油断することなく相手の攻撃に対応できる身構え，心構えがあることである。

2013年度　実施問題

【中高共通】

【1】次の文章は，中学校学習指導要領解説—保健体育編—(平成20年9月)の保健分野の目標についての解説である。文中の①～⑤に当てはまる語句を下のア～ソから選び，記号で答えなさい。

　「個人生活における健康・安全に関する理解を通して」は，心身の機能の発達の仕方及び精神機能の発達や(①)，欲求やストレスへの対処などの心の健康，自然環境を中心とした環境と心身の健康とのかかわり，健康に適した快適な環境の維持と改善，(②)の発生要因とその防止及び応急手当並びに健康な生活行動の実践と疾病の予防について，個人生活を中心として科学的に理解できるようにすることを示したものである。

　その際，学習の展開の基本的な方向として，小学校での(③)に理解できるようにするという考え方を生かすとともに，(④)な思考なども可能になるという発達の段階を踏まえて，心身の健康の保持増進に関する基礎的・基本的な内容について科学的に思考し，理解できるようにすることを目指したものである。

　「(⑤)を通じて自らの健康を適切に管理し，改善していく資質や能力を育てる」は，健康・安全について科学的に理解できるようにすることを通して，現在及び将来の生活において健康・安全の課題に直面した場合に的確な思考・判断を行うことができるよう，自らの健康を適切に管理し改善していく思考力・判断力などの資質や能力を育成することを目指している。

ア	保健学習	イ	保健指導	ウ	自己実現	エ	自己形成
オ	具体的	カ	抽象的	キ	論理的	ク	社会的
ケ	個人的	コ	実践的	サ	事故	シ	傷害
ス	事件	セ	一生	ソ	生涯		

(☆☆☆◎◎◎◎◎)

240

【2】次の(1)～(5)の文は，中学校学習指導要領解説―保健体育編―(平成
20年9月)の保健分野の内容についての解説から抜粋したものである。
各文の下線部のうち，それぞれ1箇所に誤りがある。誤っている箇所
を(ア)～(オ)の記号から選び，正しい語句を用いて訂正しなさい。

(1) 水は，人間の(ア)生命の維持や健康及び生活と密接なかかわりが
あり重要な役割を果たしていること，飲料水の水質については
(イ)一定の基準が設けられており，(ウ)水道施設を設けて(エ)衛生的
な水を確保していることの意義を理解できるようにするとともに，
飲料水としての適否は(オ)現実的な方法によって検査し，管理され
ていることを理解できるようにする。

(2) 健康を保持増進するためには，(ア)休養及び睡眠によって心身の
(イ)疲労を回復することが必要であることを理解できるようにする。
その際，(ウ)長時間の学習，運動，作業などは，疲労をもたらし，
その徴候は(エ)心身の状態の変化として現れること，これらは運動
や学習などの量と質によって，また(オ)自然条件や個人によって現
れ方に違いがあることについて取り上げ，適切な休養及び睡眠に
よって疲労を蓄積させないようにすることが大切であることに触れ
るようにする。

(3) 喫煙については，たばこの煙の中にはニコチン，タール及び
(ア)一酸化炭素などの有害物質が含まれていること，それらの作用
により，(イ)毛細血管の収縮，心臓への負担，運動能力の低下など
様々な(ウ)慢性影響が現れること，また，常習的な喫煙により，
(エ)肺がんや心臓病など様々な病気を起こしやすくなることを理解
できるようにする。特に，未成年者の喫煙については，身体に大き
な影響を及ぼし，(オ)ニコチンの作用などにより依存症になりやす
いことを理解できるようにする。

(4) 身体の発育・発達には，(ア)骨や筋肉，(イ)脳や心臓などの器官
が急速に発育し，(ウ)呼吸器系，循環器系などの機能が(エ)発達す
る時期があること，また，その時期や程度には，(オ)人によって違
いがあることを理解できるようにする。

(5)　交通事故などによる傷害を防止するためには，人的要因や環境要因に関わる(ア)危険を予測し，それぞれの要因に対して(イ)適切な対策を行うことが必要であることを理解できるようにする。人的要因に対しては，心身の状態や周囲の状況を把握し，判断して，安全に行動すること，環境要因に対しては，環境を安全にするために，道路などの(ウ)交通環境などの整備，改善をすることがあることなどについて理解できるようにする。その際，交通事故については，中学生期には(エ)歩行中の事故が多く発生することを，具体的な事例などを適宜取り上げ理解できるようにする。また，交通事故を防止するためには，自転車や自動車の特性を知り，交通法規を守り，(オ)車両，道路，気象条件などの周囲の状況に応じ，安全に行動することが必要であることを理解できるようにする。

(☆☆☆☆◎◎◎◎)

【3】次の(1)～(5)のそれぞれの語群には，[　　　]内の語句にあてはまらないものが1つ含まれている。その語句を記号で答えなさい。

(1)　[学校において予防すべき感染症　第一種]
　　ア　エボラ出血熱　　イ　ペスト　　ウ　ジフテリア
　　エ　ラッサ熱　　　　オ　コレラ

(2)　[教室等の環境に関わる学校環境衛生基準の検査項目]
　　ア　二酸化硫黄　　イ　温度　　ウ　一酸化炭素　　エ　照度
　　オ　浮遊粉じん

(3)　[骨盤を構成する骨]
　　ア　仙骨　　イ　腸骨　　ウ　恥骨　　エ　坐骨　　オ　腓骨

(4)　[脳卒中]
　　ア　アテローム血栓性脳梗塞　　　イ　ラクナ梗塞
　　ウ　急性硬膜下血腫　　　　　　　エ　脳出血　　オ　くも膜下出血

(5)　[自己防衛行動]
　　ア　代償　　イ　逃避　　ウ　合理化　　エ　現実的・合理的行動
　　オ　抑圧

(☆☆☆◎◎◎)

【4】中学校保健分野の学習内容について述べた次のア～オの文章のう
ち，記述に誤りのあるものを選び，記号で答えなさい。

(1) 呼吸器・循環器の発育・発達に関する記述

ア　呼吸器は，鼻腔(口腔)，咽頭，喉頭，気管，及びその分枝であ
る左右の気管支，細気管支，左右の肺，その肺を包む胸膜，胸郭
と横隔膜からなる。呼吸器で行われる酸素と二酸化炭素のガス交
換を外呼吸または肺呼吸と呼ぶ。

イ　肺自体には空気を出し入れする能力はなく，横隔膜と外肋間筋
の収縮と弛緩によって受動的に肺が膨らんだり縮んだりして呼吸
運動が行われる。

ウ　肺の肺胞と毛細血管との間で行われる酸素と二酸化炭素のガス
交換はそれぞれの間の分圧の差による。肺胞内の酸素分庄は静脈
血の酸素分圧より高いので，酸素は拡散によって静脈血に入り，
そのほとんどが赤血球内のミオグロビンと結合して各組織に運ば
れる。

エ　循環器は心臓と血管・リンパ管からなり，全身の各器官や組織
に酸素や栄養を運び，そこでできた二酸化炭素や代謝産物を受け
取って運び去るはたらきをする。血液の循環には，右心房→右心
室→肺動脈→肺→肺静脈を回る肺循環と，左心房→左心室→大動
脈→全身の体循環がある。

オ　中学生期における呼吸器・循環器の発育・発達は，第二発育急
進期にあたり，この時期の適切な運動トレーニングは呼吸器・循
環器の発育・発達を促す。強度のスポーツを長時間続けると，心
肥大，除脈などが見られるが，これは長期にわたる激しい運動に
よって心臓の筋線維が増強され肥大することによって適応したも
ので，スポーツ心臓と呼ばれる。

(2) 知的機能，情意機能，社会性の発達に関する記述

ア　ものごとを理解する，記憶する，思考する，推理・判断するな
どの精神機能を総称して，知的機能と呼ぶ。知的機能の通称が知
能である。

イ　人間の知的機能が他の動物に比べ高度に発達している背景には，大脳が著しく発達していることがある。特に人間が人生の初期の段階において言語を獲得することは，その知的機能の発達に大きな影響を及ぼす。

ウ　感情と意思を合わせた概念が情意機能である。人間の感情のうち，特に身体的反応や身体的表出を伴った短期的で激しい感情の動きを情動といい，比較的穏やかで持続的な感情を気分と呼んで区別する。

エ　乳児では，快・不快・興奮という単純な情動のみが見られる。快の情動は，本能や生理的欲求が満足させられたときに生じ，不快の情動はそれらが満たされないときに生じる。これが1歳ごろになると，恐れ，嫌悪，怒り，不機嫌，不愉快，興奮，得意，愛情などの感情の分化が認められる。一般に，得意・愛情などのポジティブな情動の方が，恐れや怒りなどのネガティブな情動よりも早く発達する。

オ　社会性とは，社会生活を送るための基礎となる社会的な態度と能力のことをいう。家庭，学校や学級，グループの一員として社会生活に適応するための特性であって，家庭でのしつけなどによる基本的な行動様式から，社会で共通に認められている価値や規範に一致する行動までを習得することである。

(3)　食生活，運動，休養・睡眠と健康に関する記述

ア　「日本人の食事摂取基準」は，健康な個人または集団を対象として，国民の健康の維持・増進，生活習慣病の予防を目的として，エネルギー及び各栄養素の摂取量の基準を示すものである。

イ　「医食同源」とは，日ごろから，バランスのとれたおいしい食事をとることで，病気を予防し，治療しようとする考え方である。この言葉は，中国の「薬食同源」から着想を得て，日本で作られたものである。

ウ　疲労回復のためには休息が必要であるが，休息すなわち安静というわけではない。運動などを行いながら休息の効果を高める方

　　法を積極的休息法といい，安静を中心とする休息を消極的休息法
　　という。一般的に，身体的疲労に対しては積極的休息法，精神疲
　　労には消極的休息法が効果的である場合が多い。

　エ　身体活動量が多い人や，運動をよく行っている人は，虚血性心
　　疾患，高血圧，糖尿病，肥満などの罹患率や死亡率が低いこと，
　　また，身体活動や運動が，メンタルヘルスや生活の質の改善に効
　　果をもたらすことが認められている。さらに，高齢者においても
　　歩行などの日常生活における身体活動が，寝たきりや死亡を減少
　　させる効果があることが示されている。

　オ　運動による心へのプラスの影響は，スポーツをした時の満足感，
　　解放感，達成感であり，リフレッシュ効果でもあることから，運
　　動やスポーツを楽しもうという姿勢が大切である。強制的な運動，
　　労働としての運動では，ストレスの解消はあまり期待できない。

(4)　飲酒と健康に関する記述

　ア　血中アルコール濃度の上昇に伴い，脳幹，続いて小脳機能，最
　　後に大脳皮質機能が抑制される。症状は，血中アルコール濃度の
　　上昇が早いほど，また，個人がアルコールに敏感なほどより顕著
　　に現れる。

　イ　アセトアルデヒドとは，アルコールの分解過程で生成される中
　　間代謝物である。アルコールに比べて生体反応が著しく激しい。
　　その反応は主に交感神経刺激類似の作用によりもたらされる。少
　　量では，脈拍・呼吸を速め，末梢血管を拡張させ，大量では呼
　　吸・循環器系を抑制し，死に至らしめる。

　ウ　一般的に血中濃度で0.2％以上が急性アルコール中毒域と考えら
　　れ，さらに0.4％を超えると呼吸・循環器系の抑制により死亡の
　　可能性がある。

　エ　肝臓は，アルコールによって最も障害を受けやすい臓器である。
　　障害の最初のステップは，肝細胞に脂肪が蓄積する脂肪肝である。
　　さらに飲み続ければ，線維化が進み，肝硬変に移行する。

　オ　アルコールは中枢神経のはたらきを低下させ，思考力や自制力

を低下させたり運動障害を引き起こしたりする。そのため，飲酒運転は大変危険な行為である。

(5) 交通事故などによる傷害の防止に関する記述

ア　自転車は免許も必要なく，誰もが気がるに乗れるものであるが，事故を起こした場合は，刑事上の責任が問われることがある。また，相手にけがを負わせた場合は，民事上の損害賠償責任が発生する場合がある。

イ　道路交通法上，自転車は車両の一種であり，歩道と車道の区別があるところでは車道を通行することが原則である。また，車道では原則として左端を通行しなければならない。ただし，道路標識等で通行できることが示された歩道であれば，通行することができる。その場合は，車道よりの部分を徐行しなければならない。

ウ　身近な事故の事例や場面設定を通して，「自分のまわりにはどのような危険があるか」，「自分の行動に伴う危険はどのようなものがあるか」など，主体や環境の要因に潜む危険に気付かせ，その危険は「どのようにしたら除くことができるか」を考えさせることによって危険予測・危険回避能力を身に付けさせようとする学習方法が危険予測学習である。

エ　犯罪機会論とは，犯罪の機会を与えないことによって，犯罪被害を未然に防止しようとする考え方である。言い換えれば，すきを見せなければ犯罪者は犯行を思いとどまると考える立場である。この考え方に基づいた犯罪対策は，物的環境の設計や人的環境の改善を通して，犯行に都合の悪い状況を作り出すことが重要であり，犯罪性が高いものでも犯罪機会がなければ犯罪を実行しないと考えられている。

オ　犯罪原因論は，犯罪者が犯行に及んだ原因を究明し，それを除去することによって犯罪を防止しようという考え方である。この立場は，犯罪者は非犯罪者とはかなり違っており，その差異のためにある人は罪を犯すが他の人は犯さないということを前提としており，犯罪者との非犯罪者の差異としては，人格や家庭環境・

生育環境などが考えられている。犯罪を起こした者の教育や更生，さらには生徒などを対象とした日常の犯罪被害の防止や防犯教育に効果があると考えられる。

(☆☆☆☆◎◎◎)

【5】HIV検査のウインドウ期(ウインドウピリオド)について簡潔に説明しなさい。

(☆☆☆☆◎◎)

【6】BMI指数について簡潔に説明しなさい。

(☆☆☆◎◎◎◎)

【7】緊急地震速報について簡潔に説明しなさい。

(☆☆☆◎◎)

【8】この文章は，中学校学習指導要領解説―保健体育編―(平成20年9月)第3章　指導計画の作成と内容の取扱い　3　部活動の意義と留意点等(第1章総則第4の2(13))である。文中の①～⑲に当てはまる適語を後の語群より選び，記号で答えなさい。(　)の同数字は，同じ語句である。

　中学校教育において大きな役割を果たしてきている「部活動」については，前回の改訂により中学校学習指導要領の中で(①)との関連で言及がなされていた記述がなくなっていた。これについて，平成20年1月の中央教育審議会の答申においては，「生徒の自発的・自主的な活動として行われている部活動について，学校教育活動の(②)としてこれまで中学校教育において果たしてきた意義や役割を踏まえ，教育課程に関連する事項として，学習指導要領に記述することが必要である」との(③)がなされたところである。

　本項は，この(③)を踏まえ，生徒の自主的・自発的な参加により行われる部活動について，

247

1. スポーツや文化及び(④)等に親しませ，学習意欲の向上や責任感，(⑤)の涵養，互いに協力し合って友情を深めるといった好ましい人間関係の形成等に資するものであるとの意義

2. 部活動は，教育課程において学習したことなども踏まえ，自らの(⑥)や興味・関心等をより深く追求していく機会であることから，第2章以下に示す各教科等の目標及び内容との関係にも配慮しつつ，生徒自身が教育課程において学習する内容について改めてその大切さを認識するよう促すなど，学校教育の(②)として，教育課程との関連が図られるようにするとの留意点

3. 地域や学校の実態に応じ，スポーツや文化及び(④)等にわたる(⑦)など地域の人々の協力，体育館や公民館などの社会教育施設や地域のスポーツクラブといった社会教育関係団体等の各種団体との(⑧)などの運営上の工夫を行うとの配慮事項をそれぞれ規定したものである。

　各学校が部活動を実施するに当たっては，本項を踏まえ，生徒が参加しやすいよう実施形態などを適切に工夫するとともに，休養日や活動時間を適切に設定するなど生徒の(⑨)のとれた生活や成長に配慮することが必要である。

〈運動部の活動〉

　運動部の活動は，スポーツに興味と関心をもつ(⑩)の生徒が，より高い(⑪)の技能や記録に挑戦する中で，スポーツの楽しさや喜びを味わい，豊かな学校生活を経験する活動であるとともに，体力の向上や健康の増進にも極めて(⑫)な活動である。

　したがって，生徒が運動部の活動に(⑬)に参加できるよう配慮することが大切である。また，生徒の能力等に応じた技能や記録の向上を目指すとともに，互いに協力し合って友情を深めるなど好ましい人間関係を育てるよう適切な指導を行う必要がある。

　運動部の活動は，主として(⑭)に行われ，特に希望する(⑩)の生徒によって行われる活動であることから，生徒の自主性を尊重する必要がある。また，生徒に任せすぎたり，(⑮)ことのみを目指したりした活

動にならないよう留意する必要もある。このため，運動部の活動の(⑯)が十分発揮されるよう，生徒の(⑰)の尊重と柔軟な運営に留意したり，生徒の(⑨)のとれた生活や(⑱)のためにも休養日や(⑲)を適切に設定したりするなど，生徒の能力・適性，興味・関心等に応じつつ，健康・安全に留意し適切な活動が行われるよう配慮して指導することが必要である。

ア	意義	イ	成長	ウ	練習時間	エ	放課後
オ	個性	カ	接続	キ	水準	ク	効果的
ケ	バランス	コ	履修	サ	勝つ	シ	連帯感
ス	指導者	セ	適性	ソ	科学	タ	同好
チ	連携	ツ	指摘	テ	一環	ト	クラブ活動
ナ	積極的						

(☆☆☆◎◎◎◎◎)

【9】運動技能は，オープンスキルとクローズドスキルの二つのタイプに大きく分類されるが，次の記述は，どの分類に属するかA～Cの記号で答えなさい。

(A　オープンスキル　B　クローズドスキル　C　両方)

(1)　外的条件に左右されることのない状況下で発揮される運動技能で，器械運動，陸上競技，水泳，弓道などの個人スポーツ。

(2)　バスケットボール，サッカー，ソフトテニス，バレーボール，野球，ソフトボールなどのチームスポーツの競技。

(3)　相手やボールの位置など，常に変化する状況において発揮される運動技能で，対人競技の柔道や剣道など。

(☆☆☆◎◎◎◎)

【10】次の各文は，中学校学習指導要領解説―保健体育編―(平成20年9月)　第2章　保健体育科の目標及び内容　第2節　各分野の目標及び内容　F武道，内容の取扱いの記述の一部である。各文の下線部のうち，誤っているものを(ア)～(ウ)から一つ選び，記号を答え，正しく訂正し

なさい。

(1)　武道の領域は，従前，第1学年においては，武道又はダンスから男女とも(ア)1領域を選択して履修できるようにすることとしていたことを改め，第1学年及び第2学年においては，すべての生徒に履修させることとした。また，第3学年においては，(イ)球技及び武道のまとまりの中から1領域以上を選択して履修できるようにすることとしている。したがって，指導計画を作成するに当たっては，(ウ)2年間の見通しをもって決めることが必要である。

(2)　武道の運動種目は，柔道，剣道又は相撲のうちから(ア)2種目を選択して履修できるようにすることとしている。なお，(イ)地域や学校の実態に応じて，なぎなたなどのその他の武道についても履修させることができることとしているが，なぎなたなどを取り上げる場合は，基本動作や基本となる技を身に付けさせるとともに，(ウ)形を取り入れるなどの工夫をし，効果的，継続的な学習ができるようにすることが大切である。また，原則として，その他の武道は，示された各運動種目に加えて履修させることとし，地域や学校の特別の事情がある場合には，替えて履修させることもできることとする。

(3)　武道場などの確保が難しい場合は，(ア)他の施設で実施することとなるが，その際は，安全上の配慮を十分に行い，基本動作や基本となる技の習得を中心として指導を行うなど指導方法を工夫することとしている。また，武道は，相手と直接的に攻防するという運動の特性や，中学校で初めて経験する運動種目であることなどから，各学年ともその種目の習熟を図ることができるよう適切な(イ)授業計画を配当し，効果的，継続的な学習ができるようにすることが必要である。また，武道は，段階的な指導を必要とするため，特定の種目を3年間履修できるようにすることが望ましいが，生徒の状況によっては各学年で(ウ)異なった種目を取り上げることもできるようにする。

(☆☆☆◎◎◎◎)

【11】次の各文のルールや名称，再開方法を答えなさい。

(1) サッカーでのゴールキーパーの反則で，6秒以内にボールを手や腕から離さなかったとき，相手チームに何が与えられるか。(再開方法)

(2) サッカーでのフリーキックで，相手側のチームは，ボールが蹴られるまで何m以上離れなければならないか。(ルール)

(3) 陸上競技で，200m，400m，800m競技などのスタート地点が曲走路(コーナー)にあるとき，スタートラインに差をつけるスタートを何というか。(名称)

(4) 陸上競技の砲丸投げの投法を一つ答えなさい。(名称)

(5) 卓球でのサービスで，ボールを手のひらから何cm以上あげなければならないか。(ルール)

(☆☆☆☆◎◎◎◎)

【12】体育・スポーツの視点に立って，次の(1)～(3)の用語を簡潔に説明しなさい。

(1) 生涯スポーツ

(2) レミニッセンス効果

(3) バディシステム

(☆☆☆☆◎◎◎◎◎)

解答・解説

【中高共通】

【1】① エ ② シ ③ コ ④ カ ⑤ ソ

〈解説〉保健分野の目標は，保健体育科の目標「心と体を一体としてとらえ，運動や健康・安全についての理解と運動の合理的な実践を通して，生涯にわたって運動に親しむ資質や能力を育てるとともに健康の保持

増進のための実践力の育成と体力の向上を図り，明るく豊かな生活を営む態度を育てる」を踏まえて作成されている。その中でも「健康の保持増進のための実践力の育成」に大きく関わっている。

【2】(記号，正しい語句の順)　(1)　オ，科学的な方法　　(2)　オ，環境条件　　(3)　ウ，急性影響　　(4)　イ，肺や心臓　　(5)　エ，自転車乗車中の事故

〈解説〉(1)は保健分野 内容の(2)イ，(2)は保健分野 内容の(4)イ(ウ)，(3)は保健分野 内容の(4)ウ(ア)，(4)は保健分野 内容の(1)ア，(5)は保健分野内容の(3)イの内容である。このような正誤問題は空所補充式と同様と考え，誤りになりやすい箇所などを確認しておくこと。

【3】(1)　オ　　(2)　ア　　(3)　オ　　(4)　ウ　　(5)　エ

〈解説〉(1)　学校保健安全法施行規則第18条により，コレラは第3種(飛沫感染が主体ではないが，放置すれば流行拡大の可能性がある感染症)に分類されている。　(2)　二酸化硫黄は，金属製錬所や重油専焼火力発電所の廃ガス中に含まれ，しばしば公害の原因となる大気汚染物質であり，教室等の環境に係わる学校環境衛生基準の検査項目には含まれていない。　(3)　腓骨は，脛骨とともに下腿骨を構成する細長い骨である。　(4)　急性硬膜下血腫とは，硬膜と脳の間に血腫が形成された状態のことであり，頭部外傷としては重症に分類される。　(5)　現実的・合理的行動は，適応機制(欲求不満が生じたとき，心身の緊張や不安・悩みなどをやわらげ，精神の安定を図ろうとする精神的な働き)に分類される自己防衛行動ではない。合理的機制と混同しないこと。

【4】(1)　ウ　　(2)　エ　　(3)　ウ　　(4)　ア　　(5)　オ

〈解説〉(1)　ウ 酸素は，赤血球内のヘモグロビンと結合して各組織に運ばれる。　(2)　エ 恐れや怒りなどのネガティブな情動のほうが，得意・愛情などのポジティブな情動よりも早く発達する。　(3)　ウ 一般的に，身体的疲労に対しては消極的休息法，精神疲労には積極的

休息法が効果的である場合が多い。　(4)　ア　血中アルコール濃度の上昇に伴い，大脳皮質機能，大脳新皮質から内側の大脳辺縁系や小脳機能，最後に脳の中心にある延髄や脳幹にまでアルコールの影響が及ぶ。　(5)　オ　犯罪原因論は，犯罪の発生を抑えるため，犯罪者に着目して，その人格や境遇を改善しようとするもので，残念ながら犯罪率の低下を達成するのは困難であった。犯罪機会論は，どんなに原因がある人でも犯罪の機会さえなければ犯罪は実行できないという考え方である。犯罪被害の防止や防犯教育に効果があると考えられているのは，犯罪原因論ではなく，犯罪機会論のほうである。

【5】HIVの感染初期において，HIVに感染しても，検査結果が陰性になる時期があり，これをウインドウ期(ウインドウピリオド)という。
〈解説〉AIDSは，エイズウイルス(HIV：Human Immunodeficiency Virus)によって起こる病気で，Acquired(後天性) Immune(免疫) Deficiency(不全) Syndrome(症候群)の頭文字をとってAIDSと名付けられた。HIVに感染すると，体内でまずHIVが増え，その後，HIVに対する抗体が産出される。通常のHIV検査では，血液中にHIV抗体があるかどうかを調べる「抗体検査」が一般的である。しかし，血液中に検出可能な抗体ができるのは，感染後約22日以降のことであり，それ以前に抗体検査を受けた場合は，感染していても陰性となる可能性がある。

【6】BMI指数はbody mass indexの略で，体格指数(肥満度)を表す。体重(kg)÷(身長(m)×身長(m))で算出される。
〈解説〉BMI(body mass index：ボディ・マス・インデックス)とは，世界保健機関(WHO)が1997年に発表した肥満判定基準である。18.5未満がやせぎみ，18.5以上25未満を普通，25以上が肥満とされている。BMI指数22を標準体重といい，最も生活習慣病にかかりにくく，死亡率が低いとされている。

【7】地震の発生直後に，震源に近い観測点の地震計で捉えられた地震波のデータを解析して震源の位置や地震の規模(マグニチュード)を直ちに推定し，これに基づいて各地での主要動の到達時刻や震度を推定し，可能な限り素早く知らせるもの。

〈解説〉緊急地震速報は地震による被害，特に人的被害の防止・軽減に大きく寄与するものとして気象庁が発表している地震情報で，2007年10月から一般に向けての提供が開始された。ただし，緊急地震速報は，情報を発表してから主要動が到達するまでの時間は長くても十数秒から数十秒と極めて短く，震源に近いところでは速報が間に合わないことがあるといった限界も指摘されている。

【8】① ト　② テ　③ ツ　④ ソ　⑤ シ　⑥ セ
⑦ ス　⑧ チ　⑨ ケ　⑩ タ　⑪ キ　⑫ ク
⑬ ナ　⑭ エ　⑮ サ　⑯ ア　⑰ オ　⑱ イ
⑲ ウ

〈解説〉問題文中にある，中学校学習指導要領 第1章 第4の2(13)とは「生徒の自主的，自発的な参加により行われる部活動については，スポーツや文化及び科学等に親しませ，学習意欲の向上や責任感，連帯感の涵養等に資するものであり，学校教育の一環として，教育課程との関連が図られるよう留意すること。その際，地域や学校の実態に応じ，地域の人々の協力，社会教育施設や社会教育関係団体等の各種団体との連携などの運営上の工夫を行うようにすること」である。ただし，中学・高等学校における，学校管理下での災害で最も多いのは体育部活内であり，例年その状況に変化がないことから，学校安全面から管理の徹底が求められることも予想される。

【9】(1) B　(2) C　(3) A

〈解説〉オープンスキルは，柔道や相撲など相手が常に変化する状況下で発揮される技能で，クローズドスキルは，重量挙げや体操などの外的条件に左右されない状況下で発揮される技能である。オープン，クロ

ーズとは目のことを指し，武道などは目で相手を追ってからだを動かすので「オープンスキル」が必要になる。一方，陸上運動などでは体の感覚を重視するので「クローズドスキル」が必要になるとされている。また，球技などでは，状況に最もふさわしいプレーを選択するオープンスキルと，自分の思い通りにボールを扱うクローズドスキルが，連続性をもって混在している。

【10】(記号，正しい語句の順) (1)　ウ，3年間　　(2)　ア，1種目
(3)　イ，授業時数
〈解説〉今回の学習指導要領改訂によって，武道がすべての生徒に履修させることとなっているので，授業時数や選択については確認しておくこと。また，柔道，剣道の基本知識，試合の進め方，反則などについても頻出問題となっているので，指導書も含めて十分学習しておこう。

【11】(1)　間接フリーキック　　(2)　9.15m　　(3)　スタッガード・スタート　　(4)　サイドステップ，ノーグライド，グライド投法のうち1つ　　(5)　16cm
〈解説〉(3)　スタッガード(staggered)とは，「(時間を)少しずらした」という意味である。　　(4)　砲丸投げは，グライドや回転などの準備動作で得た勢いを利用して鉄球を突き出し，その投距離を競う競技であるが，リズミカルでスピードのある準備動作，上体のひねり戻しを利用した強い突き出しが重要である。サイドステップ投法とは，準備動作の構えで投げる方向に向かって横向きの姿勢をとり，そのまま投てき方向にステップして投げ出す投法。グライド(オブライエン)投法とは，投げる方向に向かって背を向けた姿勢から準備動作に移る投法で，低い姿勢から投げまで一気に移れる上に，身体の強い捻りを利用したスピードを生かせる投法である。そして，ノーグライド(回転投法)は，円盤投げの準備動作であるターンと同じような足の運びから投げに移る投法。より強い捻りを利用し，タイミングが合えば遠心力をうまく利用できる。

【12】(1)　人々がそれぞれの体力や年齢，技術，興味・目的に応じて「いつでも」「どこでも」「いつまでも」取り組むことのできるスポーツのこと。　(2)　一般に練習終了後，時間がたつにつれ，学習の保持が減少するが，練習終了後，学習の保持が上昇する現象のこと。(3)　水泳指導の安全管理の方法であり，2〜3人で組を作らせ，互いに相手の安全を確認しながら練習する方法である。

〈解説〉各問の別解として，次のような文章が考えられる。　(1)　国民すべてが老若男女を問わず，健康の維持，増進および人生の楽しみ，喜びとしてスポーツを行うこと。　(2)　いつも行っているスポーツとは違うスポーツをしたり，長期間の休みを取っている間に運動技能が上達していること。　(3)　水泳指導で2〜3人一組を作らせ，互いの安全を確かめさせる方法であるとともに，学習効果を高めるためにも役立つ方法。

2012年度　実施問題

【中高共通】

【 1 】次の(1)～(2)の文章は，中学校学習指導要領解説—保健体育編—(平成20年9月)の保健体育科の改訂の要点「(2)内容及び内容の取扱いの改善について〔保健分野〕」の抜粋である。文中の(①)～(⑤)に当てはまる語句を下のア～ツから選び，記号で答えなさい。

(1) 「健康と環境」については，(①)を明確に示す視点から，身体の適応能力を超えた環境は健康に影響を及ぼすことがあること，飲料水や空気を衛生的に保つには基準に適合するように管理する必要があること，(②)は衛生的に処理する必要があることなどを示した。

(2) 「傷害の防止」については，(③)安全の視点から，(④)によって生じる傷害を明確に示した。また，応急手当には心肺蘇生法等があることを示した。

　なお，応急手当てを適切に行うことによって，傷害の悪化を防止することができることを，心肺蘇生法の実習を通して理解できるようにした。また，引き続き(⑤)などの指導との関連を図った指導を行うものとする。

ア	体育理論	イ	陸上競技	ウ	水泳
エ	包帯法	オ	止血法	カ	生活
キ	固定法	ク	廃棄物	ケ	し尿
コ	下水	サ	目標	シ	指導内容
ス	指導計画	セ	建物の倒壊	ソ	一次災害
タ	二次災害	チ	津波	ツ	災害

(☆☆☆◎◎◎◎)

【2】次の(1)～(5)の文章は，中学校学習指導要領解説―保健体育編―(平成20年9月)の保健分野の目標及び内容についての解説から抜粋したものである。各文の下線部のうち，それぞれ1箇所に誤りがある。誤っている箇所を(ア)～(オ)の記号から選び，正しい語句を用いて訂正しなさい。

(1) 学習の展開の基本的な方向として，小学校での実践的に理解(ア)できるようにするという考え方を生かすとともに，具体的な思考(イ)なども可能になるという発達の段階を踏まえて(ウ)，心身の健康の保持増進に関する基礎的・基本的な内容(エ)について科学的に思考し(オ)，理解できるようにすることを目指したものである。

(2) 精神と身体には，密接な関係があり(ア)，互いに様々な影響を与え合っていることを理解できるようにする。また，心の状態が体にあらわれたり，体の状態が心にあらわれたり(イ)するのは，脳などの働き(ウ)によることを理解できるようにする。例えば，人前に出て緊張したときに脈拍が速くなったり(エ)口が渇いたりすること，体に痛みがあるときに(オ)集中できなかったりすることなどを適宜取り上げ理解できるようにする。

(3) 室内の温度，気流(ア)の温熱条件には，人間が活動しやすい至適範囲(イ)があること，温熱条件の至適範囲は，体温を容易に一定に保つ(ウ)ことができる範囲であることを理解できるようにする。その際，これらの範囲は，学習や作業及びスポーツ活動(エ)の種類によって異なること，その範囲を超えると，学習や作業の能率やスポーツの記録の低下が見られることにも触れるようにする。明るさについては，視作業を行う際には，物がよく見え，目が疲労しにくい(オ)至適範囲があること，その範囲は，学習や作業などの種類により異なることを理解できるようにする。

(4) 応急手当は，患部の保護や固定，止血(ア)を適切に行うことによって傷害の悪化を防止(イ)できることを理解できるようにする。ここでは，包帯法，止血法としての直接圧迫法(ウ)などを取り上げ，実習を通して(エ)理解できるようにする。また，心肺停止に陥った

人に遭遇したときの応急手当としては，気道確保，人工呼吸，心臓マッサージ(オ)などの心肺蘇生法を取り上げ，実習を通して理解できるようにする。なお，必要に応じてAED(自動対外式除細動器)にも触れるようにする。

(5) 健康は，主体と環境を良好な状態に保つことにより成り立っていること，また，健康が阻害された状態の一つが疾病であることを理解できるようにする。また，疾病は主体の要因と環境の要因とが相互にかかわりながら発生することを理解できるようにする。その際，主体の要因には，性，免疫，遺伝(ア)などの素因と，生後に獲得された食事，運動，休養及び睡眠(イ)を含む生活上の様々な習慣や行動などがあることを理解できるようにする。環境の要因には，温度，湿度や有害化学物質(ウ)などの物理的・化学的環境，ウイルスや細菌(エ)などの生物学的環境及び人間関係や保健・医療機関(オ)などの社会的環境などがあることを理解できるようにする。

(☆☆☆☆◎◎◎◎)

【3】次の(1)～(5)のそれぞれの語群には，[　　]内の語句にあてはまらないものが1つ含まれている。その語句を記号で答えなさい。

(1) [知的機能]
　ア．認知　イ　記憶　ウ　意志　エ　言語　オ　判断
(2) [たばこのけむりに含まれる有害物質]
　ア　ニコチン　　　イ　タール　　ウ　一酸化炭素
　エ　ダイオキシン　　オ　アンフェタミン
(3) [下腿の筋肉]
　ア　縫工筋　　　イ　前脛骨筋　　ウ　腓復筋
　エ　長腓骨筋　　オ　ヒラメ筋
(4) [WHO(世界保健機関)が定義したライフスキル]
　ア　対人関係スキル　　イ　問題解決スキル　　ウ　批判的思考
　エ　客観的思考　　　　オ　創造的思考
(5) [家電リサイクル法(特定家庭用機器再商品化法)対象製品]

　　ア　テレビ　　イ　電子レンジ　　ウ　冷蔵庫
　　エ　洗濯機　　オ　エアコン

　　　　　　　　　　　　　　　　　　　（☆☆☆☆◎◎◎）

【4】中学校保健分野の学習内容について述べた次のア～オの文章のう
　　ち，記述に誤りのあるものを選び，記号で答えなさい。
　(1)　薬物乱用と健康に関する記述
　　ア　医薬品を医療以外の目的で使用したり，医療目的ではない化学
　　　物質を不正に使用したりすることを薬物乱用と呼ぶ。
　　イ　精神依存とは，薬物を摂取したいという強い欲求であり，何と
　　　しても薬物を手に入れようとする「薬物探索行動」を誘発する。
　　ウ　身体依存とは，薬物の摂取量が減少したり，摂取できなくなっ
　　　たときに退薬症状が現れる状態である。
　　エ　薬物乱用をやめてしばらくたった後でも，飲酒や強いストレス
　　　などの際に，幻覚や妄想などの精神異常が突然現れることがあり，
　　　これをフラッシング反応という。
　　オ　大麻にはTHCという成分が含まれており，使用すると酩酊感，
　　　陶酔感，幻覚作用などがもたらされる。
　(2)　交通事故などによる傷害の防止に関する記述
　　ア　交通事故は，人的要因，環境要因，車両要因が関わりあって発
　　　生する。
　　イ　中学生の交通事故では，自分の能力を過信した行動や自分勝手
　　　な行動，無謀な行動など，本人の不適切な行動による事故が多い。
　　ウ　二輪車と普通乗用車のそれぞれの運転者の視野と注視範囲を比
　　　較すると，二輪運転時の視野構成は路面に大きく偏っている。二
　　　輪運転者は必要な情報を見落とさないように進行方向への探査が
　　　強いが，側方への探査は弱くなり，側方部分を見落とす危険性を
　　　持っている。
　　エ　自転車は，道路交通法においては車両として位置づけられてい
　　　る。自転車で通行する際には，特別の定めのない場合は自動車と

同じ方法により通行しなければならない。

オ　「自転車歩道通行可」の標識がある場合，運転者が15歳未満の
こども・70歳以上の高齢者・体の不自由な方の場合，車道または
交通の状況からみてやむをえない場合については自転車も歩道を
通行することができる。

(3)　空気の衛生的管理に関する記述

ア　大勢の人がいて二酸化炭素が増加しているような部屋では，気
温や湿度が上昇し，ちりやほこり，細菌などが増加する。そのた
め二酸化炭素濃度は，室内空気の汚れの指標とされている。

イ　学校環境衛生基準では，教室等の換気の基準として，二酸化炭
素濃度は1500ppm以下であることが望ましいとされている。

ウ　学校環境衛生基準では，40人在室，容積180m³教室の場合，中
学校においては一時間に1～2回程度の換気が必要とされている。

エ　学校環境衛生基準では，教室等の一酸化炭素の許容濃度は
10ppm以下であることと定められている。

オ　一酸化炭素は体内に入ると赤血球中のヘモグロビンと強く結び
付くため組織が酸素欠乏になり，一酸化炭素中毒を引き起こす。
中毒が起こると，頭痛・めまい・吐き気がし，動けなくなり，死
亡することもある。

(4)　調和のとれた生活と生活習慣病に関する記述

ア　動脈硬化とは，血管壁にコレステロールなどが蓄積した結果，
血管が狭くなり，血液の流れがさまたげられた状態をいう。動脈
硬化には，アテローム硬化，細動脈硬化，中膜硬化などがある。

イ　血圧とは，血液が流れるときに血管にかかる圧力のことである。
心臓が収縮して血液を送り出したときの血圧を収縮期血圧(最大
血圧)，心臓が拡張し血管にかかる圧力が小さくなったときの血
圧を拡張期血圧(最小血圧)という。正常血圧は，収縮期血圧が
140mmHg未満，拡張期血圧が90mmHg未満とされている

ウ　生活習慣病として問題になる心臓病は虚血性心疾患である。虚
血性心疾患は，大動脈が動脈硬化によって細くなったり，詰まっ

たりして心筋に血液が届かなくなり，その部分の心筋が機能を失う病気である。代表的なものには，心筋梗塞と狭心症がある。

エ　脳卒中とは血管病変による脳の障害の総称で，脳梗塞と脳出血に大別される。脳卒中は，心臓病と同様に，ストレスや不規則な生活などの習慣的な危険因子によって引き起こされた高血圧と動脈硬化が重なり合って起こる病気である。

オ　「健康日本21」では，大きな課題となっている生活習慣・生活習慣病について，栄養・食生活，身体活動・運動，休養・こころの健康づくり，たばこ，アルコール，歯の健康，糖尿病，循環器病，がんの9分野を選定し，それぞれの取組の方向を示している。

(5)　生殖に関わる機能の成熟に関する記述

ア　性腺刺激ホルモンには，下垂体から分泌される卵胞刺激ホルモンと黄体形成ホルモン，胎盤から分泌されるじゅう毛ゴナドトロピンがある。

イ　プロゲステロン(黄体ホルモン)の作用は女性性器の発育促進，二次性徴の発現，性的欲求・行動の発現などである。

ウ　卵胞刺激ホルモンは，女性には卵胞の発育促進，男性には精子形成の作用がある。

エ　男性ホルモンを総称してアンドロゲンといい，その作用は，性分化の過程における性腺の精巣への分化，男性生殖器の発育促進，二次性徴の発現，性欲の亢進などである。

オ　排卵によって放出された卵子は，卵管の先端にある卵管さいに取り込まれ，卵管壁のじゅう毛の作用で子宮へと進む。途中の卵管膨大部で精子と出会うと受精がおこるが，精子と出会わない場合は，卵子は体内で分解吸収されるか体外に排出される。

(☆☆☆☆◎◎◎)

【5】浮遊粒子状物質(SPM)について簡潔に説明しなさい。

(☆☆☆☆◎◎◎)

【6】スポーツ外傷などの際に行う応急手当の「RICE処置」の方法について簡潔に説明しなさい。

(☆☆☆☆◎◎◎◎◎)

【7】一般に，生理学や保健学の分野において，「発育」と「発達」はそれぞれどのような意味で使われているかを簡潔に説明しなさい。

(☆☆☆☆◎◎◎)

【8】次の(A)〜(E)の文章は，中学校学習指導要領解説―保健体育編―(平成20年9月)の保健体育科の改訂の要点「(2)内容及び内容の取扱いの改善について〔体育分野〕」の抜粋である。文中の①〜⑮の(　　)に当てはまる語句を後のア〜ツより選び記号で答え，⑯〜⑳は，数字を答えなさい。

(A)　「体育理論」については，基礎的な知識は，意欲，(　①　)，運動の技能などの源となるものであり，確実な定着を図ることが重要であることから，各領域に共通する内容や，まとまりで学習することが効果的な内容に(　②　)するとともに高等学校への(　③　)を考慮して単元を構成した。内容については，従前の「体育に関する知識」において，(1)運動の特性と学び方及び(2)体ほぐし・体力の意義と運動の(　④　)で構成していたことを改め，(1)運動やスポーツの(　⑤　)，(2)運動やスポーツが心身の発達に与える効果と安全及び(3)(　⑥　)としてのスポーツの意義で構成することとした。

　　また，各領域との関連で指導することが効果的な各領域の特性や成り立ち，(　⑦　)の名称や行い方などの知識については，各領域の「(3)知識，思考・判断」に示すこととし，知識と技能を(　⑧　)に関連させて学習させることにより，知識の(　⑨　)を一層実感できるように配慮した。

　　そのため，「内容の取扱い」に，引き続きすべての学年で(　⑩　)させることを示すとともに，指導内容の定着がより一層図られるよう「(　⑪　)の作成と内容の取扱い」に，授業時数を各学年で3単位

時間以上配当することを示した。

(B)　体力の向上については，「体つくり運動」，「体育理論」の指導内容を明確にし，（　⑫　）の充実が図られるよう改善した。また，その他の領域においても，それぞれの運動の特性や（　⑬　）に触れるために必要となる体力を生徒自らが高められるよう留意することとし，第1学年及び第2学年では「（　⑭　）して高まる体力」第3学年では「体力の（　⑮　）」を内容の「(3)知識，思考・判断」に示した。

(C)　今回の改訂においては，子どもたちの体力が低下する中で，中学校段階は生徒の体の発達も著しい時期であるため，授業時数を増加する必要があるとされ，各学年とも年間標準授業時数を（　⑯　）単位時間としていたものが，（　⑰　）単位時間に改められた。

(D)　体育分野及び保健分野に配当する年間の授業時数は，3学年間を通して，体育分野は（　⑱　）単位時間程度，保健分野は（　⑲　）単位時間程度とすることとした。

(E)　体育分野の内容の「体つくり運動」の授業時数については，各学年で（　⑳　）単位時間以上を，「体育理論」の授業時間については，各学年で3単位時間以上を配当することとした。

ア	魅力	イ	効果	ウ	文化	エ	関連
オ	技術	カ	接続	キ	指導計画	ク	指導
ケ	思考力	コ	履修	サ	継続	シ	高め方
ス	多様性	セ	必修	ソ	精選	タ	重要性
チ	一層	ツ	相互				

(☆☆☆☆◎◎◎)

【9】武道について，次の各文の問いに答えなさい。

(1) 柔道における①「警告」と②「反則負け」となる行為を1つずつ答えなさい。

(2) 剣道における③「反則」と④「反則負け」となる行為を1つずつ答えなさい。

(3) 相撲における⑤「禁手」と⑥「中学生の禁じ技」となる行為を1つずつ答えなさい。

(☆☆☆◎◎◎◎)

【10】次の各文は，中学校学習指導要領解説(平成20年9月) 第2章 保健体育科の目標及び内容 第2節 各分野の目標及び内容 E球技ベースボール型の記述の一部である。各文の下線部のうち，誤っているものを(ア)〜(エ)から一つ選び，記号を答え，正しく訂正しなさい。

(1) 「基本的なバット操作」とは，自らが出塁したり仲間を進塁させたりして得点を取るために，基本となるバットの握り方(ア)(グリップ)や構え方から，ボールをとらえる際の(イ)体重移動(踏み込み)，バットの握り方(テイクバックやスイング)，ボールのとらえ方(ウ)(コンパクト)，ボールをとらえた後の身体や(エ)用具の操作(フォロースルー)などで，タイミングを合わせてバットを振り抜きボールを打ち返すことである。

(2) 「ボール操作」とは，ボールを受ける前の身体の構え方(ア)(準備姿勢)から，打球の方向に合わせた打球の通過コースや落下地点への移動の仕方(イ)(ランニング)，基本となるグラブの使い方(ウ)(キャッチング)，ボールの握り方や投げ方(スローイング)，ボールを投げた後の身体の操作(エ)(フォロースルー)などで，ゴロやフライを捕ったり，ねらった方向にボールを投げたり，味方からの送球をポジションに応じて受けたりすることである。

(☆☆☆◎◎◎)

【11】ハンドボールについて，次の各文の名称や反則名，再開方法を答えなさい。

(1)　ボールをひざから下の部分であつかったとき。(反則名)

(2)　ボールを持って4歩以上動いたとき。(反則名)

(3)　無意味なパスやドリブル，シュートを打たない消極的な攻撃をしたとき。(反則名)

(4)　シュートの名称でステップシュート，ジャンプシュートともう一つ特徴のあるシュート。(名称)

(5)　明らかな得点のチャンスが，防御側の違反や反則によって妨害されたとき，攻撃側に与えられる。(再開方法)

(☆☆☆◎◎◎◎)

【12】体育・スポーツの視点に立って，次の(1)～(2)の用語を簡潔に説明しなさい。

(1)　レペティショントレーニング

(2)　イメージトレーニング

(☆☆☆☆◎◎◎◎)

【高等学校】

【1】次の文は，高等学校学習指導要領保健体育科(平成21年3月告示)の目標と標準単位数の記述である。①～⑥に入る適切な語句や数値を下のア～ツから選び，記号で答えなさい。

（　①　）を一体としてとらえ，健康・安全や運動についての理解と運動の合理的，（　②　）な実践を通して，生涯にわたって豊かな（　③　）を継続する資質や能力を育てるとともに健康の保持増進のための実践力の育成と（　④　）の向上を図り，明るく豊かで活力ある生活を営む態度を育てる。

保健体育科の標準単位数は，体育は（　⑤　）単位，保健は（　⑥　）単位である。

ア　家庭生活　　　　　イ　発育と発達　　ウ　段階的

エ	技術・技能	オ	計画的	カ	体力
キ	社会生活	ク	人生	ケ	心と体
コ	スポーツライフ	サ	発展的	シ	心技体
ス	6〜8	セ	7〜8	ソ	7〜9
タ	1	チ	2	ツ	3

(☆☆☆○○○○○)

【2】次の文は，高等学校学習指導要領保健体育科(平成21年3月告示)の内容の取扱いについての抜粋である。(　　)の中に適切な語句や数字を入れなさい。

(1)　「体つくり運動」及び「(　①　)」については，各年次においてすべての生徒に履修させること。

(2)　入学年次においては，「器械運動」「(　②　)」「(　③　)」及び「ダンス」についてはこれらの中から(　④　)以上を，「(　⑤　)」及び「武道」についてはこれらの中から一つ以上をそれぞれ選択して履修できるようにすること。その次の年次以降においては，「器械運動」から「ダンス」までの中から(　⑥　)以上を選択して履修できるようにすること。

(3)　「体つくり運動」に示す事項については，すべての生徒に履修させること。なお，「体つくり運動」の(　⑦　)の運動については，「器械運動」から「ダンス」までにおいても関連を図って指導することができるとともに，「保健」における(　⑧　)の健康などの内容との関連を図ること。

(☆☆☆○○○○○)

【3】次の文は，高等学校学習指導要領解説保健体育編・体育編(平成21年12月)に示された体育学習にかかわる具体的な態度(共通事項)の指導内容の抜粋である。①〜⑦に入る適切な語句を後のア〜シから選び記号で答えなさい。

　各領域の入学年次に「(　①　)に取り組む」ことを，その次の年次

以降は，「（　②　）に取り組む」ことを示している。これは，中学校第1学年及び第2学年において示した「（　③　）に取り組む」こと，第3学年において示した「（　①　）に取り組む」ことを踏まえ，入学年次は，引き続き，「（　①　）に取り組む」こと，その次の年次以降においては，「（　②　）に取り組む」ことを高等学校卒業までの情意面の目標として示したものである。指導に際しては，（　④　）を継続することは，（　⑤　）の保持増進に役立つとともに，（　⑥　）を豊かにすることといった，（　④　）を継続することの意義などを理解させ，取り組むべき課題の解決の過程を示したり，（　②　）に行う際の仲間との学習の進め方の例などを示したりするなど，生徒が練習や試合，発表などに（　⑦　）をもって（　②　）に取り組めるようにすることが大切であることを示した。

ア	活力	イ	積極的	ウ	発展的	エ	部活動
オ	健康	カ	自主的	キ	老後	ク	運動
ケ	家庭生活	コ	人生	サ	意欲	シ	主体的

(☆☆☆◎◎◎◎)

【4】次の文は，高等学校学習指導要領解説保健体育編・体育編(平成21年12月)に示された器械運動とダンスの記述の抜粋である。（　）の中に適切な語句を入れなさい。

(1)　器械運動は，マット運動，（　①　）運動，（　②　）運動，（　③　）運動で構成され，器械の特性に応じて多くの「技」がある。これらの技に挑戦し，その技ができる楽しさや喜びを味わうことのできる運動である。中学校では，技がよりよくできることや自己に適した技で演技することをねらいとして，第1学年及び第2学年は，「技がよりよくできる」ことを，第3学年は，「（　④　）に適した技で演技する」ことを学習している。

　　高等学校では，これまでの学習を踏まえて，「（　④　）に適した技を高めて，演技すること」ができるようにすることが求められる。

(2)　ダンスは，「創作ダンス」，「（　⑤　）」，「（　⑥　）」で構成され，

268

(⑦)をとらえた表現や踊りを通した交流を通して仲間との(⑧)を豊かにすることを重視する運動で，仲間とともに感じをこめて踊ったり，(⑦)をとらえて自己を表現したりすることに楽しさや喜びを味わうことのできる運動である。

　高等学校では，これまでの学習を踏まえて，「感じを込めて踊ったり，仲間と自由に踊ったりする楽しさや喜びを味わい，それぞれ特有の表現や踊りを高めて交流や(⑨)ができるようにする」ことが求められる。

(☆☆☆◎◎◎)

【5】次の文は，体力の構成要素を図示したものである。( )の中に適切な語句を入れなさい。

(1) 体力は(①)体力と(②)体力(抵抗力)とに分類され，前者は日常生活や運動といった身体活動を生み出す体力をいい，後者は体温調節や免疫といった生命活動をするうえで基礎となる体力をいう。

体力 ── (①)体力 ── 運動を(③)する能力─(⑥)・瞬発力
　　　　　　　　　　　 運動を(④)する能力─(⑦)・筋持久力
　　　　　　　　　　　 運動を(⑤)する能力─(⑧)・(⑨)・巧緻性
　　　 ── (②)体力(抵抗力)

(2) 「体力」を簡単に定義しなさい。

(☆☆☆◎◎◎◎)

【6】次の文ア〜キは，それぞれ何について述べたものか答えなさい。

　ア　スポーツ種目によって，運動技能の特徴は異なる。陸上競技，水泳，器械運動などのように，直接相手と向きあう対応動作がなく，外的条件(環境)に左右されず，同じ状況の下で用いられる技能

　イ　今日(こんにち)，オリンピックとは無縁のスポーツが数多く行われている。例えば，オランダのフィーエルヤッペンは，橋のない運河を棒を使って跳びわたる生活の知恵が競技化したものである。このようなスポーツ

ウ　障がいの有無や年齢・性別・国籍にかかわらず，初めから誰もが使いやすいように，施設や製品，環境などをデザインするという考え方

エ　デンマークで「精神遅滞者に普通に近い生活を確保する」という意味で使われはじめ，その後世界中に広まった社会福祉の理念

オ　医師は患者にわかりやすく選択肢をあげて説明し，患者が自主的に判断して受けたいと思う医療を安心して受けられるようにするべきであるという考え方

カ　筋肉の長さを変えながら力を発揮するトレーニング方法

キ　悩みなど心の問題が密接にかかわり，体の状態や働きに変化をきたしてなる病気

(☆☆☆◎◎◎◎)

【7】心理学でいう「昇華」について説明しなさい。

(☆☆☆☆◎◎◎◎)

解答・解説

【中高共通】

【1】① ス　② ク　③ ツ　④ タ　⑤ ウ

〈解説〉中学校の保健分野については，小学校及び高等学校の「保健」の内容を踏まえた系統性ある指導ができるように内容の改訂を行った。内容の「心身の機能の発達と心の健康」は第1学年，「健康と環境」及び「傷害の防止」は第2学年，「健康な生活と疾病の予防」は第3学年で取り扱う。

【2】(記号・正しい語句の順)　(1)　イ・抽象的な思考　(2)　ウ・神経などの働き　(3)　ア・温度，湿度，気流　(4)　オ・胸骨圧迫

(5) ア・年齢，性，免疫，遺伝

〈解説〉(1)は目標，(2)は内容の「(1)心身の機能の発達と心の健康」の「エ　欲求やストレスへの対処と心の健康」，(3)は内容の「(2)健康と環境」の「ア　身体の環境に対する適応能力・至適範囲」，(4)は内容の「(3)傷害の防止」の「エ　応急手当」，(5)は内容の「(4)健康な生活と疾病の予防」の「ア　健康の成り立ちと疾病の発生要因」の解説から，それぞれ出題されている。

【3】(1)　ウ　　(2)　オ　　(3)　ア　　(4)　エ　　(5)　イ

〈解説〉(1)　人間には知・情・意と呼ばれる3つの精神の働きがある。知とは理解し判断する知性，情とは喜びや悲しみなどの感情，意とは人間の行動を動かしていく意志である。　(2)　アンフェタミンは合成覚醒剤の一種で，食欲低下や体重抑制，注意欠陥多動性障害(ADHD)などの治療に用いられる。　(3)　縫工筋(ほうこうきん)は，人間の大腿骨の筋肉で股関節の屈曲・外転・外施や膝関節の屈曲・内施を行う。　(4)　ライフスキルとは，WHO(世界保健機関)が日常の様々な問題や要求に対して，より建設的かつ効果的に対処するために必要不可欠な能力と定義づけた10の技術(自己認識・共感性・効果的コミュニケーションスキル・対人関係スキル・意志決定スキル・問題解決スキル・創造的思考・批判的思考・感情対処・ストレス対処)のことである。　(5)　家電リサイクル法とは，一般家庭や事務所から排出された家電製品から有用な部分や材料をリサイクルし，廃棄物を減量するとともに，資源の有効利用を推進するための法律。対象品目は，テレビ，冷蔵庫・冷凍庫，洗濯機・衣類乾燥機，エアコンの4品目である。

【4】(1)　エ　　(2)　オ　　(3)　ウ　　(4)　ウ　　(5)　イ

〈解説〉(1)　エの説明は，フラッシュバック現象が正しい。　(2)　平成20年6月1日より道路交通法及び同施行令の改正によって，新たに次のような場合にも歩道を自転車で通行することができるようになった　・児童(6歳以上13歳未満)や幼児(6歳未満)が運転する場合　　・70歳以

上の者が運転する場合　・安全に車道を通行することに支障を生じる程度の身体の障害を持つ者が運転する場合　・車道等の状況に照らして自転車の通行の安全を確保するため，歩道を通行することがやむを得ないと認められる場合　(3)　学校環境衛生基準では，換気回数は，40人在室，容積180m³の教室の場合，幼稚園・小学校においては2.2回／時以上，中学校においては3.2回／時以上，高等学校においては4.4回／時以上を基準とする。　(4)　虚血性心疾患は，心筋に血液を送る3本の動脈(冠状動脈)が狭くなったり，塞がったりして，そこから先の心筋が酸素不足に陥る状態をいう。冠状動脈が細くなり一時的に酸素不足に陥る(心筋は死なずに回復する)のが狭心症で，冠状動脈が完全に詰まってしまう(心筋が死んでしまい回復しない，機能を失う)のが心筋梗塞である。　(5)　プロゲステロン(黄体ホルモン)の作用は，子宮内膜を分泌相に導き，受精卵の着床に備え，妊娠するとそれを継続するように働く。

【5】大気汚染物質の1つであり，長時間大気中にとどまり，肺や器官などに沈着して呼吸器に悪影響を及ぼす。主にディーゼル車などから排出される。

〈解説〉浮遊粒子状物質(SPM：Suspended Particulate Matter)は，大気中に浮遊している粒子状物質(PM)のことで，粒径が10μm(マイクロメートル，1μmは1mの100万分の1)以下のものをいう。SPMには，工場などから排出されるばいじんや粉じん，ディーゼル車の排出ガス中に含まれる黒煙など人為的発生源によるものと，土壌の飛散など自然発生源によるものがある。微小なため大気中に長時間滞留し，肺や器官などに沈着して，呼吸器に影響を及ぼす。

【6】R＝Rest　患部を安静にし，動かさない。I＝Ice　氷，氷水等で患部を冷却する。C＝Compression　弾性包帯やテーピング等で患部を圧迫する。E＝Elevation　患部を心臓より高い位置に挙上する。

〈解説〉応急手当の「RICE処置」の方法については，非常に出題頻度が

高いので，正しく理解しておくようにする。安静(Rest)，冷却(Ice)，圧迫(Compression)，挙上(Elevation)の頭文字をとりRICE法と呼ぶ。スポーツ医学での初期治療，応急処置としてRICE法の原則が大切なのは，傷んだ部位のはれや痛みをなるべく早く少なくし，回復を早めたり悪化を防止したりするためである。

【7】発育：体格や各器官の形態的な増大(体の大きさが増すこと)
　　発達：各器官の機能が高まること(働きが高まること)
〈解説〉別解としては，発育…主として身体の形態・重量などの質的な変化を表す。発達…身体の機能的(働きの)変化・質的変化を表すとともに，精神・行動・能力など広範囲にわたっても使われる。このように，「発育」は体の成長の意味が大きく，「発達」は機能や技能などに使うことが多い。

【8】①　ケ　②　ソ　③　カ　④　イ　⑤　ス　⑥　ウ
　　　⑦　オ　⑧　ツ　⑨　タ　⑩　コ　⑪　キ　⑫　チ
　　　⑬　ア　⑭　エ　⑮　シ　⑯　90　⑰　105　⑱　267
　　　⑲　48　⑳　7
〈解説〉中学校学習指導要領解説保健体育編(平成20年9月)に記されている〔体育分野〕の内容及び内容の取扱いの改善から出題されており，(C)～(E)は指導計画の作成等の改善についてである。授業時数の配当の数値などは，正しく理解しておこう。

【9】(1)　①　支持足を内側から刈る，相手を突き落とす，河津がけ等　②　頭から畳に突っ込む，かにばさみをかける　(2)　③　試合中場外に不当に出たり出したりする，相手に足をかける，相手の竹刀を握る等　④　相手または審判員に対して非礼な言動，不正用具を使用(3)　⑤　張り手，喉をつかむ，逆指をとる等　⑥　反り技，河津がけ，さば折り，極め出し等
〈解説〉スポーツルールブック等で，柔道・剣道・相撲の規則違反と罰則

規定を学習しておく。ただし，柔道には国際ルールと講道館ルールが
あり，ルールブックによっては国際ルールのみ記載している場合もあ
るので，指導書などで確認しておきたい。禁止事項は軽微な違反と重
大な違反に分かれ，その重さ・程度に応じて罰則が与えられる。なお，
中学校学習指導要領には，「武道」領域〔第1学年及び第2学年〕の態
度の内容は，次のように示されている。「武道に積極的に取り組むと
ともに，相手を尊重し，伝統的な行動の仕方を守ろうとすること，分
担した役割を果たそうとすることなどや，禁じ技を用いないなど健
康・安全に気を配ることができるようにする。」

【10】(記号，正しい語句の順) (1)　ウ，インパクト　　(2)　イ，ステップ
〈解説〉球技は，ゴール型，ネット型，ベースボール型で構成されている。
　　第1学年及び第2学年のベースボール型では，基本的なバット操作と走
　　塁での攻撃，ボール操作と定位置での守備などによって攻防を展開す
　　ることを技能の内容としている。

【11】(1)　キックボール　　(2)　オーバーステップ　　(3)　パッシブプ
　　レー　　(4)　倒れこみシュート　　(5)　7mスロー
〈解説〉各種スポーツの基本技術や競技用語，ゲームの進め方とルール，
　　規則違反と罰則規定，審判法等の出題頻度が高いので，基本的なスポ
　　ーツルールについて正しく理解しておくようにする。

【12】(1)　最大努力で運動を行い，疲労が完全に回復するまで休息をと
　　り，これを数回繰り返す反復練習。スピード持久力，酸素負債に耐え
　　うる能力を高める練習法。　　(2)　効果としては，心理的スキルの向上，
　　パフォーマンスの向上があげられ，本番で起こりえる様々な状況・パ
　　ターンを想定してイメージの中であらかじめ体験していくことで，本
　　番でとっさの判断を迫られた場合でも冷静な対応をすることができ
　　る。
〈解説〉トレーニングの種類に関する出題が多いので，各種トレーニング

の目的と方法，効果を簡潔に説明できるように要点を整理しておくようにしたい。なお，各問題の別解としては次の通りである。(1) 敏捷性やスピード持久力，正確なフォームづくり，酸素負債能力の向上を目的とする。主運動を強い負荷で短時間行い，1回ごとに完全休息をとる。繰り返し回数は3〜6回であり，その人の最大速度の5分の4以上のタイムを規定し，その範囲内で走れなくなったら中止するなどの練習法がある。　(2) 自分の行った運動の経験をもとにして，実際には外部から観察できるような運動をしないで，運動の場面や動作のイメージを頭の中に思い浮かべて，繰り返し練習する方法である。運動技能の練習過程で，誤った動作を身につけた場合の矯正や，望ましい技能を習得する場合に有効である。

【高等学校】

【1】① ケ　② オ　③ コ　④ カ　⑤ セ　⑥ チ
〈解説〉新高等学校学習指導要領(平成21年3月)の保健体育科の目標と標準単位数を理解しているかを出題している。教科の目標は，高等学校教育における保健体育科の果たすべき役割を総括的に示すとともに，小学校，中学校及び高等学校の教科の一貫性を踏まえ，高等学校としての重点や基本的な指導の方向を示したものであり，非常に出題頻度が高い。語群が示されていなくても，正しい語句を記述できるように暗記しておくようにする。

【2】(1) ① 体育理論　(2) ② 陸上競技　③ 水泳　④ 一つ(一，1つ，1)　⑤ 球技　⑥ 二つ(二，2つ，2)　(3) ⑦ 体ほぐし((1)のア)　⑧ 精神
〈解説〉内容の取扱いについては，改訂により変更されたことに注意したい。また，改訂された理由についても，学習指導要領解説にある「改訂の要点」などを参照して理解しておこう。

【3】① カ　② シ　③ イ　④ ク　⑤ オ　⑥ コ
⑦ サ

〈解説〉具体的な態度(共通事項)の指導内容は，教科目標「生涯にわたっ
て豊かなスポーツライフを継続する資質や能力を育てる」や，体育目
標「公正，協力，責任，参画などに対する意欲を高め，健康・安全を
確保」することを体育学習にかかわる態度の指導内容として，具体化
したものといえる。教科目標などと関連付けながら学習すると，理解
が早いだろう。

【4】(1)　① 鉄棒　② 平均台　③ 跳び箱　④ 自己
(2)　⑤ フォークダンス　⑥ 現代的なリズムのダンス　⑦ イ
メージ　⑧ コミュニケーション　⑨ 発表

〈解説〉器械運動やダンスは中学校から扱われている種目であるため，高
等学校ではより高度な学習内容になっていることはいうまでもない。
そのため，中学校学習指導要領などを参照しながら，指導内容にどの
ような変化があるか時系列で学習すると，より理解が深まると思われ
る。各項目について一覧表を作成し，学習すればよいだろう。

【5】(1)　① 行動　② 防衛　③ 発現　④ 持続　⑤ 調整
⑥ 筋力　⑦ 全身持久力　⑧・⑨ 柔軟性・平衡性・敏捷性・
調整力　のうち2つ　(2)　私たちが生存し活動する，生活するため
に必要な身体の能力をいう。

〈解説〉体力については，体つくり運動が小学校から高等学校まで行われ
ている等から，その構成要素の理解は指導上重要であることが理解で
きよう。体力は，行動体力と防衛体力(抵抗力)に分けられる。そして，
体力の構成要素として筋力，瞬発力，持久力(全身持久力，筋持久力)，
調整力(平衡性，巧緻性，敏捷性)，柔軟性があり，それらが健康に生
活するための体力と運動を行うための体力に密接に関係している。

【6】ア　クローズド・スキル　　イ　民族(エスニック)スポーツ
　　ウ　ユニバーサルデザイン　　エ　ノーマライゼーション
　　オ　インフォームド・コンセント　　カ　アイソトニックトレーニング
　　キ　心身症
〈解説〉アについて，技能には絶えず変化する状況の下で発揮されるオープンスキル型と状況の変化が少ないところで発揮されるクローズド・スキル型があり，その型の違いによって学習の仕方が異なる。ウ・エ・オの用語は，非常に出題頻度が高いので，用語名を答えるだけでなく，用語を簡潔に説明できるように学習しておくことも大切である。カに関して，筋肉の長さを変えずに力を発揮するトレーニング方法は，アイソメトリックトレーニングと呼ばれるので，あわせて学習しておこう。キの心身症は，精神的・心理的な原因から，身体にさまざまな病気の症状があらわれるものをいう。

【7】青年期の性的欲求を学問・文化芸術・スポーツなどに向けること。
〈解説〉「(1) 現代社会と健康」の「ウ　精神の保健」の「(ア) 欲求と適応機制」の内容からの出題。人間には様々な欲求があり，欲求が満たされない時には，不安，緊張，悩みなどの精神の変化が現れるとともに，様々な適応機制が働き，精神の安定を図ろうとする。適応機制の種類は頻出なので，代償，同一化などの主な項目は十分に把握しておくことが必要である。

2011年度　実施問題

【中学校】

【1】次の(1)～(4)の文は，中学校学習指導要領解説(平成20年9月)—保健体育編—の保健体育科の改訂の要点(保健分野)から抜粋したものである。文中の(　①　)～(　⑩　)に当てはまる語句を後のア～フから選び，記号で答えなさい。

(1)　内容については，主として(　①　)生活における健康・安全に関する事項を，自らの健康を適切に管理し改善していく(　②　)などの資質や能力を育成する観点を重視し，従前の内容を踏まえて「心身の機能の発達と心の健康」，「健康と環境」，「傷害の防止」及び「健康な生活と疾病の予防」の4つの内容で構成した。

(2)　中学校における(　③　)を明確にするとともに，生活習慣の乱れやストレスなどが健康に影響することを学ぶことができるよう，健康の概念や課題などの内容を明確に示すとともに，新たに，(　④　)によって生じる傷害に関する内容，医薬品に関する内容を取り扱うこととした。その際，心身の健康の保持増進にかかわる資質や能力を育成するため，基礎的・基本的な知識の暗記や再現にとどまらず，(　⑤　)する学習活動によって思考力・判断力などの資質や能力が育成されるよう，実習や実験などの指導方法の工夫を行うことを示した。

(3)　「心身の機能の発達と心の健康」については，内容を明確化した。具体的には，発育・発達に伴う身体の器官の発育と機能の発達を(　⑥　)を中心に取り上げるとともに，発達の時期やその程度には個人差があること，また，(　⑦　)には生殖機能が成熟し，成熟に伴う変化に対応した適切な行動が必要となることなどについて取り扱うこととした。

(4)　「健康な生活と疾病の予防」については，指導内容の(　⑧　)及

278

び明確に示す視点から，健康の保持増進には，年齢，（　⑨　）等に応じた食事，運動，休養及び睡眠の調和のとれた生活を続ける必要があること，また，食事の量や質の偏り，運動不足，休養や睡眠の不足などの生活習慣の乱れは生活習慣病などの要因となることを示した。喫煙，飲酒，薬物乱用防止に関する内容については，人間関係，（　⑩　）が影響することから，それぞれの要因に適切に対処する必要があることについて示した。

ア	社会環境	イ	生活環境	ウ	学習環境
エ	青年期	オ	壮年期	カ	思春期
キ	社会	ク	集団	ケ	個人
コ	学習内容	サ	学習項目	シ	思考力・判断力
ス	実践力	セ	体系的	ソ	系統性
タ	明確化	チ	呼吸器	ツ	循環器
テ	呼吸器，循環器	ト	地震	ナ	二次災害
ニ	災害	ヌ	知識を活用	ネ	知識を習得
ノ	発展的事項	ハ	基礎的事項	ヒ	性別
フ	年齢				

(☆☆☆◎◎◎◎)

【2】次の(1)～(5)の文は，中学校学習指導要領解説(平成20年9月)—保健体育編—の保健分野の目標及び内容についての解説から抜粋したものである。各文の下線部のうち，それぞれ一箇所に誤りがある。誤っている箇所を(ア)～(オ)の記号から一つ選び，正しい語句を用いて訂正しなさい。

(1)　思春期には，下垂から分泌(ア)される性腺刺激ホルモンの働きにより生殖器の発育とともに生殖機能が発達し，男子では射精，女子では月経が見られ，妊娠が可能となること(イ)を理解できるようにする。また，精神的な成熟に(ウ)伴う性的な発達に対応し，性衝動が生じたり，異性への関心などが高まったりすることなどから，異性の尊重，性情報への対処など性に関する適切な態度や行動の選択

279

(エ)が必要となることを理解できるようにする。

　なお，指導に当たっては，発達の段階を踏まえること，学校全体で共通理解を図ること，保護者の理解を得ること(オ)などに配慮することが大切である。

(2)　自己形成については，思春期になると，自己を主観的に見つめたり(ア)，他人の立場や考え方を理解できるようになったりするとともに，物の考え方や興味・関心を広げ，次第に自己を認識し自分なりの価値観(イ)をもてるようになるなど自己の形成(ウ)がなされることを理解できるようにする。

　その際，自己は，様々な経験から学び(エ)，悩んだり，試行錯誤を繰り返したりしながら社会性の発達(オ)とともに確立していくことにも触れるようにする。

(3)　気温の変化に対する体温調節の機能(ア)を例として取り上げ，身体には，環境の変化に対応した(イ)調節機能があり，一定の範囲内で(ウ)環境の変化に適応する能力があることを理解できるようにする。また，高山病や山や海での遭難(エ)などを取り上げ，体温を一定に保つ身体の適応能力には限界があること(オ)，その限界を超えると健康に重大な影響が見られることを理解できるようにする。

(4)　傷害が発生した際に，その場に居合わせた人が行う応急手当としては，傷害を受けた人の反応の確認等状況の把握と同時に，周囲の人への連絡，傷害の状態に応じた手当(ア)が基本であり，適切な手当は傷害の悪化を防止できることを理解できるようにする。

　応急手当は，患部の保護や固定，止血(イ)を適切に行うことによって傷害の悪化を防止できることを理解できるようにする。ここでは，包帯法，止血法としての間接圧迫法(ウ)などを取りよ上げ，実習を通して理解できるようにする。

　また，心肺停止に陥った人に遭遇したときの応急手当としては，気道確保，人工呼吸，胸骨圧迫など(エ)の心肺蘇生法を取り上げ，実習を通して(オ)理解できるようにする。

(5)　健康を保持増進するためには，毎日適切な時間に食事(ア)をする

こと，また，<u>性別や運動量に応じて(イ)</u>栄養素のバランスや食事の量などに配慮すること及び運動によって消費されたエネルギーを食事によって補給することが必要であることを理解できるようにする。

　運動には，身体の各器官の機能を刺激し，<u>その発達を促す(ウ)</u>とともに，気分転換が図られるなど，<u>精神的にもよい効果がある(エ)</u>こと，健康を保持増進するためには日常生活において<u>適切な運動を続けること(オ)</u>が必要であることを理解できるようにする。

(☆☆☆◎◎◎◎)

【3】次の(1)～(5)の[　　]内の語句にあてはまらないものをア～オから一つ選び記号で答えなさい。

(1) [下肢の骨]
　　ア　大腿骨　　イ　脛骨　　ウ　尺骨　　エ　膝蓋骨　　オ　腓骨
(2) [麻薬及び向精神薬取締法によって定められた物質]
　　ア　覚せい剤　　イ　ヘロイン　　ウ　モルヒネ　　エ　LSD
　　オ　コカイン
(3) [大気汚染物質]
　　ア　硫黄酸化物　　イ　窒素酸化物　　ウ　一酸化炭素
　　エ　炭化水素　　オ　有機水銀
(4) [免疫に関わる細胞]
　　ア　マクロファージ　　イ　赤血球　　ウ　好中球
　　エ　キラーT細胞　　オ　B細胞
(5) [5大栄養素]
　　ア　炭水化物　　イ　タンパク質　　ウ　ビタミン　　エ　無機質
　　オ　食物繊維

(☆☆☆◎◎◎)

【4】 中学校保健分野の学習内容に関連する事項について述べた次のア～オの文章のうち，記述に誤りのあるものを一つ選び，記号で答えなさい。

(1)　飲料水の衛生的管理に関する記述

ア　人間は，成人男子で1日に平均2～2.5ℓほどの水を排出しており，それと同量の水分を摂取する必要がある。この量を生理的必要量という。

イ　トリハロメタンは，発がん性の危険が指摘されている物質であり，消毒用に注入された塩素が原水中の腐食物質と反応して生じる。水道水中のトリハロメタンは，取り除くことが困難である。

ウ　飲料水となる水道水は，直接体内に入るので，その衛生・安全は完全に保障されなければならない。そのために，水道水の水質に関する基準として，水道法に基づく「水質基準」や「水質基準管理目標識定項目」が設けられ，その検査が行われている。

エ　わが国の場合，ほとんどの人たちが生活用水として水道水を使っている。この水源は，主にダムや河川である。水源の水は浄水施設を経て，安全な水道水へとつくり変えられるが，水源の水がさまざまな原因で汚染されていると，つくられる水道水はカビ臭くなったり，塩素臭くなったりする。

オ　人体に含まれる水分量は，成人男性で約60％，成人女性で約55％であり，その約10％を失うと障害が起こり，約20％を失うと生命が危険になるといわれている。

(2)　健康の成り立ちと疾病の発生要因に関する記述

ア　感染症の場合には，病因，主体要因，環境要因の3要因が絡み合って病気が発生すると考えられることが多い。しかし，非感染症の場合には，病原体のような単一の病因が存在せず，主体要因と環境要因の複雑な絡み自体が要因となる。

イ　環境の要因は，温度，湿度や有害化学物質などの物理的・化学的環境と，ウイルスや細菌などの生物学的環境の2種類に分けることができる。

ウ　主体要因は，素因と生活習慣・行動に分けられる。素因には，体質や性別，年齢，体の抵抗力などが含まれ，生活習慣・行動には，食事，運動，休養・睡眠，喫煙，飲酒，ストレスなどが含まれる。

エ　第二次世界大戦直後は結核などの感染症が死亡の上位を占めていた。しかし，感染症の多くは，生活環境・衛生状態の顕著な改善，抗生物質の普及，防疫対策を背景として減少した。

オ　これまで克服したと考えられていた感染症が，近年再び問題視されている。その背景には人・物の国際的な移動や，熱帯雨林の開発，あるいは耐性菌の院内感染など，様々な社会環境や生活様式の変化がある。それによって，新たな感染症の出現や，これまで鎮静化していた感染症が再び猛威をふるうことが少なからずみられるようになった。

(3)　休養及び睡眠と健康に関する記述

ア　身体的疲労は，主に身体活動によって生じ，主として骨格筋の機能が低下した状態である。精神的疲労は，主に不快に感じる作業や責任の遂行などによって生じ，主として中枢神経系に変化をもたらす。いわゆる「過労死」は後者によっては生じにくく，前者によるところが大きい。

イ　局所疲労は，特定の部位を集中的に使ったためにその局所に現れる眼精疲労などの疲労である。局所疲労であっても，作業時間が長引けば容易に全身疲労に移行する。

ウ　急性疲労は，筋肉痛に代表されるように，適切な休養によって回復され，これを利用することによって健康の保持増進や体力の向上を図ることができる疲労である。

エ　疲労の発生には，その人の体力ばかりでなく，心理的な要素が大きく関与している。登山で頂上を極めた時のような楽しい活動の後には，壮快感や充実感を伴う快適な疲労を感じる。一方，ストレスの多い作業やいやな活動の後には，心身ともにぐったりする不快な疲労を感じる。

　　オ　体を動かさずに疲労した場合は，睡眠や安静だけでは十分に回
　　　復することができない。静的活動での疲労は，神経と赤筋(緊張
　　　筋)の疲労によるものであり，特にこの赤筋の疲労は安静や睡眠
　　　では十分に回復できない。
(4)　医薬品の有効利用に関する記述
　　ア　薬事法とは，「医薬品」「医薬部外品」「化粧品」「医療機器」に
　　　ついて品質や有効性及び安全性を確保するために必要な規制を行
　　　うための法律である。「医薬品」には医師の処方箋が必要な「医
　　　療用医薬品」と処方箋なしで購入できる「一般用医薬品(大衆薬)」
　　　がある。
　　イ　牛乳には，カルシウムや鉄が多く含まれている。テトラサイク
　　　リン系やニューキノロン系と呼ばれる抗菌薬を牛乳と一緒に飲む
　　　とカルシウムや鉄と反応して吸収が低下し，薬の効果が現れにく
　　　くなることがある。
　　ウ　一般医薬品のうち，第三類医薬品は安全性の点で特に注意を要
　　　する成分を含むため，購入者が手に取ることができない場所に置
　　　かれ，第一類および第二類と区別されて販売されている。
　　エ　薬の効き目は，血液中の濃度によって現れ方が異なり，濃度が
　　　適正な状態となるように用法や用量が決められている。血中濃度
　　　は体重だけで決まるのではなく，肝臓などの分解の機能や腎臓の
　　　排出の機能によっても変わってくる。したがって，体格が大人と
　　　さほど変わらなくても，肝機能，腎機能が十分に発達していない
　　　子どもが，大人用の薬を使うことは避けなければならない。
　　オ　副作用とは，薬本来の目的以外の働きのことである。副作用が
　　　起こる主な原因には，薬の持っている性質によるもの，薬の使い
　　　方によるもの，薬を使う人の体質によるもの，薬を使った人のそ
　　　の時の体の状態によるものなどがある。
(5)　個人の健康を守る社会の取組に関する記述
　　ア　世界保健機関(WHO)は，その憲章の前文で，「最高の健康水準
　　　を確保することは，人種，宗教，政治的信条，経済状態のいかん

にかかわらず，すべての人間の基本的な権利である」としている。

イ　世界保健機関における主要な業務は，国際的規模での人びとの健康水準の向上である。とりわけ，発展途上国における感染症対策や栄養対策を中心とした活動が展開されてきたが，これにとどまらず，非感染症疾患，がん，精神保健，循環器疾患などについての国際的な調査・研究などが行われている。

ウ　感染症を防ぐには，個人が睡眠や栄養を十分に取ることによって抵抗力を高めたり，身の回りの衛生に気をつけたりする必要があるが，それだけでは不十分であり，上下水道の整備や食品衛生検査の実施，安全で効果的な予防接種の開発，患者の早期発見・早期治療などの社会的な活動が欠かせない。このような社会的な活動を公衆衛生活動という。

エ　国や地方公共団体は，日本国憲法第25条の規定に基づき，人々の健康を守るための様々な活動を行っている。国では厚生労働省が中心となって，国民の健康を守るための活動を行い，地域では市町村保健センターや保健所が中心となって地域住民の健康を守るための活動を行っている。

オ　診療所とは，医療法によって定められた医療施設で，20床以上の患者収容施設を持つ医療施設をいう。病院の開設に当たっては，病床数及び病床の種類について都道府県知事の許可を受けなければならない。

(☆☆☆☆◎◎◎)

【5】WHO(世界保健機関)は「セルフメディケーション」とはどのようなことであると定義しているかを答えなさい。

(☆☆☆☆◎◎◎◎)

【6】ブリンクマン指数について簡潔に説明しなさい。

(☆☆☆☆◎◎)

【7】学校環境衛生基準について簡潔に説明しなさい。

(☆☆☆☆◎◎◎◎)

【8】次の文章は，中学校学習指導要領解説(平成20年9月)第1章　総説
3　保健体育科改訂の要点(2)内容及び内容の取り扱いの改善について
〔体育分野〕の抜粋である。文中の①～⑯の(　　)に当てはまる適語を
後の語群より選び，記号で答えなさい。

　「体つくり運動」については，体を動かす楽しさや(　①　)を味わ
わせるとともに，健康や体力の状況に応じて体力を高める(　②　)を
認識させ，学校の教育活動全体や実生活で生かせるよう，「体力を高
める運動」において，運動を「組み合わせて運動の(　③　)に取り組
むこと」を内容として新たに示すとともに，「内容の取扱い」に，第3
学年においては，日常的に取り組める運動例を取り上げるなど
(　④　)方法の工夫を図ることを示した。

　「水泳」については，従前示していた「クロール」「平泳ぎ」「背泳
ぎ」に加え「バタフライ」を新たに示すとともに，「内容の取扱い」
に，第1学年及び第2学年において，「クロール」又は「(　⑤　)」を含
む二を選択して(　⑥　)できるようにすることを示した。第3学年にお
いて，これまで身に付けた泳法を活用して行う「(　⑦　)の泳法で泳
ぐこと，又は(　⑧　)をすること」を新たに示した。また，「内容の取
扱い」に，スタートの指導については，安全への配慮から，すべての
泳法について水中からのスタートを扱うようにした。

　「球技」については，従前，「バスケットボール又は(　⑨　)」，「サ
ッカー」，「バレーボール」，「テニス，卓球又は(　⑩　)」，「ソフトボ
ール」で示していた内容を，生涯にわたって運動に親しむ資質や能力
を(　⑪　)する観点から，攻防を(　⑫　)する際に共通して見られるボ
ール操作などに関する動きとボールを持たないときの動きについての
学習課題に着目し，その特性や魅力に応じて，相手コートに侵入して
攻防を楽しむ「(　⑬　)型」，ネットをはさんで攻防を楽しむ
「(　⑭　)型」，攻守を交代して攻防を楽しむ「(　⑮　)型」に分類し示
すとともに，「内容の取扱い」に，第1学年及び第2学年においては，

これらの型のすべてを履修させることを示した。また，取り扱う種目については，従前の種目を取り上げること，「（　⑮　）型」の実施に当たり十分な広さの運動場の確保が難しい場合は，指導方法を（　⑯　）して行うことを示した。

ア　展開	イ　ベースボール	ウ　育成
エ　履修	オ　計画	カ　複数
キ　背泳ぎ	ク　指導	ケ　必要性
コ　工夫	サ　継続	シ　ネット
ス　バドミントン	セ　必修	ソ　ゴール
タ　心地よさ	チ　リレー	ツ　ハンドボール
テ　平泳ぎ	ト　選択	

(☆☆☆◎◎◎◎◎)

【9】体力トレーニングの基本5原則を答えなさい。

（　①　）の原則　→　心身の機能が調和を保って全面的に高められるようにする。

（　②　）の原則　→　体力の向上とともに，次第に運動の強さ，量や頻度を高める。

（　③　）の原則　→　トレーニングの意義をよく理解し，目的をもって積極的に行う。

（　④　）の原則　→　運動は，繰り返して行うことによって効果があらわれる。

（　⑤　）の原則　→　個人差をよく理解し，個人の特徴に応じたトレーニングを行う。

(☆☆☆☆◎◎◎◎)

【10】次の各文は，中学校学習指導要領解説(平成20年9月)第2章　保健体育科の目標及び内容第2節　各分野の目標及び内容　Gダンスの記述の一部である。各文の下線部のうち，誤っているものを(ア)〜(エ)から一つ選び，記号を答え，正しく訂正しなさい。

287

(1)　ダンスは,「創作ダンス」,「フォークダンス」,「現代的なリズムのダンス」で構成され,イメージをとらえた表現や踊りを通した<u>(ア)交流</u>を通して仲間とのコミュニケーションを<u>(イ)豊か</u>にすることを重視する運動で,仲間とともに<u>(ウ)感じ</u>を込めて踊ったり,イメージをとらえて<u>(エ)自我</u>を表現したりすることに楽しさや喜びを味わうことのできる運動である。

(2)　小学校では,低学年の「<u>(ア)表現リズム遊び</u>」で,題材になりきったり,リズムに乗ったりして踊ることを,中学年及び高学年の「表現運動」で,表したい感じを表現したり,<u>(イ)イメージや踊り</u>の特徴をとらえたりして踊ることを学習している。中学校では,これらの学習を受けて,イメージをとらえたり深めたりする表現,<u>(ウ)伝承されてきた踊り</u>,リズムに乗って全身で踊ることや,これらの踊りを通した<u>(エ)交流や発表</u>ができるようにすることが求められる。

(☆☆☆◎◎◎◎)

【11】武道について,次の各文の問いに答えなさい。

(1)　柔道の勝負規定(講道館柔道試合審判規定)について,一本勝ちとなる場合を3つ答えなさい。

(2)　剣道において,互いにつばとつばを接して押したり引いたりして,打突の機会をうかがっている状態を何というか。

(3)　次の文は,剣道における構えの説明である。何の構えか答えなさい。

　　　目はまっすぐ相手を見る。剣先は相手ののどの高さにつける。左こぶしは,体の中心線からはずれないようにする。左手と胴の間隔は,にぎりこぶし1つ分程度あける。

(4)　相撲について,試合の初めに,そんきょの姿勢で行う礼法は,何というか。

(5)　相撲について,押してくる相手のひじを肩のほうへ,押し上げるようにする前さばきを何というか。

(☆☆☆◎◎◎)

【12】体育・スポーツの視点に立って，次の(1)～(2)の用語を簡潔に説明
しなさい。
(1) セカンドウインド
(2) バーンアウト

(☆☆☆☆◎◎◎◎)

解答・解説

【中学校】

【1】① ケ ② シ ③ ハ ④ ナ ⑤ ヌ ⑥ テ
⑦ カ ⑧ ソ ⑨ イ ⑩ ア
〈解説〉本文は中学校学習指導要領解説－保健体育編－(平成20年9月)P.11
～13の〔保健分野〕の内容及び内容の取扱いの改善についてより出題
されている。P.8～11に記述されている〔体育分野〕の内容も出題頻度
が高いので，よく読んでおくことが大切である。

【2】(記号，正しい語句の順) (1) ウ，身体的な成熟に (2) ア，自
己を客観的に見つめたり (3) エ，熱中症や山や海での遭難
(4) ウ，直接圧迫法 (5) イ，年齢や運動量に応じて
〈解説〉中学校の保健分野からの出題である。(1)と(2)は，「(1) 心身の機
能と発達と心の健康」(第1学年)の内容(解説書P.150より)。(3)は，「(2)
健康と環境」(第2学年)の内容(解説書P.152より)。(4)は，「(3) 傷害の
防止」(第2学年)の内容(解説書P.156より)。(5)は，「(4) 健康な生活と
疾病の予防」(第3学年)の内容(解説書P.159より)。学習指導要領解説の
目標及び内容は本問の形式の他，語句補充問題などもあるため，どの
ような問題でも対応できるよう，熟読しておくこと。

【3】 (1)　ウ　　(2)　ア　　(3)　オ　　(4)　イ　　(5)　オ

〈解説〉(1)　尺骨は，前腕にある2本の骨のうち小指側のもの。
(2)　覚せい剤は，覚せい剤取締法によって使用・所持・譲渡が禁止されている。　　(3)　有機水銀は，大気汚染物質でない。　　(4)　免疫に関わる細胞は，白血球の一種である好中球，マクロファージ，B細胞，ヘルパーT細胞である。　　(5)　5大栄養素は，タンパク質・脂肪・炭水化物・無機質・ビタミンで，食物繊維は炭水化物に含まれる。

【4】 (1)　イ　　(2)　イ　　(3)　ア　　(4)　ウ　　(5)　オ

〈解説〉(1)　水道水中のトリハロメタンは，フミン質(草や葉が腐って生成する)などの有機物が，消毒のために入れた塩素と反応して生じることから，浄水処理の有機物の除去を終了させてから塩素を作用させれば，トリハロメタンの生成が抑制されることになる。　　(2)　環境の要因は，物理的・化学的環境，生物学的環境のほかに，人間関係や保健・医療機関などの社会的環境がある。　　(3)　「過労死」は，身体的疲労及び精神的疲労の蓄積によって起こるが，大きなストレスなどによる精神的負担によって生じやすい。　　(4)　薬事法の改正により，一般用医薬品が含有する成分を「副作用」「ほかの薬との相互作用」「効能・効果」などの項目で評価し，リスクの高さに応じて「第一類(A)：特にリスクが高いもの」，「第二類(B)：リスクが比較的高いもの」，「第三類(C)：リスクが比較的低いもの」に分類されている。第一類医薬品は購入者が直接手に取れない場所，つまりオーバー・ザ・カウンターとして陳列されている。　　(5)　診療所とは，医師または歯科医師が開設する診察並びに治療の設備を備えた施設で，医療法上は入院設備を持たないか，または19人以下の患者収容施設を持つものをいう。

【5】 自分自身の健康に責任を持ち，軽度な身体の不調は自分で手当てすること。

〈解説〉セルフメディケーションとは，一般治療薬などで自分で自分の病気をある程度まで治療すること。対象はかぜ，頭痛，打ち身などいわ

ゆる「軽治療」に分類されるものである。医療費の高騰に対抗して，正しい保健医療知識と健康管理で自己防衛を図ろうという考え方で，セルフメディケーションに関連して日本では特定診療検査などが導入された。

【6】「1日の喫煙本数」×「喫煙年数」を計算したもの。喫煙が人体に与える影響を表す目安となる。数値が上がるほど肺がんなど喫煙が原因となる病気の危険度が高まる。

〈解説〉ブリンクマン指数とは，喫煙指数と呼ばれているもので，400以上で肺がんが発生しやすい状態になり，1200以上で喉頭がんの危険性が極めて高くなるといわれている。

【7】学校保健安全法により「文部科学大臣が定める」とされた，児童生徒等及び職員の健康を保護する上で維持されることが望ましい基準。文部科学省告示として検査項目等や基準等が示されている。

〈解説〉学校保健安全法第6条第1項の規定に基づき，学校環境衛生基準が定められ，平成21年4月1日より施行されている。例えば，以下のようなものがある。(1)換気…換気の基準として，二酸化炭素は，1500ppm以下であることが望ましい。(2)温度…10℃以上，30℃以下であることが望ましい。(3)相対湿度…30%以上，80%以下であることが望ましい。(4)浮遊粉じん…0.10mg/m³以下であること。(5)気流…0.5m/秒以下であることが望ましい。

【8】① タ　② ケ　③ オ　④ ク　⑤ テ　⑥ エ
⑦ カ　⑧ チ　⑨ ツ　⑩ ス　⑪ ウ　⑫ ア
⑬ ソ　⑭ シ　⑮ イ　⑯ コ

〈解説〉中学保体における新学習指導要領の完全実施期は平成24年度が原則だが，学校の判断により先行実施も可能としている。したがって，現行学習指導要領の改訂点等については今後も出題される可能性があるので，十分注意すること。特に，〔体育分野〕の内容及び内容の取

扱い等の改訂の改善については出題頻度が非常に高いので，解説書を
熟読しておくようにしよう(解説書P.8～11)。

【9】① 全面性　　② 漸進性　　③ 意識性　　④ 反復性
　　⑤ 個別性
〈解説〉各人のトレーニングの目的，体力水準，健康状態，日常の生活環
　　境などを検討した上で，適切な運動種目を選択し，その運動の強度，
　　時間，頻度を決めることを「運動処方」あるいは「トレーニング処方」
　　という。トレーニングプログラムの作成とその実施にあたっては，
　　「トレーニングの基本5原則」を守る必要がある。このトレーニングの
　　5大原則は非常に出題頻度が高いので，すべて説明できるように学習
　　しておくことが重要である。

【10】(記号，正しい語句の順) (1)　エ，自己　　(2)　イ，リズム
〈解説〉新中学校学習指導要領(平成20年3月告示)保健体育科において，
　　「ダンス」領域は，従前，第1学年においては，武道又はダンスから男
　　女とも1領域を選択して履修できるようにすることとしていたのを改
　　め，第1学年及び第2学年においては，すべての生徒に履修させること
　　としている。そのため，今後は出題頻度が高くなると予想されるので，
　　解説書P.118～133をよく読んで学習しておく必要がある。

【11】(1)　・技をかけ相当な勢いであお向けに倒す。　　・技ありを2回と
　　る。　　・相手を30秒間抑え込む。　　(2)　つばぜり合い　　(3)　中段
　　(4)　ちりちょうず(塵手水)　　(5)　おっつけ(押っつけ)
〈解説〉新中学校学習指導要領(平成20年3月告示)保健体育科において，
　　「武道」は第1学年及び第2学年においては，すべての生徒に履修させ
　　ることになっている。また，第3学年においては，球技及び武道のま
　　とまりの中から1領域以上を選択して履修できるようにすることとし
　　ている。なお，武道の運動種目は，柔道，剣道又は相撲のうちから1
　　種目を選択して履修できるようにすることとしている　　(1)　一本勝

ちとなる場合は，次の4つから答えるとよい。ア．相手に技をかけたり，相手の技をはずすことによって，相当な勢いやはずみで相手をあお向けに倒したとき。　イ．固め技で，相手が「まいった」と言うか，手や足で自分の体や相手の体，またはたたみを2度以上打って合図したとき。　ウ．「おさえこみ」の宣言があってから，相手を30秒間おさえこんだとき。　エ．「技あり」を2度とったとき。　(2)(3)　剣道については，一足一刀の間合い，残心なども頻出の用語であるので，確認しておくこと。

【12】(1)　激しい運動を始めると，一時的な酸素不足と共に苦痛感が起こる。ここを我慢して運動を続けると酸素需要量と酸素摂取量のバランスがとれて楽になる時点(身体がその運動に適応した状態)。

(2)　今まで一生懸命に運動してきたにもかかわらず，突然，精神的にあたかも燃え尽きた状態になり，運動する意欲がなくなってしまう心理状態。「燃え尽き症候群」とも呼ばれる現代病の一つ。

〈解説〉(1)　激しい運動を始めてしばらくして起こる苦しい状態(死点)をデッドポイントという。　(2)　燃え尽き症候群(バーンアウトシンドローム)とは，それまで一つの物事に没頭していた人が，心身の極度の疲労により燃え尽きたように意欲を失い，社会に適応できなくなること。スポーツの分野でも，スポーツなどによって生じた生理的な疲労が，十分に回復しないまま積み重なって引き起こされる慢性疲労状態のことを，オーバートレーニング症候群という。

【中学校】

【1】次の(1)～(5)の文は，中学校学習指導要領解説(平成20年9月)－保健体育編－の保健分野の目標及び内容についての解説から抜粋したものである。各文には，それぞれ1箇所の誤りがある。各文の誤っている箇所を(ア)～(オ)の記号から1つ選び，正しい語句を用いて訂正しなさい。

(1)　「生涯を通じて自らの健康を適切に管理し，改善していく資質や能力を育てる」は，健康・安全について<u>実践的に理解(ア)</u>できるようにすることを通して，<u>現在及び将来の生活(イ)</u>において，<u>健康・安全の課題(ウ)</u>に直面した場合に的確な思考・判断を行うことができるよう，自らの健康を<u>適切に管理し改善(エ)</u>していく<u>思考力・判断力(オ)</u>などの資質や能力を育成することを目指している。

(2)　欲求には，<u>生理的な欲求と心理的，社会的な欲求(ア)</u>があること，また，精神的な安定を図るには，<u>欲求の実現に向けて取り組んだり(イ)</u>，自分や周囲の状況からよりよい方法を見付けたりすることなどがあることを理解できるようにする。また，ここでいうストレスとは，外界からの様々な刺激により<u>心身に負担がかかった状態(ウ)</u>であることを意味し，ストレスを感じることは，自然なことであること，個人にとって<u>過度なストレス(エ)</u>は，<u>精神発達上(オ)</u>必要なものであることを理解できるようにする。

(3)　交通事故などによる傷害を防止するためには，<u>人的要因や環境要因に関わる危険(ア)</u>を予測し，それぞれの要因に対して適切な対策を行うことが必要であることを理解できるようにする。人的要因に対しては，<u>心身の状態や周囲の状況を把握(イ)</u>し，判断して，安全に行動すること，環境要因に対しては，環境を安全にするために，道路などの交通環境などの整備，改善をすることがあることなどについて理解できるようにする。その際，交通事故については，中学

294

生期には自動車乗車中の事故(ウ)が多く発生することを，具体的な事例などを適宜取り上げ理解できるようにする。また，交通事故を防止するためには，自転車や自動車の特性(エ)を知り，交通法規を守り，車両，道路，気象条件などの周囲の状況(オ)に応じ，安全に行動することが必要であることを理解できるようにする。

(4) 地域には，人々の健康の保持増進や疾病予防(ア)の役割を担っている保健所，保健センター，医療機関(イ)などがあることを理解できるようにする。健康の保持増進と疾病の予防には，各機関がもつ機能を有効に利用する必要があることを理解できるようにする。

また，医薬品には，主作用と副作用(ウ)があることを理解できるようにする。医薬品には，使用回数，服用時期，使用量(エ)などの使用法があり，正しく使用する必要がある(オ)ことについて理解できるようにする。

(5) 感染症は，病原体が環境を通じて主体へ感染することで起こる病気であり，適切な対策を講ずることにより予防できることを，例えば，結核，コレラ，ノロウィルスによる感染性胃腸炎，百日咳，風疹(ア)などを適宜取り上げ理解できるようにする。病原体には，細菌やウイルスなどの微生物(イ)があるが，温度，湿度などの自然環境(ウ)，住居，人口密度，交通などの社会環境(エ)，また，主体の抵抗力や栄養状態(オ)などの条件が相互に複雑に関係する中で，病原体が身体に侵入し，感染症が発病することを理解できるようにする。

(☆☆☆◎◎◎)

【2】次の(1)～(5)のそれぞれの語群には，他とは性質の異なる語句が1つ含まれている。その語句をア～オの記号から選ぶとともに，他の語句の共通点を記述しなさい。

(1) ア 結核 イ マラリア ウ ペスト
エ コレラ オ 赤痢

(2) ア 一般細菌 イ 大腸菌群 ウ 銀
エ ヒ素 オ 鉛

(3)　ア　たんのう　　イ　副腎　　　　ウ　すい臓

　　　エ　胸腺　　　　　オ　甲状腺

(4)　ア　テレビ　　　イ　冷蔵庫　　　ウ　エアコン

　　　エ　パソコン　　　オ　洗濯機

(5)　ア　中間広筋　　　イ　外側広筋　　ウ　大腿直筋

　　　エ　内側広筋　　　オ　大腿二頭筋

(☆☆☆◎◎◎)

【3】中学校保健分野の学習内容について述べたア～オの文章のうち，記述に誤りのあるものを1つ選び，記号で答えなさい。

(1)　気温の変化と適応能力に関する記述

　ア　外部の諸環境が変動しても，生体の内部の環境がほぼ一定に保たれていることを恒常性という。外部環境の変動が激しいと恒常性は一時乱れるが，やがてその変化に対応し，からだの諸器官を働かせて，活動するのに適したからだの状態を保とうとする。これを適応といい，その能力のことを適応能力という。

　イ　汗は皮膚にある汗腺から分泌される。汗腺は全身で200～500万あるが，全てが汗を分泌するわけではない。分泌活動をする汗腺を能動汗腺，しない汗腺を非能動汗腺という。能動汗腺の数は，生後1～2年の環境温度によって決定され，暑い環境で生育した人ほど多い。

　ウ　人体からの熱の放散は，皮膚からの放射と蒸発によるものが大部分を占める。蒸発には不感蒸せつと発汗があり，不感蒸せつとは，皮膚の表面や呼吸気道からの水分の蒸発のことで，これによる放熱量は，身体から放散される全熱量の約4分の1に当たり，体温調節の上で重要な役割を果たしているといえる。

　エ　体温調節中枢が周囲の温度低下を感じ取ると，ホルモン系と神経系の2つのシステムを作動させる。ホルモン系では，副腎髄質からアドレナリンが分泌され，血糖や心拍数を増加させ，副腎皮質からは糖質コルチコイドが出され，たんぱく質の糖化により血

糖を上昇させ，かつ震えにより熱も発生させる。さらに下垂体か
らはサイロキシンが分泌され，体内の物質交代を促進し，熱を生
じさせる。

オ　人間は，直腸温が41℃を超すと意識障害が見られ，42～44℃が
数時間持続すると死亡する。逆に，35℃になると疲労，思考力減
退が起こり，31～30℃で意識減退が起こり，29℃が70～90分続く
と死亡する。

(2)　調和の取れた生活と生活習慣病に関する記述

ア　脳こうそくは動脈硬化などによって脳の動脈が狭くなったり，
動脈や心臓でできた血の塊が脳の動脈に流れ込んで詰まったりし
て起こる。めまい，失神，頭痛，舌のもつれ，手足のしびれなど
が見られ，半身のまひや昏睡などになる。

イ　脳出血は，脳の血管が破れて出血を起こすもので，脳内出血と
くも膜下出血がある。脳内出血は，脳内の細・小動脈が破れて出
血するものであり，こん睡とともに半身のまひが起こる。くも膜
下出血は脳を覆っているくも膜と脳の間にある動脈にできたこぶ
(動脈りゅう)が破れて出血するものであり，頭痛，吐き気，意識
混濁や半身まひが起こることが多い。

ウ　心筋こうそくは，冠状動脈が詰まり，血液の供給が断たれた心
筋が急速に壊死する病気である。50歳前後から70歳までよく発病
する。発作時には，激しい胸痛と締めつけ，冷や汗，ショックな
どが見られる。

エ　高血圧とは，血液が流れるとき血管にかかる圧力のことである。
心臓が収縮して血液を送り出したときの血圧を収縮期血圧(最大
血圧)，心臓が拡張し血管にかかる圧力が小さくなったときの血
圧を拡張期血圧(最小血圧)という。収縮期血圧が140mmHg，拡張
期血圧が90mmHgのどちらか一方でも超えたものが高血圧とされ
る。

オ　がんは，細胞にある遺伝子に，発がん物質などの刺激によるき
ずが積み重なることで起こり，その発症には長い間の生活習慣が

297

深く関わっている。がん細胞は無秩序に増えること，周囲の正常な細胞に侵入すること，血液などによって他の部位に転移することなどが特徴である。

(3) 身体機能の発達に関する記述

ア　呼吸器のうち，肺の機能であるガス交換を行っているのは肺胞で，その他の器官を一括して気道と呼んでいる。気道は毛細血管との接触面を増やしてガス交換の効率を高めるために，末端までに平均23回もの枝分かれを繰り返しているといわれている。

イ　呼吸運動は，間脳にある呼吸中枢を中枢とする自律神経の働きによって調節される。自律神経は，血液中の二酸化炭素濃度が上昇すると呼吸を促進させ，逆に低下すると抑制される。

ウ　肺活量とは，1回の呼気で吐き出すことのできる最大の空気の量のことをいう。肺活量には，肺の容積と呼吸筋の機能が関与する。したがって，肺活量は肺における換気能力を表すものと見ることができる。わが国の平均は，中学生男子で2600〜3600ml，女子で2300〜2700mlであり，20歳男子で約4400ml，20歳女子で約3000mlであるといわれている。

エ　直径3cmほどの大動脈は，動脈，細動脈へと分岐を繰り返し，最後には，赤血球がやっと通れるほどの直系10μmほどの毛細血管となる。毛細血管は次々と合流し，静脈，大静脈となり，血液は心臓へと帰っていく。血管の総延長は9万kmにも及ぶ。

オ　安静時に1回の心臓の拍動で押し出される血液の量を1回拍出量といい，1分間に押し出される血液の量を分時拍出量という。1回拍出量は中学生で40〜50ml，成人で60〜80mlであり，運動時には100mlになることもある。分時拍出量は中学生で3〜4l，成人で5〜6lであり，運動時には20〜40lになることもある。

(4) 飲酒と健康に関する記述

ア　口から入ったアルコールは，1時間以内でその95%が胃や十二指腸などの消化管から吸収される。そしてその約90%は肝臓で代謝される。アルコールはまず中間代謝物であるアセトアルデヒド

となり，さらに酢酸となる。酢酸は肝臓外で水と二酸化炭素に分解される。

イ　アルコールは薬物ゆえに中枢神経に大きな影響をもたらす。少量の摂取では，気分がリラックスして陽気になるが，これは中枢神経の一部をまひさせるためである。さらに続けて飲酒すると，判断力などをつかさどっている大脳新皮質がまひし，粗野な行動を取ったりするようになる。

ウ　アセトアルデヒドの代謝にはアセトアルデヒド脱水素酵素(ALDH)が働くが，ALDHにはALDH1とALDH2の2種類がある。日本人の約半数は，生まれつきALDH1の活性が弱いか欠けており，そのためアセトアルデヒドを速やかに分解できず，アルコールに弱い体質だといわれている。

エ　アルコールによる中枢神経系の障害は，アルコール精神障害と呼ばれる。最も頻度が高いのが，からだの震えや幻覚を伴う震顫せん妄と呼ばれる病態である。また，その他にはアルコール性てんかん，アルコール性幻覚症のほか，アルコール精神障害の中でも特に症状が重いとされるウェルニッケ―コルサコフ症候群などがある。

オ　慢性的に飲酒を続けると，分解されない中性脂肪が肝臓内にたまってくる。これが脂肪肝である。この時点での自覚症状はほとんどない。さらに飲酒を続けるとアルコール性肝炎が発生する。肝炎を繰り返すようになると，やがて細胞は壊れ，肝硬変となってしまう。

(5)　応急手当に関する記述

ア　動脈性の出血では，鮮紅色の血液が噴き出すように出る。静脈性の出血では，暗紅色の血液がじわじわと出る。動脈性の出血の場合には，意識障害に対する手当てよりも先に止血する必要がある。

イ　止血帯法は，広い範囲から出血し，直接圧迫止血法が有効でない場合や，手足の切断面からの出血，太い血管からの出血が対象

となる。種々の副損傷を伴う場合もあるので，安易に用いてはならない。出血部位よりも心臓に近い側に三角きんや包帯などを巻き，これを強くしばることによって止血をはかる。

ウ　鼻血の多くは，鼻中隔粘膜の細い血管がぶつかることや，気圧の変化などによって腫れて出血することにより起こる。鼻血の手当ては，「鼻を強くつまむ」，「額から鼻の部分を冷やす」，「ガーゼを切って軽く鼻の穴に詰めてつまむ」などを行う。鼻血を飲み込んでしまうことがあるため，頭を後ろに反らせない。

エ　間接圧迫止血法は，きず口よりも心臓に近い動脈を，指や手で圧迫する止血方法で，圧迫部位を止血点という。手足・顔面・頭部の出血に利用できる。この方法は，圧迫部位の習得が困難であり，一般的な止血法とはいえない。

オ　人間の全血液量は，体重1kg当たり約80mlで，一時にその$\frac{1}{5}$を失うと生命に危険がある。したがって，大量出血の場合には直ちに止血する必要がある。

(☆☆☆◎◎◎)

【4】循環型社会形成推進法や循環型社会形成推進計画における「3R」について簡潔に説明しなさい。

(☆☆☆◎◎◎)

【5】AEDについて簡潔に説明しなさい。

(☆☆☆◎◎◎)

【6】事故防止におけるハインリッヒの法則(説)を簡潔に説明しなさい。

(☆☆☆◎◎◎)

【7】この文章は，中学校学習指導要領解説(平成20年9月)　第1章　総説　3保健体育科改訂の要点(2)内容及び内容の取扱いの改善について〔体育分野〕の抜粋である。文中の①～⑮の(　　　)に当てはまる適語

を下の語群より選び，記号で答えなさい。

（　①　）にわたる豊かなスポーツライフの実現に向けて，小学校から高等学校までの12年間を見通して，各種の運動の（　②　）を培う時期，多くの領域の学習を（　③　）する時期，卒業後に少なくとも一つの運動やスポーツを（　④　）することができるようにする時期といった発達の（　⑤　）のまとまりを踏まえ，目標と同様に，第1学年及び第2学年と第3学年に分けて示すこととした。

具体的には，従前においては，第1学年で，「武道」又は「ダンス」のいずれかを選択とし，それ以外の領域を（　⑥　）としていたことを改め，小学校高学年との（　⑦　）を踏まえ，多くの領域の学習を十分させた上で，その学習体験をもとに自ら（　⑧　）したい運動を選択できるようにするため，第1学年及び第2学年で，全ての領域を（　⑨　）させるとともに，（　⑩　）の開始時期を第3学年とすることとした。

また，第3学年については，従前においては，第2学年及び第3学年で，「体つくり運動」及び「体育に関する知識」を履修させるとともに，「器械運動」，「陸上競技」，「水泳」，から1領域又は2領域を，「球技」，「武道」，「ダンス」から2領域を選択して履修することができるようにしていたことを改め，「体つくり運動」「（　⑪　）」を履修させるとともに，運動に共通する特性や（　⑫　）に応じて，技を高めたり，記録に挑戦したり，表現したりする楽しさや喜びを味わうことができる「器械運動」，「陸上競技」，「水泳」，「ダンス」のまとまりから（　⑬　）以上を，集団や個人で，相手との攻防を展開する楽しさや喜びを味わうことができる「球技」，「武道」のまとまりから1領域以上をそれぞれ選択して履修することができるようにすることとした。

「体育理論」を除く運動に関する領域を，(1)(　⑭　)(「体つくり運動」は運動)，(2)態度及び(3)知識，思考・判断に整理・統合して示すとともに，発達の段階を踏まえ，それぞれの指導内容を（　⑮　）に示すこととした。

ア　単元　　イ　技能　　　ウ　魅力　　エ　継続
オ　必修　　カ　1領域　　キ　探求　　ク　基礎

```
ケ　運動　　コ　2領域　　サ　選択　　シ　生涯
ス　履修　　セ　弾力化　　ソ　段階　　タ　経験
チ　接続　　ツ　明確　　テ　体育理論
```

（☆☆☆◎◎◎）

【8】中学校学習指導要領解説(平成20年9月)　第2章　保健体育科の目標
及び内容　第1節　教科の目標及び内容による1教科の目標から三つの
具体的な目標を答えなさい。

（☆☆☆◎◎◎）

【9】次の各文は，中学校学習指導要領解説(平成20年9月)　第2章　保健
体育科の目標及び内容　第2節　各分野の目標及び内容　F武道の記述
の一部である。各文の下線部のうち，誤っているものを(ア)～(ウ)から
一つ選び，記号で答え，正しい語句を用いて訂正しなさい。

(1)　武道は，武技，武術などから発生した(ア)我が国独自の文化であ
り，相手の動きに応じて，基本動作や基本となる技を身に付け，相
手を攻撃したり相手の技を防御したりすることによって，(イ)勝敗
を競い合う楽しさや喜びを味わうことのできる運動である。また，
武道に積極的に取り組むことを通して，武道の伝統的な考え方を理
解し，(ウ)相手を尊重して練習や試合ができるようにすることを重
視する運動である。

(2)　武道は，中学校で初めて学習する内容であるため，(ア)基本動作
と基本となる技を確実に身に付け，基本動作と基本となる技を用い
て，相手の動きの(イ)変化に対応した防御ができるようにすること
が求められる。また，技能の上達に応じて，基本となる技を用いた
自由練習やごく簡単な試合で攻防を展開することを発展させて，
(ウ)得意技を身に付け，自由練習や簡単な試合で攻防を展開できる
ようにすることをねらいとしている。

(3)　第1学年及び第2学年では，技ができる楽しさや喜びを味わい，基
本動作や基本となる技ができるようにする。また，武道の学習に積

302

極的に取り組み，(ア)伝統的な行動の仕方を守ることなどに意欲を持ち，(イ)健康や安全に気を配るとともに，礼に代表される伝統的な考え方などを理解し，(ウ)武道に応じた運動の取り組み方を工夫できるようにすることが大切である。

(☆☆☆◎◎◎)

【10】次の(1)～(7)の各問いに答えなさい。

(1) 跳び箱運動での切り返し系の技を一つ答えなさい。

(2) バレーボールでは，各チーム2名まで登録でき，コート上でプレーできるのは，1名のみの守備専門の選手のことを何というか。

(3) サッカーでは，キックオフ・フリーキック・コーナーキックにおいては，守備側の競技者は，ボールから何m離れなければならないか。

(4) ハンドボールでは，攻撃側がボールをキャッチすれば明らかに得点できる機会に，GKがゴールエリアを離れて反則をし，妨害した場合，攻撃側に何が与えられるか。

(5) 卓球の打ち方で，相手の下回転がかかったボールを小さくカットして返球する打ち方を何というか。

(6) 柔道で相手の左前に身体を開きながら，右前にくずし，左足裏を相手の右膝下にあてて，両手で強く引き出し，相手の上体をひねって投げる技を何というか。

(7) 剣道で相手が仕掛けてこようと動く，その動作の起こる瞬間を逃さずこちらから打ち込む技を何というか。

(☆☆☆◎◎◎)

【11】体育・スポーツの視点に立って，次の(1)～(3)の用語を簡潔に説明しなさい。

(1) エレメンタリーバックストローク

(2) トレーニングの条件(三つ)

(3) あがり

(☆☆☆◎◎◎)

解答・解説

【中学校】

【1】(1)　ア　科学的に理解　　(2)　エ　適度なストレス

(3)　ウ　自転車乗車中の事故　　(4)　エ　使用回数，使用時間，使用量

(5)　ア　麻疹，風疹

〈解説〉(1)　目標：「個人生活における健康・安全に関する理解を通して，生涯を通じて自らの健康を適切に管理し，改善していく資質や能力を育てる。」　「個人生活における健康・安全に関する理解を通して」は，心身の機能の発達の仕方及び精神機能の発達や自己形成，欲求やストレスへの対処などの心の健康，自然環境を中心とした環境と心身の健康とのかかわり，健康に適した快適な環境の維持と改善，傷害の発生要因とその防止及び応急手当並びに健康な生活行動の実践と疾病の予防について，個人生活を中心として科学的に理解できるようにすることを示したものである。その際，学習の展開の基本的な方向として，小学校での実践的に理解できるようにするという考え方を生かすとともに，抽象的な思考なども可能になるという発達の段階を踏まえて，心身の健康の保持増進に関する基礎的・基本的な内容について科学的に思考し，理解できるようにすることを目指したものである。「生涯を通じて自らの健康を適切に管理し，改善していく資質や能力を育てる」は，健康・安全について科学的に理解できるようにすることを通して，現在及び将来の生活において健康・安全の課題に直面した場合に的確な思考・判断を行うことができるよう，自らの健康を適切に管理し改善していく思考力・判断力などの資質や能力を育成することを目指している。　(2)　欲求やストレスへの対処と心の健康：心の健康を保つには，欲求やストレスに適切に対処することが必要であることを理解できるようにする。欲求には，生理的な欲求と心理的，社会的な欲求があること，また，精神的な安定を図るには，欲求の実現に向けて取り組んだり，自分や周囲の状況からよりよい方法を見付

けたりすることなどがあることを理解できるようにする。また，ここでいうストレスとは，外界からの様々な刺激により心身に負担がかかった状態であることを意味し，ストレスを感じることは，自然なことであること，個人にとって適度なストレスは，精神発達上必要なものであることを理解できるようにする。ストレスへの適切な対処には，コミュニケーションの方法を身に付けること，体ほぐしの運動等でリラクセーションの方法を身に付けること，趣味をもつことなど自分自身でできることがあること，また，友達や周囲の大人などに話したり，相談したりするなどいろいろな方法があり，自分に合った対処法を身に付けることが大切であることを理解できるようにする。　(3)　交通事故などによる傷害の防止：交通事故などによる傷害を防止するためには，人的要因や環境要因にかかわる危険を予測し，それぞれの要因に対して適切な対策を行うことが必要であることを理解できるようにする。人的要因に対しては，心身の状態や周囲の状況を把握し，判断して，安全に行動すること，環境要因に対しては，環境を安全にするために，道路などの交通環境などの整備，改善をすることがあることなどについて理解できるようにする。その際，交通事故については，中学生期には自転車乗車中の事故が多く発生することを，具体的な事例などを適宜取り上げ理解できるようにする。また，交通事故を防止するためには，自転車や自動車の特性を知り，交通法規を守り，車両，道路，気象条件などの周囲の状況に応じ，安全に行動することが必要であることを理解できるようにする。なお，指導に当たっては，必要に応じて，犯罪被害をはじめ身の回りの生活の危険が原因となって起こる傷害を適宜取り上げ，危険予測・危険回避の能力を身に付けることが必要であることについて理解できるよう配慮するものとする。

(4)　保健・医療機関や医薬品の有効利用：地域には，人々の健康の保持増進や疾病予防の役割を担っている保健所，保健センター，医療機関などがあることを理解できるようにする。健康の保持増進と疾病の予防には，各機関がもつ機能を有効に利用する必要があることを理解できるようにする。また，医薬品には，主作用と副作用があることを

理解できるようにする。医薬品には，使用回数，使用時間，使用量などの使用法があり，正しく使用する必要があることについて理解できるようにする。　(5)　感染症の原因とその予防：感染症は，病原体が環境を通じて主体へ感染することで起こる病気であり，適切な対策を講ずることにより予防できることを，例えば，結核，コレラ，ノロウィルスによる感染性胃腸炎，麻疹，風疹などを適宜取り上げ理解できるようにする。病原体には，細菌やウイルスなどの微生物があるが，温度，湿度などの自然環境，住居，人口密度，交通などの社会環境，また，主体の抵抗力や栄養状態などの条件が相互に複雑に関係する中で，病原体が身体に侵入し，感染症が発病することを理解できるようにする。感染症を予防するには，消毒や殺菌等により発生源をなくすこと，周囲の環境を衛生的に保つことにより感染経路を遮断すること，栄養状態を良好にしたり，予防接種の実施により免疫を付けたりするなど身体の抵抗力を高めることが有効であることを理解できるようにする。

【2】(1)　イ　細菌による感染症　　(2)　ウ　水質基準項目

(3)　ア　内分泌腺　　(4)　エ　家電リサイクル法の対象4品目

(5)　オ　大腿四頭筋を構成する筋肉

〈解説〉感染症とは，寄生虫，細菌，真菌，ウイルス，異常プリオン等の病原体の感染によって，より高等な動植物に生じる病気の総称であり，マラリアは原虫感染症である。　　(2)　健康に関連する水質基準項目には，微生物，金属類，無機物，有機物，消毒副生成物に区分された項目がある。金属類では，カドミウム，水銀，セレン，鉛，ヒ素，六価クロム及びそれぞれの化合物が対象となっている。　　(3)　内分泌腺には，視床下部，下垂体，松果体，甲状腺，副甲状腺，副腎，膵臓，卵巣，胎盤，精巣がある。　　(4)　家電リサイクル法は，正式名称を「特定家庭用機器再商品化法」と言い，家庭や事業所から排出された使用済み家電製品の部品や材料をリサイクルして，ごみの減量と資源の有効活用を進めるための法律である。　　(5)　大腿二頭筋は長頭と短

頭をもち，股関節と膝関節をまたいでいる二関節筋である。

【3】(1) エ　　(2) イ　　(3) イ　　(4) ウ　　(5) オ

〈解説〉自律性機能では，環境温が低くなると，皮膚の血管，手足など末端部の血管収縮による体温の低下の抑制や，律動的な骨格筋の収縮による熱産生(ふるえ)や，甲状腺ホルモンや副腎髄質ホルモン分泌による熱産生によって，体温をある一定範囲に保とうとする。逆に，環境温が高くなると，皮膚血管の拡張や発汗によって熱放散を促進する。(2)　脳出血とは脳内の血管が何らかの原因で破れ，脳のなか(大脳，小脳および脳幹の脳実質内)に出血した状態をいう。そのために意識障害，運動麻痺，感覚障害などの症状が現れる。血腫が大きくなると脳浮腫によって頭蓋内圧が高くなって脳ヘルニアを起こし，重い場合は脳幹部が圧迫されて死に至る。　　(3)　呼吸中枢は主として動脈血の二酸化炭素分圧によって調節されており，二酸化炭素分圧が低下すると呼吸運動は低下し，上昇すると呼吸運動は促進され，二酸化炭素を体外に追い出そうとする　　　(4)　ALDHには14種類の類似の酵素があり，その中のALDH2がアセトアルデヒドを主に分解する。ALDH2には活性型と不活性型があり，遺伝的，民族的特徴がある。不活性型には，部分欠損型と，欠損型の2種類がある。活性型はアセトアルデヒドがすぐに分解するので，アセトアルデヒドによる症状が出にくいが，飲みすぎれば分解が間に合わず，症状が出現する。部分欠損型の人はアセトアルデヒドを分解するのに時間がかかり，飲酒するとアセトアルデヒドの害を受けやすい体質といえる。欠損型の人は，アセトアルデヒドを殆ど分解できないため，アルコールを全く受けつけない体質といえる。日本人では活性型は約50％，部分欠損型は40％，アルコールを全く受けつけない欠損型が約10％の割合である。　　(5)　全血量はおよそ体重の1/13。約8％が血液であり，1/3を出血などで失うと，生命が危険になる。

【4】リデュース(Reduce)すなわち，ごみの発生の抑制，リユース(Reuse)すなわち，再使用。リサイクル(Recycle)すなわちごみの再資源化 のそれぞれの頭文字をとって3Rという。

〈解説〉リユース：一度使用された製品を，そのまま，もしくは製品のあるモジュール(部品)をそのまま再利用すること。　リサイクル：再循環を指し，製品化された物を再資源化し，新たな製品の原料として利用すること。　リデュース：環境負荷や廃棄物の発生を抑制するために無駄・非効率的・必要以上な消費・生産を抑制あるいは行わないこと。　(リターナブル：繰り返し利用することで製品の製造にかかる環境負荷を低減できる。これらの製品は資源ごみとして分別収集された後，選別・殺菌洗浄し，再度利用されて商品ルートに乗せられる。)

【5】自動体外除細動器の略。心肺停止の傷病者に対して，電気ショックによる除細動を行う器具であり，一般の人が使用できる。

〈解説〉AEDを迅速に使用し，除細動(心室細動の状態にある心臓に電気ショックを与える)を行うことで，心臓の正常な動きを取り戻すことができ，救命の可能性が高まる。

【6】重傷事故1回に対して29回の軽傷事故があり，かつ300回の傷害にならない事故が発生しているとし，この300回の傷害にならないヒヤリ・ハット体験を分析し，事故・傷害につながる具体的な人的要因や環境要因を明らかにすることにより，理論値1件の重傷事故と29件の軽傷事故の防止策を立てることができるというもの。アメリカの安全技師ハインリッヒが提唱した説。

〈解説〉ヒヤリ・ハット：重大な災害や事故には至らないものの，直結してもおかしくない一歩手前の事例の発見をいう。文字通り「突発的な事象やミスにヒヤリとしたりハッとしたりするもの」である。ヒヤリ・ハットは結果として事故に至らなかったものであるので見過ごされてしまうことが多く，すぐに忘れがちになってしまうものであるが，重大な事故が発生した際にはその前に多くのヒヤリ・ハットが潜んで

いる可能性があり，ヒヤリ・ハットの事例を集めることで重大な災害や事故を予防することができる。そこで，職場や作業現場などではあえて各個人が経験したヒヤリ・ハットの情報を公開し蓄積または共有することによって，重大な災害や事故の発生を未然に防止する活動が行われている。

【7】① シ　② ク　③ タ　④ エ　⑤ ソ　⑥ オ
　　　⑦ チ　⑧ キ　⑨ ス　⑩ サ　⑪ テ　⑫ ウ
　　　⑬ カ　⑭ イ　⑮ ツ

〈解説〉指導内容の体系化：生涯にわたる豊かなスポーツライフの実現に向けて，小学校から高等学校までの12年間を見通して，各種の運動の基礎を培う時期，多くの領域の学習を経験する時期，卒業後に少なくとも一つの運動やスポーツを継続することができるようにする時期といった発達の段階のまとまりを踏まえ，目標と同様に，第1学年及び第2学年と第3学年に分けて示すこととした。具体的には，従前においては，第1学年で，「武道」又は「ダンス」のいずれかを選択とし，それ以外の領域を必修としていたことを改め，小学校高学年との接続を踏まえ，多くの領域の学習を十分させた上で，その学習体験をもとに自ら探求したい運動を選択できるようにするため，第1学年及び第2学年で，すべての領域を履修させるとともに，選択の開始時期を第3学年とすることとした。また，第3学年については，従前においては，第2学年及び第3学年で，「体つくり運動」及び「体育に関する知識」を履修させるとともに，「器械運動」，「陸上競技」，「水泳」から1領域又は2領域を，「球技」，「武道」，「ダンス」から2領域を選択して履修することができるようにしていたことを改め，「体つくり運動」「体育理論」を履修させるとともに，運動に共通する特性や魅力に応じて，技を高めたり，記録に挑戦したり，表現したりする楽しさや喜びを味わうことができる「器械運動」，「陸上競技」，「水泳」，「ダンス」のまとまりから1領域以上を，集団や個人で，相手との攻防を展開する楽しさや喜びを味わうことができる「球技」，「武道」のまとまりから1

領域以上をそれぞれ選択して履修することができるようにすることとした。なお，内容の取扱いについては，引き続き，体育分野としてまとめて示している。　　指導内容の明確化：「体育理論」を除く運動に関する領域を，(1)技能(「体つくり運動」は運動)，(2)態度及び(3)知識，思考・判断に整理・統合して示すとともに，発達の段階を踏まえ，それぞれの指導内容を明確に示すこととした。

【8】生涯にわたって運動に親しむ資質や能力の育成，　健康の保持増進のための実践力の育成，体力の向上

〈解説〉教科の目標：「心と体を一体としてとらえ，運動や健康・安全についての理解と運動の合理的な実践を通して，生涯にわたって運動に親しむ資質や能力を育てるとともに健康の保持増進のための実践力の育成と体力の向上を図り，明るく豊かな生活を営む態度を育てる。」この目標は，保健体育科の究極的な目標である「明るく豊かな生活を営む態度を育てる」ことを目指すものである。この目標を達成するためには，運動に興味をもち活発に運動をする者とそうでない者に二極化していたり，生活習慣の乱れやストレス及び不安感が高まったりしている現状があるといった指摘を踏まえ，引き続き，心と体をより一体としてとらえ，健全な発達を促すことが求められることから，体育と保健を一層関連させて指導することが重要である。また，学校教育法において，「中学校は，小学校における教育の基礎の上に，心身の発達に応じて，義務教育として行われる普通教育を施すことを目的とする」とした義務教育修了段階であること，「生涯にわたり学習する基盤が培われるよう，基礎的な知識及び技能を習得させるとともに，これらを活用して課題を解決するために必要な思考力，判断力，表現力その他の能力をはぐくみ，主体的に学習に取り組む態度を養うことに，特に意を用いなければならない」と規定されていること，「健康，安全で幸福な生活のために必要な習慣を養うとともに，運動を通じて体力を養い，心身の調和的発達を図ること」と規定されていること等を踏まえ，「生涯にわたって運動に親しむ資質や能力の育成」，「健康

の保持増進のための実践力の育成」及び「体力の向上」の三つの具体的な目標が相互に密接に関連していることを示すとともに，保健体育科の重要なねらいであることを明確にしたものである。

【9】(1)　ア　わが国固有の文化　　(2)　イ　変化に対応した攻防
(3)　ウ　課題に応じた運動
〈解説〉武道は，武技，武術などから発生した我が国固有の文化であり，相手の動きに応じて，基本動作や基本となる技を身に付け，相手を攻撃したり相手の技を防御したりすることによって，勝敗を競い合う楽しさや喜びを味わうことのできる運動である。また，武道に積極的に取り組むことを通して，武道の伝統的な考え方を理解し，相手を尊重して練習や試合ができるようにすることを重視する運動である。武道は，中学校で初めて学習する内容であるため，基本動作と基本となる技を確実に身に付け，基本動作や基本となる技を用いて，相手の動きの変化に対応した攻防ができるようにすることが求められる。また，技能の上達に応じて，基本となる技を用いた自由練習やごく簡単な試合で攻防を展開することを発展させて，得意技を身に付け，自由練習や簡単な試合で攻防を展開できるようにすることをねらいとしている。したがって，第1学年及び第2学年では，技ができる楽しさや喜びを味わい，基本動作や基本となる技ができるようにする。また，武道の学習に積極的に取り組み，伝統的な行動の仕方を守ることなどに意欲をもち，健康や安全に気を配るとともに，礼に代表される伝統的な考え方などを理解し，課題に応じた運動の取り組み方を工夫できるようにすることが大切である。

【10】(1)　開脚跳び，伸身開脚跳び，かかえ込み跳び，屈身跳び
(2)　リベロプレーヤー　　(3)　9.15m　　(4)　7mスロー
(5)　ショートカット　　(6)　ひざ車　　(7)　出ばな技
〈解説〉(1)　上記より一つ　　(2)　守備専門のプレーヤーで，ネットより高い位置にあるボールに触れることは出来ないので，スパイクやブ

311

ロック，サーブを打つことが出来ない。また，アタックラインより後方からのトスを除きフロントゾーン内でトスをあげて他の選手が攻撃をするプレーも反則となる。　ポジショナルフォールト：サーブを打つ瞬間に，プレーヤーはコートポジションで定められた位置関係を守らなければ反則となる。　(4)　7mスロー：「明らかなシュートチャンス」が反則によって妨害された場合，相手チームに7mスローが与えられ，競技を再開する。　・自由に動いてよいがゴールキーパーラインより前に出てはいけない。　・他の者はフリースローラインの外に出る。　・7mライン後方1mまでの範囲に位置をとり，笛の合図から3秒以内に片足をつけたままシュートする。

【11】(1)　着衣に適した泳ぎで，ちょうちょう背泳ぎともいい，背面浮きで耳まで水につかる。足はカエル足でキックし，同時に肘から先でかく。　(2)　「強さの条件」「時間の条件」「頻度の条件」　(3)　過度の緊張や興奮によって，精神を集中したり自己を統制することができず，普段の実力が発揮できないこと。

〈解説〉省略

2009年度 | 実施問題

【中学校】

【1】次の(1)～(5)の文は,「中学校学習指導要領(平成10年12月)解説－保健体育編－」の目標及び内容についての解説から抜粋したものである。各文の下線部のうち,それぞれ1箇所に誤りがある。誤っている箇所を(ア)～(オ)の記号から選び,正しい語句を用いて訂正しなさい。

(1) 「個人生活における健康・安全に関する理解を通して,」は,<u>心身の機能の発育(ア)</u>の仕方及び精神機能の発達や<u>自己形成(イ)</u>,欲求や<u>ストレスへの対処(ウ)</u>などの心の健康,自然環境を中心とした環境と心身の健康とのかかわり,健康に適した環境の維持と改善,<u>傷害の発生要因(エ)</u>とその防止及び応急手当並びに<u>健康な生活行動の実践(オ)</u>と疾病の予防について,個人生活を中心として科学的な理解を図ることを示したものである。

(2) 自然災害については,例えば,地震が発生した場合に<u>家屋の倒壊(ア)</u>や家具の落下,転倒による危険があること,また,地震に伴って,<u>津波(イ)</u>,土砂崩れ,地割れ,火災などによる<u>一次災害(ウ)</u>が発生することがあることを理解できるようにする。

　自然災害による傷害を防止するためには,日頃から災害時の安全に備えておくとともに,地震などが発生した場合,周囲の状況を<u>的確に判断し(エ)</u>,<u>冷静・迅速・安全(オ)</u>に行動すること,及びテレビ,ラジオ等による災害情報を把握する必要があることを理解できるようにする。

(3) 薬物乱用については,<u>覚せい剤やあへん(ア)</u>を取り上げ,摂取によって<u>幻覚(イ)</u>を伴った激しい急性の<u>錯乱状態(ウ)</u>や急死などを引き起こすこと,薬物の連用により依存症状が現れ,中断すると精神や身体に苦痛を感じるようになるなど様々な障害が起きることを理解できるようにする。

　また,薬物乱用は,個人の心身の健全な発育や<u>人格の形成(エ)</u>を

313

阻害するだけでなく，社会への<u>適応能力(オ)</u>や責任感の発達を妨げるため，暴力，性的非行，犯罪など家庭・学校・地域社会にも深刻な影響を及ぼすこともあることを理解できるようにする。

(4)　心は，知的機能，情意機能，社会性等の<u>精神機能(ア)</u>の総体としてとらえられ，それらは生活経験や学習などの影響を受けながら，<u>大脳の発達(イ)</u>とともに発達することを理解できるようにする。

　　　その際，知的機能については，<u>思考(ウ)</u>，記憶，言語機能，判断など，情意機能については，<u>感情(エ)</u>や意思などがあることを知らせ，それらは，生活経験や学習により発達すること，また，社会性については，家族や友人関係などを取り上げ，それらの依存性は生活経験や学習などの影響を受けながら変化し，<u>自立(オ)</u>しようとする傾向が強くなることを理解できるようにする。

(5)　人間の健康は，生活行動と深く関わっており，健康の保持増進を図るためには，<u>性別(ア)</u>，生活環境等に応じた食事，<u>適切な運動(イ)</u>，<u>休養及び睡眠(ウ)</u>の調和の取れた生活が必要であることを理解できるようにする。

　　　現代青少年の生活を見ると，<u>生活の夜型化(エ)</u>，睡眠時間の減少等が，食生活では食事摂取時間の不規則化，朝食欠食の日常化，栄養摂取の偏りなどが，運動面では個人の運動習慣の形成に不十分さが見られる。これらは，極端なやせや肥満などを引き起こしたり，また，<u>生活習慣病(オ)</u>を引き起こす要因となり，生涯にわたる心身の健康に様々な影響があることを理解できるようにする。

(☆☆☆◎◎◎)

【２】次の(1)～(5)の語句を説明するとき，その説明に用いるのにふさわしくない語句がア～オの中に1つ含まれている。ふさわしくない語句をそれぞれア～オより選び記号で答えなさい。

(1)　[薬物乱用]
　　ア　フラッシング反応　　イ　禁断症状　　ウ　依存性
　　エ　向精神薬　　オ　耐性

(2)　[自己防衛行動]

　　ア　適応機制　　イ　退行　　ウ　抑圧　　エ　同一化

　　オ　準適応行動

(3)　[トリハロメタン]

　　ア　発がん性　　イ　水道水　　ウ　河川の汚染　　エ　大気汚染

　　オ　塩素

(4)　[マズローの5段階欲求説]

　　ア　生存欲求　　イ　欲求のレベル　　ウ　安全への欲求

　　エ　自己実現欲求　　オ　欲求不満

(5)　[動脈硬化]

　　ア　高脂血症　　イ　脳卒中

　　ウ　Ⅰ型糖尿病(インスリン依存性糖尿病)

　　エ　アテローム硬化　　オ　コレステロール

(☆☆☆◎◎◎)

【3】中学校保健分野の学習内容について述べたア～オの文章のうち，記述に誤りのあるものをそれぞれ1つ選び，記号で答えなさい。

(1)　生殖にかかわる機能の成熟に関する記述

　　ア　性腺刺激ホルモンには，視床下部から分泌される卵胞刺激ホルモンと黄体形成ホルモン，胎盤から分泌されるじゅう毛ゴナドロピンがある。

　　イ　エストロゲン(卵胞ホルモン)の作用は，女性生殖器の発育促進，二次性徴の発現，性的欲求・行動の発現などである。

　　ウ　プロゲステロン(黄体ホルモン)の作用は，子宮内膜の増殖や分泌の活発化，妊娠の維持，乳房の発育，基礎体温の上昇などである。

　　エ　アンドロゲン(男性ホルモンの総称)の作用は，性分化の過程における性腺の精巣への分化，男性生殖器の発育促進，二次性徴の発現，性欲のこう進などである。

　　オ　思春期になると，卵胞ホルモンの作用で卵胞が成熟し，卵子が

　　放出される。これが，排卵である。
(2)　運動と健康に関する記述
　　ア　健康づくりのための運動の基本的な条件は，安全であること，効果があること，楽しめる運動であることである。
　　イ　有酸素運動によって心臓に適度な負荷を加えると，心筋はしだいに発達して強くなる。また心筋に酸素を供給している冠状動脈が太くなり，心筋の中の毛細血管の数も増加するので心筋への酸素の供給が良くなる。このような理由で有酸素運動は心筋梗塞や狭心症に予防的，治療的に効果がある。
　　ウ　加齢にともなって骨は粗しょう化するが，運動不足はこの傾向を加速する。日常的に生活運動することによって，加齢に伴う骨の粗しょう化をかなり防ぐことができる。そのためには軽い運動でも十分な効果が得られる。
　　エ　中学生期の健康づくりに適切な運動強度は，心拍数が約170拍/分前後，自覚的には「ややきつい・重い」と感じる運動である。
　　オ　体力水準が低下している場合，週1回の運動でも効果が期待できるが，中学生期では週2～3回以上行うことが望ましい。
(3)　知的機能，情意機能，社会性の発達に関する記述
　　ア　知的機能は，人間で最も発達している大脳新皮質で営まれる。人間では特に前頭連合野が発達している。
　　イ　ピアジェは，知的機能が段階を踏んで発達することを明らかにした。中学生の頃は，それまでの抽象的なものについての思考(形式的操作)から具体的なものの思考(具体的操作)が可能になるとしている。
　　ウ　意思とは，自分の行動を決め，目標を目指して努力を続ける心の働きのことであり，心理学では「動機づけ」として研究されている。
　　エ　心理的離乳とは，子どもが親との心理的依存関係から離脱し，自らの意思，判断，責任によって，自立的・独立的に行動していく過程を表している。

　　オ　自己の形成過程で第二の節目となるのが第二反抗期である。第
　　　二反抗期は，自分自身を対象化，自己確立へと導く時期であり，
　　　親や社会によるお仕着せの自分ではなく，真の自己を確立する意
　　　味で重要な意味を持つ。
(4)　温度，湿度，明るさと至適範囲についての記述
　　ア　不快指数は生物学的環境表示の一つで，不快の度合いを温度と
　　　湿度から便宜的に表そうというものである。
　　イ　気温，湿度，気流の三つの総合的効果の程度を表すものを感覚
　　　温度という。
　　ウ　学校環境衛生の基準では，最も望ましい温度は，冬期では18〜
　　　20℃，夏期では25〜28℃であるとされている。
　　エ　人間の体は，気温の変化に合わせて代謝量を調節して，体温を
　　　一定に保っている。冬には，代謝量を多くして体温の低下を防ぎ，
　　　夏には代謝量を少なくして体温の上昇を防ぐように体温調節が行
　　　われている。
　　オ　学校環境衛生の基準では，教室内の照度は，750ルクス以上で
　　　あることが望ましいとされている。
(5)　感染症の原因とその予防に関する記述
　　ア　感染症には，ヒトからヒトへうつる伝染性感染症と，ヒトから
　　　ヒトへうつらない非伝染性感染症がある。寄生虫疾患を除く伝染
　　　性疾患を特に伝染病と呼ぶことがある。
　　イ　感染症の発生要因は，病原要因，環境要因，個体要因に集約さ
　　　れる。
　　ウ　近年，感染症は，人・物の移動，開発等による環境変化などに
　　　よってその状況が大きく変化し，デング熱などの「新興感染症」
　　　と呼ばれるものが発生している。
　　エ　日本は，先進諸国の中では，従来から結核患者が多く，最近で
　　　は高齢者のみならず，ほとんどの年齢層で患者が増加している。
　　　このため1999年には「結核緊急事態宣言」が出され，様々な対策
　　　が進められている。

オ　細菌は，変異を通じて抗菌薬に対する耐性を次々と獲得し，新しい抗菌薬の開発は新たな耐性菌を生んでいる。1980代以降，世界各地でMRSA(メチシリン耐性黄色ブドウ球菌)による院内感染が広がり，これに対してはバイコマイシンが有効とされたが，最近ではこれも効かないVRE(バイコマイシン耐性腸球菌)が出現している。

(☆☆☆◎◎◎)

【４】内分泌かく乱物質(環境ホルモン)が深刻な問題とされる理由を簡潔に説明しなさい。

(☆☆☆◎◎◎)

【５】スキャモンの発育型について簡潔に説明しなさい。

(☆☆☆◎◎◎)

【６】BOD(生物化学的酸素要求量)について簡潔に説明しなさい。

(☆☆☆◎◎◎)

【７】この文章は，「中学校学習指導要領(平成10年12月)第1章－総則－第1　教育課程編成」の一般方針の3である。文中の①～⑥の(　　)に当てはまる語句を後の語群より選び，記号で答えなさい。

　学校における体育・(　①　)に関する指導は，学校の教育活動全体を通じて適切に行うものとする。特に(　②　)の向上及び(　③　)の健康の保持増進に関する指導については，保健体育の時間はもとより，(　④　)などにおいてもそれぞれの特質に応じて適切に行うように努めることとする。また，それらの指導を通して，家庭や地域社会との連携を図りながら，日常生活において適切な体育・健康に関する活動の実践を促し，(　⑤　)を通じて健康・安全で活力ある生活を送るための(　⑥　)が培われるよう配慮しなければならない。

ア	運動	イ	心身	ウ	健康	エ	体力	オ	経験
カ	基礎	キ	生涯	ク	保健	ケ	特別活動	コ	技能

(☆☆☆◎◎◎)

【8】この文章は,「中学校学習指導要領(平成10年12月)解説－保健体育編－」から運動部の活動について抜粋したものである。文中の①～⑩の( )に,当てはまる語句を後の語群より選び,記号で答えなさい。

　運動部の活動は,学校において計画する(①)で,より高い水準の技能や記録に挑戦する中で,運動の楽しさや喜びを味わい,豊かな学校生活を経験する活動であるとともに,体力の向上や健康の増進にも極めて効果的な活動である。

　したがって,生徒が運動部の活動に(②)に参加できるよう配慮することが大切である。また,生徒の能力等に応じた技能や記録の向上を目指すとともに,互いに協力し合って(③)を深めるなど好ましい人間関係を育てるよう適切な指導を行う必要がある。

　運動部の活動は,主として放課後に行われ,特に希望する同好の生徒によって行われる活動であることから,生徒の(④)を尊重する必要がある。また,生徒に任せすぎたり,(⑤)のみを目指した活動にならないよう留意する必要もある。このため,運動部の活動の意味が十分発揮されるよう,生徒の個性の尊重と(⑥)な運営に留意したり,生徒の(⑦)のとれた生活や成長のためにも休養日や練習時間を適切に設定したり,家庭や地域社会とともに生徒たちを育成する開かれた学校となるためにも必要に応じて(⑧)を活用したりするなど,生徒の能力・適正,興味・関心等に応じつつ,適切な活動が行われるよう配慮して指導することが必要である。このことによって,運動部の活動が生徒の「(⑨)」の育成に大きく貢献できるものと考える。

　なお,従前の特別活動のクラブ活動が,放課後等の部活動や学校外活動との関連,今回創設された,「総合的な学習の時間」において生

徒の興味・関心を生かした(　⑩　)な学習活動が行われることなどから，今回の改訂で廃止された。したがって，運動部の活動については，従前にも増してより適切に行われるよう配慮する必要がある。

ア　自己能力	イ　人権意識	ウ　教育活動	
エ　計画的	オ　休日開放	カ　勝つこと	
キ　健康維持	ク　外部指導者	ケ　積極的	
コ　柔軟	サ　友情	シ　自己実現	
ス　生きる力	セ　創造性	ソ　人間関係	
タ　運動技能	チ　自主性	ツ　生きがい	
テ　バランス	ト　主体的		

(☆☆☆◎◎◎)

【9】「中学校学習指導要領(平成10年12月)解説－保健体育編－」から示された，保健体育科の「体育分野」の領域を〈A体つくり運動〉のように①B～⑦Hの順に後の7つを答えなさい。

(☆☆☆◎◎◎)

【10】次の(1)～(7)の問いに答えなさい。

(1)　新体力テストの一つで，直径2mのサークル内から行い，投球フォームは自由で，投げ終わったら静止の状態に戻り，サークル(の後半)から外に出る種目は何か。

(2)　手軽な運動や，リズミカルな運動を行い，体を動かすことの楽しさや心地よさを味わうことによって，自分や仲間の体や心の状態に気づいたり，体の調子を整えたりしながら，仲間と豊かに交流することをねらいとする運動は何か。

(3)　水泳での個人メドレーにおける泳法の順番として正しい順番をア～オの中から選び，記号で答えなさい。

　ア　平泳ぎ→バタフライ→背泳ぎ→自由形

　イ　自由形→平泳ぎ→背泳ぎ→バタフライ

　　ウ　バタフライ→平泳ぎ→背泳ぎ→自由形

　　エ　バタフライ→背泳ぎ→平泳ぎ→自由形

　　オ　バタフライ→自由形→背泳ぎ→平泳ぎ

(4)　ソフトボールの投手の動作で腕を大きく一回転させ，腰をひねりながら腕を振り抜き，手首のスナップをきかせるフォームを何というか。

(5)　柔道の試合での判定で，すでに「技あり」「警告」があってからの抑えこみでは，何秒で1本になるか。

(6)　剣道での基本となる間合い，中段の構えのとき，互いの剣先が軽く交差する程度の間合いを何というか。

(7)　バドミントンで，シャトルがプレーヤーの身体や着衣に当ったとき何というか。

(☆☆☆◎◎◎)

【11】体育・スポーツの視点に立って，次の(1)～(2)の用語を簡潔に説明しなさい。

(1)　ヒルトレーニング

(2)　クーリングダウンの効果

(☆☆☆◎◎◎)

解答・解説

【中学校】

【１】(1)　ア　心身の機能の発達　　(2)　ウ　二次災害

(3)　ア　覚せい剤や大麻　　(4)　ウ　認知　　(5)　ア　年齢

〈解説〉中学校の保健分野は，主として個人生活における健康・安全に関する事項を健康の保持増進のための実践力の育成に必要な基礎的事項に厳選し，第1学年では「心身の機能の発達と心の健康」，第2学年で

は「健康と環境」及び「傷害の防止」，第3学年では「健康な生活と疾病の予防」の4つの内容で構成されている。

　(1)は，〔保健分野〕の目標から，(2)は，「自然災害による傷害の防止」の内容から，(3)は，「薬物乱用と健康」の内容から，(4)は，「精神の機能の発達と自己形成」の内容から，そして(5)は，「生活行動・生活習慣と健康」の内容から出題されている。1箇所の誤りを訂正するためには，解説書をよく読みこなしておく必要がある。

【2】(1)　ア　　(2)　イ　　(3)　エ　　(4)　オ　　(5)　ウ
〈解説〉教員採用試験の実施問題集を購入し，出題傾向の分析から頻出用語の要点を整理しておくことが大切である。

(1)　フラッシング反応とは，お酒を飲むと顔面紅潮，心悸抗進，全身倦怠感，頭痛，嘔気等が発生すること。アルコールの分解産物のアセトアルデヒドを分解するアルデヒド脱水酵素の活性が遺伝的に弱いために起こるといわれている。

(2)　欲求の充足を図るため不満や不安の原因となっていることに対処して，安定した自己を保とうとする精神的な働きを，適応機制という。出題頻度が非常に高いので，適応機制の種類をまとめておくこと。

(3)　トリハロメタンは，浄水場で消毒・殺菌に用いる塩素とフミン質(草や葉が腐って生成する)などの有機物質との化学反応で発生する有機塩素化合物の一種で，発がん性が指摘されている。

(4)　マズローの5段階欲求説とは，欲求は同じ次元に存在するのではなく，精神の発達とともにより高次元の欲求が起こってくる階層構造になっていると考えた説で，低次から，生理的欲求→安全の欲求→社会的欲求→自我の欲求→自己実現の欲求へとより高次に移行していくという。

(5)　動脈硬化とは，動脈の壁が弾力を失い，内腔にコレステロールやカルシウムがたまって細くなり，血液が流れにくくなった状態をいう。糖尿病は，インシュリンの不足による糖代謝障害の結果，血糖

値が高くなり尿糖の出る疾患で，インシュリン依存性(Ⅰ型)とインシュリン非依存性(Ⅱ型)がある。

【3】(1)　ア　　(2)　エ　　(3)　イ　　(4)　オ　　(5)　ウ

〈解説〉(1)　性腺刺激ホルモンは，脳下垂体から分泌されるホルモンのうち，生殖腺に作用する作用する黄体形成ホルモン(プロゲステロン)と卵胞刺激ホルモン(エストロゲン)の総称。絨毛性ゴナドトロピンは，妊娠中の胎盤から産出される。

(2)　青年期前期の運動時の心拍数は，140～200拍／分が適切で，運動時に自覚される主観的運動強度は，「きつい・かなりきつい」と感じる。

(3)　スイスの発達心理学者ピアジェは，思考発達段階説を唱えた。ピアジェの段階説では，知能の発達は次の4つの時期として展開されていく。1)　感覚運動的知能期0～2歳　2)　前操作期2～7歳
3)　具体的操作期7～12歳　4)　形式的操作期12～3，4歳

(4)　学校保健法に基づく学校環境衛生の基準では，教室及びそれに準ずる場所の照度の下限値は300ルクスとする。さらに，教室及び黒板の照度は500ルクス以上であることが望ましい。また，コンピュータ設置の教室やワープロ，ディスプレイ等を使用する教室の机上の照度は500～1000ルクス程度が望ましいとされている。

(5)　新興感染症とは，その発症がにわかに注目されるようになった感染症で，通常は局地的あるいは，人物の移動による国際的な感染拡大が公衆衛生上の問題となるような感染症について取り上げられる。病原体としてはウイルス，細菌，スピロヘータ，寄生虫など様々で，ウイルスによるものとしては後天性免疫不全症候群(HIV感染症・AIDS・エイズ)，エボラ出血熱，ラッサ熱などがある。なお，類似した概念として再興感染症があり，結核が再び増加傾向を示す。

【4】内分泌かく乱物質が深刻な問題とされるのは，生体の生殖系に多大な影響を及ぼすため，将来の存亡に直接関わるからである。また，きわめて微量濃度(1ppt程度)でも作用しうる点も挙げられる。さらには，

すでに自然界にばらまかれ，今も汚染され続けていることなども挙げられる。

〈解説〉内分泌かく乱物質は，環境中に存在する化学物質のうち，生体にホルモン様作用を起こしたり，逆にホルモン作用を阻害するもの。2003年(平成15年)5月の政府見解では，「内分泌に影響を及ぼすことにより，生体に障害や有害な影響を引き起こす外因性の化学物質」と定義されている。非常に低濃度でも生体に悪影響を及ぼす可能性があるため，有害物質が高濃度に蓄積されて初めて問題になりうることを前提とした従来型の環境汚染の濃度基準では規制できないのではと危惧され，社会問題化した。

【5】アメリカの生理学者スキャモンが身体諸器官の発育パターンを4種類に類型化し，模式的に示したもの。リンパ腺などの属するリンパ型。脳や脊髄などが属する神経型。精巣や卵巣などが属する生殖型。他の3つに属さないもの全て(主なものとして骨格系や筋肉系など)が含まれる一般型がある。

〈解説〉非常に出題頻度の高い問題である。4つの型の種類だけでなく，それぞれの発育発達の曲線の特徴を正しく理解しておくようにしたい。

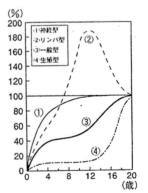

スキャモンの発達曲線

スキャモンは，臓器や器官の発育パターンを4種類に分類している。彼の臓器別発育発達曲線は，出生時を0％，20歳時を100％として臓器，器官の各年齢時における発育増加率を示したものである。運動と非常に関係の深いものとして，神経型と一般型が上げられる。神経型(脳，視神経等)は乳幼児期に著しい発育を示し，8歳ごろには成人の90％，12歳ではほぼ100％近くまで発育する。また一般型(筋肉，骨，内臓等)は，出生後の急速な発育を示した後，緩やかな増加をたどりながら思春期に急速な発育を示し

ている。

【6】微生物が汚れを分解するために必要な酵素の量によって水の汚れの
度合いを示したものがBODである。値が大きいほど水質汚濁が進んで
いることを示す。日本では，主に河川の水や下水，排水の汚れを測定
する時に用いられる。

〈解説〉生物化学的酸素要求量(Biochemical Oxygen Demand)の略。環境基
準では，河川の利用目的に応じて類型別に定められている。また水質
汚濁防止法(1970)に基づく排水基準が定められている。BODが高いと
DOが欠乏しやすくなり，10mg/L以上で悪臭の発生等がみられる。な
お，似たような指標にCODがある。化学的酸素要求量(Chemical
Oxygen Demand)の略。環境基準では，湖沼と海域ではCODで定められ
ている。これは，河川は流下時間が短く，その短い時間内に生物によ
って酸化されやすい有機物を問題にすればよいのに対して，湖沼や海
域は滞留時間が長く，有機物の全量を問題にする必要があること。ま
た，湖沼には光合成により有機物を生産し，溶存酸素の消費・生成を
同時に行う藻類が大量に繁殖していることから，BODの測定値が不明
瞭になることなどによるとされる。

【7】① ウ ② エ ③ イ ④ ケ ⑤ キ ⑥ カ
〈解説〉中学校学習指導要領(平成10年12月)解説―保健体育科編―のP.113
にも記述されている。(総則第1の3を解説した部分である。)
体育・健康に関する指導は，健康・安全で活力ある生活を営むため
に必要な資質や能力を育て，心身の調和的な発達を図ることをねらい
とするものである。

【8】① ウ ② ケ ③ サ ④ チ ⑤ カ ⑥ コ
⑦ テ ⑧ ク ⑨ ス ⑩ ト
〈解説〉〈運動部の活動〉は，中学校学習指導要領(平成10年12月)解説―
保健体育編―のP.115〜116に記述されている。

【9】① Ｂ　器械運動　　② Ｃ　陸上競技　　③ Ｄ　水泳

④ Ｅ　球技　　⑤ Ｆ　武道　　⑥ Ｇ　ダンス　　⑦ Ｈ　体育

に関する知識

〈解説〉体育分野の領域及び内容の取扱いについての出題頻度は非常に高

いので，中学校学習指導要領(平成10年12月)解説―保健体育編―P.79

に記載された履修の一覧表を正しく理解しておくようにする。

体育分野の領域及び内容の取扱い

領　域	内　　　容	領域の取扱い			内容の取扱い
		1年	2年	3年	1・2・3年
Ａ 体つくり 運動	ア　体ほぐしの運動 イ　体力を高める運動 　(ｱ)　体の柔らかさ及び巧みな動きを高めるための運動 　(ｲ)　力強い動きを高めるための運動 　(ｳ)　動きを持続する能力を高めるための運動	必修	必修	必修	ア，イ必修。イの運動については(ｳ)に重点を置くことができる。
Ｂ 器械運動	ア　マット運動 イ　鉄棒運動 ウ　平均台運動 エ　跳び箱運動	必修	B，C及びDから①又は②選択	2年に同じ	ア～エから選択
Ｃ 陸上競技	ア　短距離走・リレー，長距離走又はハードル走 イ　走り幅跳び又は走り高跳び	必修			ア及びイのそれぞれから選択
Ｄ 水泳	ア　クロール イ　平泳ぎ ウ　背泳ぎ	必修			ア～ウから選択
Ｅ 球技	ア　バスケットボール又はハンドボール イ　サッカー ウ　バレーボール エ　テニス，卓球又はバドミントン オ　ソフトボール	必修	E，F及びGから②選択	2年に同じ	ア～オから②選択
Ｆ 武道	ア　柔道 イ　剣道 ウ　相撲	F及びGから①選択			ア～ウから①選択
Ｇ ダンス	ア　創作ダンス イ　フォークダンス ウ　現代的なリズムのダンス				ア～ウから選択
Ｈ 体育に関する知識	(1)　運動の特性と学び方 (2)　体ほぐし・体力の意義と運動の効果	必修	必修	必修	(1)，(2)必修

【10】(1) ハンドボール投げ　(2) 体ほぐしの運動　(3) エ

(4) ウインドミルモーション　(5) 25秒　(6) 一足一刀の間合い

(7) タッチ・ザ・ボディ

〈解説〉このようにスポーツのルールや基本技術と競技用語，新体力テストのテスト項目や実施方法を問う出題も多いので，正しく理解しておくようにする。

(1) 12歳～19歳対象の新体力テストの項目は，握力・上体起こし・長座体前屈・反復横とび・持久走か20mシャトルラン(往復持久走)・50m走・立ち幅とび・ハンドボール投げである。

(2) 体ほぐしのねらいに基づいた「行い方の例」を学習しておく。

(3) 個人メドレーは，バタフライ→背泳ぎ→平泳ぎ→自由形の順で泳ぐ。メドレーリレーは，背泳ぎ→平泳ぎ→バタフライ→自由形の順に泳ぐ。

(4) 「最新スポーツルール百科」等で，試合の進め方やルール，規則違反と罰則規定の基本的なものを調べておく。

(5) 一足一刀の間合いとは，1歩踏み込めば相手を打突でき，1歩さがれば相手の打突をかわせる距離である。剣道の基本技術と基本的な競技用語も覚えておく。

(6) シャトルが身体や着衣に当たるタッチザボディの場合は，フォルトになる。あきらかにアウトのシャトルにふれてもいけない。

【11】(1) 上り坂のダッシュと平地でのジョギングを繰り返すトレーニング。無酸素的持久力と有酸素的持久力を高めることができる。

(2) 疲労物質の除去，心臓への負担軽減，吐き気・めまいなどの防止。

〈解説〉(1) ヒルトレーニングとは，ニュージーランドのアーサー・リディアードが考案した丘を利用したトレーニング。坂では運動強度が高くなるだけでなく，平地とは異なる筋群を鍛えることができる，というメリットを活かして行われる。実際には，100～300mの斜面を利用し，上り坂では腿上げや腕振りを強調して駆け上がり，下り坂はダイナミックに走ることで，スピードアップ効果などが期待できる。

(2)　クーリングダウンとは，運動によって高まった呼吸器系や筋肉系などの心身の機能をストレッチングなどの軽い運動でゆっくりと元の状態に戻していくことである。激しい運動を急にやめると，筋肉によって助けられていた心臓にもどる血流が悪くなり，体全体の血流が悪化する。これにより心臓や脳への血流が一時的に不足することもあり，失神，めまい，吐き気などを起こす場合がある。主運動のあとにクーリングダウンを行うと，ウォーミングアップと同様に筋ポンプ作用が働いて血液循環を徐々に平常の状態に戻しながら，筋肉中の疲労物質である乳酸を除去し，疲労回復を助ける。ストレッチングで筋肉をゆっくり気持ち良く伸ばすことによって，怪我の予防はもちろん，柔軟性の低下を回復し，柔軟性の向上にもつながる。また，運動で興奮した状態から気持ちも平常に戻す効果もある。

2008年度　実施問題

【中学校】

【1】次の①～⑤のそれぞれの語群には，他とは性質や内容の異なる語句が一つ含まれている。その語句を(ア)～(オ)から一つ選び記号で答えなさい。また，その語句以外の語句のもつ共通点を答えなさい。

① (ア) ホルムアルデヒト　　(イ) キシレン
　 (ウ) アセトアルデヒト　　(エ) トルエン
　 (オ) パラジクロロベンゼン

② (ア) クラミジア・トラコマチス　　(イ) 梅毒スピロヘータ
　 (ウ) 淋菌　(エ) 単純ヘルペスウイルス1型・2型
　 (オ) マイコプラズマ

③ (ア) 仙骨　(イ) 立方骨　　(ウ) 恥骨　　(エ) 腸骨
　 (オ) 坐骨

④ (ア) ボラード　(イ) 狭さく　　(ウ) フォルト
　 (エ) クランク　(オ) ハンプ

⑤ (ア) エボラ出血熱　(イ) エイズ　(ウ) 病原性大腸菌O157
　 (エ) デング熱　　　(オ) C型肝炎

(☆☆☆☆☆◎)

【2】次の文は，中学校学習指導要領解説保健体育編(平成11年9月文部省編)からの抜粋である。(1)～(5)の各文の下線部のうち，一箇所に誤りがある。誤っている箇所を(ア)～(オ)から一つ選び記号で答え，訂正しなさい。

(1) 身体の各器官は年齢とともに発達するが，それらには(ア)順序性があること，器官により(イ)急速に発達する期間に違いがあること，また，(ウ)年齢差や個人差があることを理解できるようにする。なお，身体機能の発達の具体的な例としては，(エ)呼吸器系，(オ)循

329

環器系を中心に取りあげる。

(2)　エイズおよび性感染症の増加傾向とその(ア)高齢化が社会問題になっていることから，その(イ)疾病概念，(ウ)感染経路，(エ)予防方法を身につける必要があることを理解できるようにする。例えば，エイズの病原体は(オ)ヒト免疫不全ウイルス(HIV)であり，その主な感染経路は性的接触であることから，感染を予防するためには性的接触をしないこと，コンドームを使うことなどが有効であることにも触れるようにすること。

(3)　室内の二酸化炭素は，(ア)人体の呼吸作用や(イ)物質の燃焼により増加すること，そのため，室内の空気が汚れてきているという指標になること，およびその濃度が一定以上になった場合には，(ウ)換気により清浄にする必要があることを理解できるようにする。

　　また，空気中の一酸化炭素は，主に(エ)炭素化合物の燃焼によって発生し，吸入すると一酸化炭素中毒を容易に起こし，人体に有害であることを理解できるようにするとともに，そのために(オ)許容濃度が決められていることにも触れるようにする。

(4)　心身の発育・発達に伴い，欲求も(ア)複雑多様化し，ストレスを感じることが多くなるが，欲求が生じたりストレスを感じることは自然なことであること，また，個人にとって適度なストレスは精神発達上必要なものであり，その(イ)発散の仕方が大切である。特に，中学生期は，成人に達するまでの移行期に当たり，身体的変化や(ウ)精神的動揺の著しい時期にあるため，欲求不満やストレスが多くなり，そのために反社会的，非社会的行動に走ったり，(エ)逃避的行動が見られることから，欲求やストレスに適切に対処することが大切であることを知らせる。

　　なお，ここでいうストレスとは，外界からの様々な刺激に対する(オ)防御反応であり，心身に負担がかかった状態を意味する。

(5)　飲酒については，酒の主成分はエチルアルコールであり，未成年からの飲酒は(ア)依存症になりやすいこと，また，飲酒によりエチルアルコールが(イ)中枢神経の働きを低下させ，思考力や自制力を

低下させたり<u>(ウ)運動障害</u>が起こること及び急激に大量の飲酒をすると<u>(エ)急性中毒</u>を起こし<u>(オ)精神障害</u>や死に至ることもあることを理解できるようにする。

(☆☆☆◎◎◎)

【3】次の(1)～(5)の項目に関する(ア)～(オ)の文のうち，誤りのあるものをそれぞれ一つ選び，記号で答えなさい。

(1) 応急手当の方法

(ア) 熱傷(やけど)はその程度によって第1度から第3度に分けることができるが，第3度の壊死がさらに進んだ状態を炭化として第4度に分類する場合がある。

(イ) 第3度の熱傷(やけど)では痛みの感覚がなくなる。これは，皮下の末梢神経系が熱により麻痺を起こし，脳に痛みや熱さといった情報を一時的に伝達できなくなることにより起こるためであり，治療によって麻痺が回復すると痛みが感じられるようになる。

(ウ) 熱傷(やけど)の広さを知るには，体の面積を部位別にほぼ9％に分割した「9の法則」を参考にすると良い。ただし，幼児の場合は成人と体型が違うため，頭部を20％，他の部位を10％に分割するようにしている。

(エ) 「9の法則」や手のひらを総面積の1％として概ねの熱傷面積を算出したときに，体表面積の20～30％以上の熱傷は重症とされる。

(オ) 熱傷(やけど)の重症度は傷病者の年齢や体力なども関係するが，より正確に重症度を測るために熱傷指数を算定する方法が用いられる。熱傷指数は第3度の面積(％)＋第2度の面積(％)×1/2で求められ，熱傷指数が10～15以上の場合重症としている。

(2) 食生活と健康

(ア) ビタミンCは血管を丈夫にし，傷の回復をよくする。

(イ) プロセスチーズ100g中に，830mgのカルシウムが含まれる。

(ウ) こまつ菜，干しひじき，切り干し大根のそれぞれの100g中に

331

含まれるカルシウムの量が一番多いのは干しひじきである。

(エ)　炭水化物，脂質，たんぱく質のそれぞれ1gあたりから発生するエネルギーは炭水化物が9kcalで，脂質・たんぱく質の4kcalより多い。

(オ)　動物性たんぱく質には体内で作ることのできない必須アミノ酸がバランスよく含まれている。

(3)　調和の取れた生活と生活習慣病

(ア)　「国民衛生の動向」によると日本人の死因(総数)の第1位はがん，第2位は心臓病，第3位が脳卒中で，それらは生活習慣と強くかかわっていることから生活習慣病と呼ばれる。

(イ)　心臓病と脳卒中は発生部位が違うだけで，動脈硬化や高血圧を原因とする点で非常によく似ており，循環器の病気として括ることができる。

(ウ)　脳卒中には，脳の血管が破れて脳内に流れ出た血液が脳細胞を圧迫する脳出血と，脳内の血管が詰まり，そこから先の脳細胞が壊死を起こす脳こうそく，そして，動脈硬化などを引き起こすコレステロールが腫瘍化して起こる脳腫瘍がある。

(エ)　動脈硬化の原因といわれるコレステロールには，健康に悪影響を及ぼすLDLコレステロールと，よい影響を及ぼすHDLコレステロールがあり，動脈硬化の原因となる高脂血症などを引き起こすのは前者である。

(オ)　がんは体内の正常細胞の遺伝子が様々な原因によって傷つき，がん細胞に変異し，体内で増殖することによって引き起こされる病気である。そのため，原因となる生活習慣は一様ではなく，国立がんセンターは「がんを防ぐための12か条」を策定し啓発に努めている。

(4)　欲求やストレスへの対処と「5つのC」

(ア)　「5つのC」のうち第1のCはcognition＝コグニッションで「認識」「認知」という意味である。これはストレスに対処するためには，その原因を作り出しているストレッサーを正確に認識しな

ければ，適切に対処できないということである。

(イ) 「5つのC」のうち第2のCはcommunication＝コミュニケーションである。ストレスやストレッサーに関する正確な情報を得るために欠かすことができないのがコミュニケーションであり，同時に，同じ悩みや苦しみを持っている人同士がコミュニケーションを図ることが大切であるということでもある。

(ウ) 「5つのC」のうち第3のCはcontrol＝コントロールである。自分を制御し，確実にセルフコントロールすることはストレスマネジメントにおいて非常に重要なことである。

(エ) 「5つのC」のうち第4のCはconcern＝コンサーンで「思いやり」という意味である。ストレスへの対処においては自分のためだけでなく，誰かのためにという気持ちを持つことやお互いを思いやり助け合う気持ちが非常に大切だということである。

(オ) 「5つのC」のうち第5のCはconviction＝コンビクションで「協調」という意味である。ストレスへの対処は，ただ単にストレスを発散させたり，ストレッサーを取り除くことだけに力を注ぐのではなく，それらとうまく協調して生活を送ることが大切だということである。

(5) 喫煙と健康

(ア) 喫煙者のがん死亡率を非喫煙者と比較すると，肺がんでは4.5倍と最も高く，他の部位のがんは2倍前後である。これは，喫煙が呼吸を介して行われる行為であり，最も肺にダメージを与えるためであるが，肝臓や胃など他の部位への影響も大きい。

(イ) たばこの煙の中に含まれるニコチンの量を調べると，喫煙者が吸い込む主流煙には0.46mg含まれるのに対し，周囲の人が吸い込む副流煙には約3倍の1.27mg含まれている。タールについてもほぼ同程度で，副流煙の有害性が確認されている。

(ウ) 副流煙の有害性を示すデータとして，夫が喫煙者である非喫煙者の妻の肺がん死亡率をみると，1日当たり20本以上喫煙する夫を持つ妻の死亡率が非喫煙者の夫を持つ妻に対して1.9倍に上

ることが示されている。

(エ)　未成年者の喫煙を防止する法律としては未成年者喫煙防止法があるが，これは未成年者の喫煙を禁止するだけでなく，保護者や販売者を処罰する規定もあり，平成十二年の改正により販売者には50万円以下の罰金が科せられることとなった。

(オ)　喫煙すると頭がすっきりする，などの感覚が得られるといわれているが，これは依存状態にあるニコチンが供給されるために得られる感覚であると考えられる。実際には，喫煙により脳に送られる血液量は減少するため，頭がすっきりすることはないと考えられている。

(☆☆☆☆☆◎◎)

【４】フェイスシールドについて簡潔に説明しなさい。

(☆☆☆◎◎)

【５】ユニバーサルデザインについて簡潔に説明しなさい。

(☆☆☆◎◎◎◎)

【６】脳死について臓器提供の観点から簡潔に説明しなさい。

(☆☆☆◎◎◎◎)

【７】次の(1)〜(8)文は，中学校学習指導要領解説保健体育編(平成11年9月文部省編)の抜粋である。それぞれの文の下線部のうち，一箇所に誤りがある。誤っている箇所を記号で答え，訂正しなさい。

(1)　心と体を一体としてとらえ，(ア)運動や健康・安全についての理解と(イ)運動の合理的な実践を通して，積極的に(ウ)運動に親しむ機会や能力を育てるとともに，(エ)健康の保持増進のための実践力の育成と体力の向上を図り，(オ)明るく豊かな生活を営む態度を育てる。

(2)　各種の(ア)運動を適切に行うことによって，自己の(イ)体の変化

に気付き(ウ)体の調子を整えるとともに，(エ)運動能力の向上を図り，(オ)たくましい心身を育てる。

(3)　運動における(ア)競争や協同の経験を通して，(イ)公正な態度や，進んで(ウ)規則を守り互いに協力して(エ)責任を果たすなどの態度を育てる。また，(オ)施設・安全に留意して運動をすることができる態度を育てる。

(4)　マット運動では，(ア)マット上での(イ)回転系や(ウ)支持系などの技のグループから(エ)自己の能力に適した技を選択し，(オ)個々の技ができるようにするとともにそれらを組み合わせ，技がよりよくできるように技能を高めていくことが大切である。

(5)　走り幅跳びは，助走のスピードと(ア)リズミカルな動きを生かした踏切によって(イ)前上方へ跳び出し，より(ウ)遠くへ跳ぶことがねらいである。距離を伸ばすためには，スピードに乗った助走と(エ)踏み切りの技能が重要であり，加えて，より効果的な着地へとつなぐ(オ)踏み切り動作と着地の仕方が重要である。

(6)　水泳で，プールサイドからスタートする技能について学習する場合には，特に(ア)安全を重視し，次のような段階を踏まえることが必要である。初めは水深がある所で，低い位置から低い姿勢で滑り込むようにスタートする。(イ)入水角度や(ウ)浮き上がりの要領がつかめたら，姿勢を高くしながら，(エ)「蹴り出し」，(オ)「水中姿勢」，「水中での伸び」などを段階的に学習するようにする。

(7)　武道は，武技，(ア)武芸などから発生した我が国(イ)固有の文化として(ウ)伝統的な行動の仕方が重視される運動で，(エ)相手の動きに対応した攻防ができるようにすることをねらいとし，自己の能力に適した課題の解決に取り組んだり，勝敗を競い合ったりする運動である。また，(オ)礼儀作法を尊重して練習や試合ができることを重視する運動でもある。

(8)　現代的なリズムのダンスでは，動きやすい(ア)ビートと(イ)イメージに乗って(ウ)リズムの取り方や動きを工夫して自由に踊ることがねらいである。そのためには，実際に体を動かしてみたり，

<u>(エ)友達</u>と対応して踊ったりすることを通して自己や<u>(オ)グループ</u>の課題を見つけるようにする。

(☆☆☆◎◎◎◎)

【8】次の(1)〜(4)の問いに答えなさい。

(1) 「新体力テスト実施要項」(12歳〜19歳対象)の50m走についての記述として誤っているものを，(ア)〜(オ)から一つ選び記号で答えなさい。

(ア) スタートは，クラウチングスタートの要領で行う。

(イ) スタートの合図からゴールライン上に胴(頭，肩，手，足ではない)が到達するまでに要した時間を計測する。

(ウ) 記録は1/10秒単位とし，1/10秒未満は切り上げる。

(エ) 実施は2回とする。

(オ) 走者は，スパイクやスターティングブロックなどを使用しない。

(2) 「新体力テスト実施要項」(12歳〜19歳対象)の上体起こしについての記述として誤っているものを，(ア)〜(オ)から一つ選び記号で答えなさい。

(ア) マット上で仰臥姿勢をとり，両手を軽く握り，両腕を胸の前で組む。両膝の角度を60°に保つ。

(イ) 補助者は，被補助者の両膝をおさえ，固定する。

(ウ) 「始め」の合図で，仰臥姿勢から，両肘と両大腿部がつくまで上体を起こす。

(エ) 30秒間の上体起こし(両肘と両大腿部がついた)回数を記録する。ただし，仰臥姿勢に戻したとき，背中がマットにつかない場合は，回数としない。

(オ) 被測定者と補助者の頭がぶつからないように注意する。

(3) 水泳プールの水質に関する基準についての記述として誤っているものを，(ア)〜(オ)から一つ選び記号で答えなさい。

(ア) 飲料水の基準に適合するものであることが望ましい。

（イ）　水素イオン濃度は，5.8以上8.6以下であること。

（ウ）　濁度は，2.5度以下であること。

（エ）　遊離残留塩素濃度は，プールの対角線上3点以上を選び，表面及び中層の水について測定し，すべての点で0.4mg/l以上であること。また1.0mg/l以下であることが望ましい。

（オ）　大腸菌群は，検出されてはならない。

（4）　陸上競技のルールについての記述として誤っているものを，（ア）～（オ）から一つ選び記号で答えなさい。

（ア）　短距離走のレーンで行う競技では，自分に割り当てられたレーンを走らなければならない。わざとレーン外を走り，それによって利益を得た場合は失格となる。

（イ）　短距離走で「位置について」または「用意」の合図で，躊躇なくその姿勢をとらなかったときは不正スタート（フライング）となる。

（ウ）　短距離走で不正スタート（フライング）を同じ競技者が2回すればその競技者は失格となる。

（エ）　走り高とびで両足で踏み切ったときは1回の無効試技となる。

（オ）　走り高とびでバーを落としたときは1回の無効試技となる。ただし，跳躍後，風でバーが落下した場合は有効である。

（☆☆☆◎◎）

【9】次の（1）～（6）の文が説明しているプレー名や違反名・ルール名を答えなさい。

（1）　バスケットボールのプレーで，味方にパスしてゴール下に走りこみ，パスを受けてショットする攻撃法。走りこむ味方へは，バウンズパスかフロートパスが有効。

（2）　ハンドボールのボール扱いの違反で，ボールを持って3歩を超えて動く。

（3）　サッカーのゲームで「まちぶせ」を禁止するルール。相手コートで後ろからきたパスを受けるには，味方がパスを出した時にその前

方にGKをふくめて相手プレーヤーが2人以上いなければならない。

(4)　バレーボールの反則で，1人のプレーヤーが明らかに連続して2回ボールに触れたときの反則。ただし，チームの第1回目の打球のとき1つの動作中であれば，ボールが体の異なる部分に次々に触れても反則ではない。

(5)　ソフトテニスのプレーでワンバウンド後のボールを打つこと。

(6)　バドミントンの打ち方で相手の頭上を高く越えてコートの後方まで深くとばす打ち方。

(☆☆☆◎◎◎◎◎)

【10】体育・スポーツの視点に立って，次の(1)，(2)の用語を簡潔に説明しなさい。

(1)　ルーの法則

(2)　瞬発力

(☆☆◎◎◎◎◎)

解答・解説

【中学校】

【1】①　(オ)，シックハウス症候群　　②　(オ)，性感染症　　③　(イ)，骨盤　　④　(ウ)，「歩行者・自転車優先の道づくり」のための手法　　⑤　(エ)，新興感染症

〈解説〉①　パラジクロロベンゼンは防虫剤やトイレの消臭ブロック等に主に使われるもので，その他のものはいずれもシックハウス症候群の症状に影響を与えるとされる有機溶剤や揮発性有機化合物である。②　マイコプラズマはヒトに非定型肺炎を引き起こす真性細菌であり，喀痰を伴わない咳をする事が多く，発熱が38.5℃を越え，頭痛，咽頭痛，倦怠感などの感冒様症状を呈する。近年，大人が感染して重

症化するケースが急増している。その他のものは，性感染症に関するものである。　③　立方骨は後肢を構成する短骨の一つで，中間楔状骨，内側楔状骨，外側楔状骨とともに遠位足根骨を構成し，足の内側前面にある。他のものは腰帯を構成する骨盤を構成する骨であり，恥骨，腸骨，坐骨は合わせて寛骨と呼ばれる。　④「狭さく」は，身近な生活道路で車がゆっくり走るように左右交互の植栽やカラー舗装を行うことで，「ボラード」は狭さく部の車止めのことである。「クランク」は，車の通行部分をジグザグにしたり蛇行させたりして，ドライバーに左右のハンドル操作を強いることで，車のスピードを抑えるための舗装のことである。ハンプは，道路を凸型に舗装し，事前にこれを見たドライバーがスピードを落とすことを狙ったものである。
⑤　WHOの新興感染症の定義は「かつては知られていなかった，この20年間に新しく認識された感染症で，局地的に，あるいは国際的に公衆衛生上の問題となる感染症」と定義している。デング熱は再興感染症であり「かつて存在した感染症で公衆衛生上ほとんど問題とならないようになっていたが，近年再び増加してきたもの，あるいは将来的に再び問題となる可能性がある感染症」とされている。

【2】(1)　(ウ)「年齢差や個人差」→「性差や個人差」　(2)　(ア)「高齢化」→「低年齢化」　(3)　(エ)「炭素化合物の燃焼」→「物質の不完全燃焼」　(4)　(イ)「発散の仕方」→「対処の仕方」　(5)　(オ)「精神障害」→「意識障害」
〈解説〉(1)　中学校学習指導要領解説保健体育編(平成11年9月文部省)第2章　保健体育科の目標及び内容　第2節　各分野の目標及び内容2　内容　(1)心身の機能の発達と心の健康　ア　身体機能の発達(p.89)参照　(2)　中学校学習指導要領解説保健体育編(平成11年9月文部省)第2章　保健体育科の目標及び内容　第2節　各分野の目標及び内容2　内容　(4)健康な生活と疾病の予防　エ　感染症の予防(イ)エイズ及び性感染症の予防(p.102)参照　(3)　中学校学習指導要領解説保健体育編(平成11年9月文部省)　第2章　保健体育科の目標及

び内容　第2節　各分野の目標及び内容　2　内容　(2)健康と環境
イ　空気や飲料水の衛生的管理　(ア)空気の衛生的管理(p.93)参照
(4)　中学校学習指導要領解説保健体育編(平成11年9月文部省)　第2章
保健体育科の目標及び内容　第2節　各分野の目標及び内容　2　内容
(1)心身の機能の発達と心の健康　エ　欲求やストレスへの対処と心の
健康　(ア)欲求やストレスへの対処(p.91)参照　※文中に「,」が抜け
ている。　(5)　中学校学習指導要領解説保健体育編(平成11年9月文部
省)　第2章　保健体育科の目標及び内容　第2節　各分野の目標及び内
容　2　内容　(4)健康な生活と疾病の予防　ウ　喫煙, 飲酒, 薬物乱
用と健康　(イ)飲酒と健康(p.101)参照

【3】(1)　応急手当の方法　(ア)　　(2)　食生活と健康　(イ)／(エ)
　(3)　調和の取れた生活と生活習慣病　(ウ)　(4)　欲求やストレスへ
　の対処と「5つのC」　(オ)　　(5)　健康と健康　(ア)／(イ)

〈解説〉(1)　壊死, 炭化は第3度にあたる。熱傷の程度は1度(epidermal
burn), 浅達性2度(SDB)(superficial dermal burn), 深達性2度(DDB)(deep
dermal burn), 3度(deep burn)に分類され, 「4度」という表現は用いられ
ていない。　(2)　五訂食品成分表よるとプロセスチーズ100g中に含ま
れるカルシウム量は630mgである。/発生するエネルギーは脂質が9kcal
で, 炭水化物・たんぱく質が4kcalである。※答えが二通りあるため,
明確な解答が得られない。　(3)　脳は神経細胞と神経膠細胞から作ら
れており, 脳に発生する腫瘍のほとんどは神経膠細胞から発生する。
(4)　conviction＝コンビクションとは「確信」や「信念」ということで
あり, 正しくはcooperate＝コーポレートである。　(5)　(ア)　非喫煙
者と比べた喫煙者のがん死亡率で最も高いのは, 喉頭がん(32.5倍)であ
り, 肺がんは2番目, 3番は口腔がん(2.9倍)である。　(イ)　タールは,
主流煙には10.2mg, 副流煙には34.5mg含まれている。※答えが二通り
あるため, 明確な解答が得られない。

【4】マウス・ツー・マウスの人工呼吸をする際につかう感染予防具で，直接口と口が触れ合わないようにするためのシート。顔全体を覆う大きさの半透明のシートで，口の部分が空気を通す繊維状になっているものがある。

【5】「すべての人のためのデザイン」を意味し，年齢や障害の有無などにかかわらず，最初からできるだけ多くの人が利用可能であるようなデザインであることをいう。

〈解説〉ユニバーサルデザインの7つの原則は，「誰でも使えて手にいれることが出来る(公平性)」，「柔軟に使用できる(自由度)」，「使い方が簡単にわかる(単純性)」，「使う人に必要な情報が簡単に伝わる(わかりやすさ)」，「間違えても重大な結果にならない(安全性)」，「少ない力で効率的に，楽に使える(省体力)」，「使うときに適当な広さがある(スペースの確保)」である。

【6】頭部外傷や脳卒中などによって，呼吸などを調節している脳幹を含めて脳全体の機能が失われ，二度と回復しない状態をいう。日本では「脳死での臓器提供を前提とした場合に限り脳死を人の死とする」とされている。

〈解説〉脳死の判定は，脳に器質的な傷害があって，その原因が明らかであることを前提条件とし，薬物中毒や低体温，内分泌代謝疾患などの人を対象から除外した後に，「1・深い昏睡，2・瞳孔の散大と固定，3・脳幹反射の消失，4・平坦な脳波，5・自発呼吸の停止，6・6時間以上経過した後の同じ一連の検査(2回目)で変化がないことを必要な知識と経験を持つ二人以上の医師が行う」という基準を満たさなくてはいけないため，医学的に確かなものとされている。

【7】(1) (ウ)「運動に親しむ機会」→「運動に親しむ資質」
(2) (エ)「運動能力の向上」→「体力の向上」 (3) (オ)「施設・安全」→「健康・安全」 (4) (ウ)「支持系」→「巧技系」 (5) (ウ)

「踏み切り動作」→「空間動作」　(6)　(オ)「水中姿勢」→「空中姿勢」
(7)　(ア)「武芸」→「武術」　(8)　(イ)「イメージ」→「テンポ」

〈解説〉(1)　中学校学習指導要領解説保健体育編(平成11年9月文部省)
第2章　保健体育科の目標及び内容　第1節　保健体育科の目標　1
教科の目標(p.15)参照　　(2)　中学校学習指導要領解説保健体育編(平
成11年9月文部省)　第2章　保健体育科の目標及び内容　第2節　各分
野の目標及び内容　1　目標(p.19)参照　　(3)　中学校学習指導要領解
説保健体育編(平成11年9月文部省)　第2章　保健体育科の目標及び内
容　第2節　各分野の目標及び内容　1　目標(p.20)参照　　(4)　中学
校学習指導要領解説保健体育編(平成11年9月文部省)　第2章　保健体
育科の目標及び内容　第2節　各分野の目標及び内容　2　内容　B
器械運動　1　技能の内容　(1)　マット運動(p.28)参照　　(5)　中学校
学習指導要領解説保健体育編(平成11年9月文部省)　第2章　保健体育
科の目標及び内容　第2節　各分野の目標及び内容　2　内容　C　陸
上競技　1　技能の内容　(4)　走り幅跳び(p.37)参照　　(6)　中学校学
習指導要領解説保健体育編(平成11年9月文部省)　第2章　保健体育科
の目標及び内容　第2節　各分野の目標及び内容　2　内容　D　水泳
1　技能の内容　(2)　スタート及びターン　ア　スタート(p.41)参照
※文中に「次第に」が抜けている。　　(7)　中学校学習指導要領解説保
健体育編(平成11年9月文部省)　第2章　保健体育科の目標及び内容
第2節　各分野の目標及び内容　2　内容　F　武道(p.55)参照
(8)　中学校学習指導要領解説保健体育編(平成11年9月文部省)　第2章
保健体育科の目標及び内容　第2節　各分野の目標及び内容　2　内容
G　ダンス　3　学び方の内容(p.70)参照

【8】(1)　(エ)　　(2)　(ア)　　(3)　(ウ)　　(4)　(ウ)
〈解説〉(1)　50m走の実施は1回である。以下，50m走の実施要綱である。
方法：1. スタートは，クラウチングスタートの要領で行う。2. スター
トの合図は，「位置について」，「用意」の後，音または声を発すると
同時に旗を下から上へ振り上げることによって行う。　記録：1. スタ

ートの合図からゴールライン上に胴(頭，肩，手，足ではない)が到達するまでに要した時間を計測する。2. 記録は1/10秒単位とし，1/10秒未満は切り上げる。3. 実施は1回とする。　実施上の注意：1. 走路は，セパレートの直走路とし，曲走路や折り返し走路は使わない。2. 走者は，スパイクやスターティングブロックなどを使用しない。3. ゴールライン前方5mのラインまで走らせるようにする。　(2)　両膝の角度は90°である。以下，上体起こしの実施要綱である。　方法：1. マット上で仰臥姿勢をとり，両手を軽く握り，両腕を胸の前で組む。両膝の角度を90°に保つ。2. 補助者は，被測定者の両膝をおさえ，固定する。3.「始め」の合図で，仰臥姿勢から，両肘と両大腿部がつくまで上体を起こす。4. すばやく開始時の仰臥姿勢に戻す。5. 30秒間，前述の上体起こしを出来るだけ多く繰り返す。　記録：1. 30秒間の上体起こし(両肘と両大腿部がついた)回数を記録する。ただし，仰臥姿勢に戻したとき，背中がマットにつかない場合は，回数としない。2. 実施は1回とする。　実施上の注意：1. 両腕を組み，両脇をしめる。仰臥姿勢の際は，背中(肩甲骨)がマットにつくまで上体を倒す。2. 補助者は被測定者の下肢が動かないように両腕で両膝をしっかり固定する。しっかり固定するために，補助者は被測定者より体格が大きい者が望ましい。3. 被測定者と補助者の頭がぶつからないように注意する。4. 被測定者のメガネは，はずすようにする。　(3)　濁度は，3度以下である。以下，文部科学省の示す「水泳プールの水質に関する基準」である。原水…飲料水の基準に適合するものであることが望ましい　水素イオン濃度(PH濃度)…PH値5.8～8.6　濁度…3度以下　過マンガン酸カリウム消費量…12mg/l以下　遊離残留塩素濃度…すべての点で0.4mg/l以上(1.0mg/l以下が望ましい)　大腸菌群…検出されてはならない。　一般細菌数…1ml中200コロニー以下　(学校体育実技指導資料第4集　水泳指導の手引き(改訂版)p.115参照)　(4)　不正スタートをした競技者には，警告をしなければならない。混成競技を除いて，各レースでの不正スタートは1回のみとし，その後に不正スタートした競技者は，すべて失格とする。　混成競技においては，2回の不正ス

タートした競技者は失格とする。　(財・日本陸上競技連盟　陸上競技ルールブック2007年版　参照)

【9】(1)　カットインプレー　バックドアー　　(2)　オーバーステップ
(3)　オフサイド　　(4)　ダブルコンタクト(ドリブル)　　(5)　グラウンドストローク　　(6)　ハイクリヤー

〈解説〉(1)　相手の防御をかわし，相手側に切り込んで攻撃すること。ラグビーでもこの用語が用いられる。　(2)　競技の再開は反則が行われた場所，または反則が行われた場所がフリースローラインより内側だったら，一番近いフリースローライン上から行う。その際，攻撃側のプレーヤーは，フリースローラインの内側に入ってはいけない。また，防御側のプレーヤーは，スローを行う人から3メートル以上離れなくてはいけない。　(3)　「相手陣内にいる」，「ボールより前にいる」，「相手の2番目に後ろの選手よりゴールラインに近い位置にいる」という3つの条件を満たす位置をオフサイドポジションといい，そこにいる選手に対して，パスを出す事を禁止すること。　(4)　ただし，相手チームからのサーブやスパイク(フェイントも含む)，ブロックにあたって返ってきたボール，相手チームからのゆるい返球，などのレシーブなどは「1回目のプレー」とし，「同一動作中の偶然」であれば，同じプレーヤーが連続してボールに触れても構わない。　(5)　打点については，ボールのバウンド後跳ね返りはじめを「ライジング打点」，最も高い位置を「トップ打点」，落下時のものを「アンダー打点」という。　(6)　バドミントンではシャトルのフライト軌道により，「ドリブンクリアー」，「ロブ」，「ウィップ」，「ドロップ」，「ドライブ」，「スマッシュ」，「ヘアピン」，「プッシュ」などがある。

【10】(1) ルーの法則　　生理学における基本法則で，身体(筋肉)の機能は適度に使うと発達し，使わなければ萎縮(退化)し，過度に使えば障害を起こすというものである。　　(2) 瞬発力　　短時間内に強い力を発揮する能力，非乳酸機構が主体となる単発運動のパワー発揮の能力のこと。

〈解説〉(1)　現代のスポーツや体育のトレーニングにおいて用いられている考え方で，「活動性肥大の原則」，「不活動性萎縮の法則」，「長期にわたる機能向上制限による器官の特殊な活動能力減退の法則」，「合目的的構造の機能的自己形成の原理」を簡潔に述べたものである。

(2)　トレーニングでは，筋力を高めるための高負荷で短時間のアイソメトリックトレーニングやアイソトニックトレーニングが効果的である。

●書籍内容の訂正等について

　弊社では教員採用試験対策シリーズ（参考書，過去問，全国まるごと過去問題集），公務員試験対策シリーズ，公立幼稚園・保育士試験対策シリーズ，会社別就職試験対策シリーズについて，正誤表をホームページ（https://www.kyodo-s.jp）に掲載いたします。内容に訂正等，疑問点がございましたら，まずホームページをご確認ください。もし，正誤表に掲載されていない訂正等，疑問点がございましたら，下記項目をご記入の上，以下の送付先までお送りいただくようお願いいたします。

> ① 　**書籍名，都道府県（学校）名，年度**
> 　（例：教員採用試験過去問シリーズ　小学校教諭 過去問　2025年度版）
> ② 　**ページ数**（書籍に記載されているページ数をご記入ください。）
> ③ 　**訂正等，疑問点**（内容は具体的にご記入ください。）
> 　（例：問題文では"ア～オの中から選べ"とあるが，選択肢はエまでしかない）

〔ご注意〕

○ 電話での質問や相談等につきましては，受付けておりません。ご注意ください。

○ 正誤表の更新は適宜行います。

○ いただいた疑問点につきましては，当社編集制作部で検討の上，正誤表への反映を決定させていただきます（個別回答は，原則行いませんのであしからずご了承ください）。

●情報提供のお願い

　協同教育研究会では，これから教員採用試験を受験される方々に，より正確な問題を，より多くご提供できるよう情報の収集を行っております。つきましては，教員採用試験に関する次の項目の情報を，以下の送付先までお送りいただけますと幸いでございます。お送りいただきました方には謝礼を差し上げます。

（情報量があまりに少ない場合は，謝礼をご用意できかねる場合があります）。

◆あなたの受験された面接試験，論作文試験の実施方法や質問内容

◆教員採用試験の受験体験記

- -

送付先	○電子メール：edit@kyodo-s.jp
	○FAX：03-3233-1233（協同出版株式会社　編集制作部 行）
	○郵送：〒101-0054　東京都千代田区神田錦町2-5
	協同出版株式会社　編集制作部 行
	○HP：https://kyodo-s.jp/provision（右記のQRコードからもアクセスできます）

　※謝礼をお送りする関係から，いずれの方法でお送りいただく際にも，「お名前」「ご住所」は，必ず明記いただきますよう，よろしくお願い申し上げます。

教員採用試験「過去問」シリーズ

京都市の
保健体育科 過去問

編　集　Ⓒ 協同教育研究会
発　行　令和6年2月25日
発行者　小貫　輝雄
発行所　協同出版株式会社

　　　　〒101-0054　東京都千代田区神田錦町2‐5
　　　　電話　03－3295－1341
　　　　振替　東京00190－4－94061
印刷所　協同出版・POD工場

落丁・乱丁はお取り替えいたします。